本书得到北京市社会科学基金重点项目（No.13JDJGA019）的资助

北京老字号品牌营销创新案例研究

Making Beijing's Old Brands New: Case Studies

张景云 等 / 著

经济管理出版社
ECONOMY & MANAGEMENT PUBLISHING HOUSE

图书在版编目（CIP）数据

北京老字号品牌营销创新案例研究/张景云等著. —北京：经济管理出版社，2020.12
ISBN 978-7-5096-7537-3

Ⅰ.①北⋯　Ⅱ.①张⋯　Ⅲ.①老字号—品牌营销—案例—北京　Ⅳ.①F279.271

中国版本图书馆 CIP 数据核字（2020）第 163713 号

组稿编辑：张巧梅
责任编辑：张巧梅
责任印制：黄章平
责任校对：张晓燕

出版发行：经济管理出版社
　　　　　（北京市海淀区北蜂窝 8 号中雅大厦 A 座 11 层　100038）
网　　址：www.E-mp.com.cn
电　　话：（010）51915602
印　　刷：唐山昊达印刷有限公司
经　　销：新华书店
开　　本：787mm×1092mm/16
印　　张：15.25
字　　数：334 千字
版　　次：2021 年 2 月第 1 版　2021 年 2 月第 1 次印刷
书　　号：ISBN 978-7-5096-7537-3
定　　价：88.00 元

·版权所有　翻印必究·
凡购本社图书，如有印装错误，由本社读者服务部负责调换。
联系地址：北京阜外月坛北小街 2 号
电话：（010）68022974　邮编：100836

序一　以不变应万变，以万变应不变

老字号是中国传统文化与民族品牌的重要组成部分。但是，许多曾经辉煌的老字号，目前困境重重。有何良策，可以帮它们走出困境？《北京老字号品牌营销创新案例研究》是北京工商大学张景云教授及其团队多年研究的成果。我读书稿，深受启发。

老字号的"字"与"号"都不寻常，不仅注入了独特的中国传统元素，而且背后都有一段有趣的故事。老字号能经久不衰，之所以成为"老"，是因为有其独特的生存之道。

北京老字号在我国老字号中有其独特的地位。这本书在介绍北京老字号"创新"的同时，注重挖掘历史内涵，阐述了全聚德、同升和、内联升、北京稻香村等多个老字号如何把握"变"与"不变"，在创新中传承，"有无相生"（见《道德经》第二章），充满着"阴阳"辩证。

这本书中的案例研究较好地协调了普适性与针对性的关系。理论研究强调普适性，但企业实践强调针对性，历史与现状衔接，最后提出的建议既有很强的对内针对性，又有对外的通用性。比如，瑞蚨祥、同升和、内联升三家都是服装老字号，其中同升和和内联升又都是鞋类老字号，它们的品牌个性和营销策略差异很大，但也有共性。

"老"可以是优势，也可以是包袱。老字号们将如何立足中国，走向世界？

"以不变应万变"，是用足老字号的"老"的优势，恪守商业信念，传承工匠精神和独特的技艺，不断强化核心竞争优势来应对不断变化的市场。

"以万变应不变"，是说老字号不能倚老卖老，需要穿新鞋走新路，通过不断改变，以适应社会变革与时代进步。

我曾经为张老师的《中国品牌全球化：理论建构与案例研究》一书作序。前书基于"公司外交"理论对全聚德和同仁堂两个案例做过比较研究。在本书中，虽然有一部分重合，但是补充更新了不少信息，内容也更加充实。从中我还了解到同仁堂在新加坡的诊所已经开进当地西医院，全聚德在法国波尔多开设了海外门店。这些都是值得关注的进展。

总而言之，这是一本值得一读的书。

武汉大学董辅礽讲座教授
香港城市大学退休教授、教育部 2007 年度长江学者讲座教授
2021 年 1 月 5 日

序二　长寿企业必有长寿之道

我和张景云老师的相识，源自北京老字号。2012年底和2013年初，我曾接待过张老师的"中国品牌跨文化传播战略研究"项目团队，就同仁堂的海外传播策略进行研讨。随后张老师又重点对北京老字号品牌营销创新开展案例研究。我曾长期在北京同仁堂集团主管企业文化建设等工作，这和张老师的研究工作十分契合，所以，我们之间的工作关系也就建立起来并不断加深。

张老师在做老字号研究时，常常和我们讨论，对相关细节进行核实，并不断跟进新的进展。给我印象深刻的是，张老师还曾到同仁堂马来西亚吉隆坡和槟城等海外门店进行实地调研，提出了许多建设性的意见和建议。在文化多样性背景下，我国企业（特别是中医药和餐饮老字号）如何走出去并深耕国际市场，是困扰着我们的一大难题。她提出通过调节心理距离来化解文化差异的观点，使我受益颇丰。

这次出版的《北京老字号品牌营销创新案例研究》一书，理论性、实践性和指导性都非常强。本书以同仁堂和全聚德为案例进行了深刻剖析，总结出了老字号实现国际化经营的一些经验和做法，带有一定的普遍意义，也为老字号企业更好更快地"走出去"（开展海外业务）、"走进去"（融入当地）并"走上去"（提升品牌影响力）提供了强有力的文化理论支撑。

本书中采用"公司外交"的概念，深刻阐释了企业开展国际化经营的政策策略和方法路径，很值得借鉴。一个公司的外交，从某种意义上说也和一个国家的外交类似，弱国无外交，弱企也同样无外交，这也是我们有那么多老字号难以"走出去"的重要原因。弱企的标志包含：一是企业的经济硬实力弱；二是企业的软实力弱。硬实力弱，就不具备"走出去"的物质条件；软实力弱，就不具备"走出去"的文化条件，也就是缺乏影响力、吸引力和号召力，也就不会有大的市场。从整体看，我们的老字号都应该在这两个方面下功夫，强筋健骨，练好内功，否则，不仅难以"走出去"，更谈不上"走进去"并"走上去"，就是在国内日益变化的严峻市场经济形势下也难以生存和发展。因为毕竟硬实力不行，则一打便倒；软实力不行，则不打自倒。这是为很多企业所证实的一条普遍规律。

关于老字号的话题有很多。特别是北京的老字号，它背靠着皇城文化和京味文化，它不仅是一个企业，更是一个文化载体，同时它还承载着一个城市的历史和文明，因此，老字号是一个巨大的历史文化宝库，非常值得有关专家和学者进行研究和探讨。本书重点分析了北京老字号的品牌营销与创新问题，这是事关老字号企业做长做优做强做大的大问题。老字号的最大优势就是品牌，如何把品牌推广出去，也就是品牌营销，这里面就离不开创意和创新。

我曾提出过一个"品牌金字塔"的概念，就是说支撑品牌的要素都有哪些，它们之间是什么关系，又是如何构成金字塔状的。我认为这个金字塔的塔底，即基础是品德；塔中是品行和品质；塔尖才是品牌。它们之间的关系是品德决定品行，品行决定品质，品质决定品牌。它的形状类似于金字塔，塔底是基础，是全体员工的品德修养，这个基础要牢、覆盖的员工要多，品德文化的底蕴要深厚——"基础不牢，地动山摇"，"基础若牢，事业不倒"——这是为很多案例所证实的真理。塔中是品行和品质，也就是员工由品德而生的行为、行动，即员工具体的生产经营工作。行为必然会受到思想和理念的支配，品德也会纳入思想和理念之中，从而决定员工的行为。在工作中，员工能否认真负责，能否严格按操作规程去做，都取决于我们对员工的品德教育和文化养成。品行好了，品质自然会好，这里的品质就是指工作质量和产品质量。工作质量和产品质量是由员工每一个细致入微的工作细节完成的。塔尖就是我们的品牌，它是由品德、品行、品质铸造出来的金字招牌。因此，它的背后是浓郁高尚的企业文化、严谨认真的工作态度、质量上乘的产品和服务，这一切才是保证品牌得以熠熠生辉的关键。

当然，这一品牌金字塔中也少不了营销和创新的因素，它们融入于品德、品行、品质和品牌之中。我们对营销与创新的理解，不能仅仅局限于具体的产品销售和营销模式的变革，它还有更深一层的含义，那就是企业生产经营的各个要素、各个环节上都有一个经营和推广的问题。金字塔中的"品德"，就是教育员工认同本企业的文化，这里就有一个文化推广和教育创新的问题，如果还是因循守旧，"品德"这个基础就很难铸牢。金字塔中的"品行"，即员工在工作中的行为如何规范，规章制度要健全，这里面也有一个创新管理的问题，以及让员工认知、理解和推广的过程，这也是营销和创新。金字塔中的品质，即工作质量和产品质量，这更需要营销、推广和创新，让社会上更多的人了解和认识，提高企业的美誉度和产品的知名度，从而为品牌增辉。所以，品牌金字塔是一个系统工程，每一步、每个环节都应充分利用营销和创新的概念，这样才能使我们的品牌越擦越亮。

老字号不仅品牌响亮，同时，它还是一个长寿企业的象征。北京的老字号中年龄最长的已经有600多岁，年龄最小的也有60多岁，在这样漫长的历史长河中，老字号历经风雨而不倒，直至今天仍焕发着勃勃生机，这其中必有其长寿的道理。研究老字号的长寿之道、经营秘诀，不仅有其历史意义，更有其现实意义；不仅对老字号企业的现实发展有意义，而且对其他企业也有普遍的指导意义。这本书的作者们基于深入的调研与思考，梳理了不少老字号创新经营的历史和近年来的创新策略，不仅具有学术价值，而且对于老字号文化的传承与传播发挥着重要的作用。这样的工作不仅学者需要做，我们老字号企业也更应该重视起来。

我在同仁堂工作期间,就曾以同仁堂为案例,分析同仁堂350多年的历史发展,力求找出老字号的长寿之道,揭示老字号发展的一般规律和特殊规律。经过查阅大量史料和分析研究,有了一些初步的认识,在此,也想请有关专家和读者提出宝贵意见。老字号之所以老而不衰,长寿至今,主要有以下三个因素:

一是基因和基础。基因是生物学的概念,指的是遗传因子。在这里主要是借助这一概念,以人喻企。从某种意义上说,企业和人也有类似的方面,比如先天性和遗传性,所谓先天性,对人类来说就是一种天赋,就是一个人来到这个世界前父母给他的基因和营养,包括有没有先天性的缺陷,它会影响一个人的一生。对企业来讲,就是在创立之时,企业所处的行业,以及资金、人才等生产要素的基础性投入。其中,企业所处的行业非常重要,如果老字号所处的行业一直有市场,就为老字号注入长寿基因,如果没有市场需求了,这个企业也就终结了。所谓遗传性,对人来讲,就是种族特征等信息的遗传,对企业来讲,就是文化基因的传承。像同仁堂、全聚德、一得阁、瑞蚨祥这样的老字号,不仅蕴含着根植于每个中国人心中的中华民族优秀传统文化,还蕴含着企业的经营哲学和理念,支撑其不断与时俱进。企业若具备良好的基因和基础,就说明它的天赋好,就如同一个健康强壮的婴儿,面对复杂多变的内外部环境,它拥有很好的免疫力,可以战胜疾病,茁壮成长,使它的生命力更强更长。

二是治理和管理。企业治理能力就是运用和发挥好这种制度安排的本领,有了好的治理体系才能真正提高治理能力,才能充分发挥治理体系的效能。老字号过去都是自东自掌的家族式企业,所有权和经营权不分,为了弥补治理能力的缺陷,同仁堂采取聘请"查柜"的方式,查柜主要负责企业生产经营各个环节的监督管理工作,发现问题及时处理,确保企业的正常经营。在岗位传承方面,同仁堂不收徒弟,只招有工作经验的老药工,并给予优厚待遇,鼓励老药工父带子,干得好的还可以世代传承,所以同仁堂就形成许多"世袭"的工作岗位,如左家药房、周家账房,以及配料郭、参茸贾等,同仁堂把它叫作"一角活儿",就是独当某一方面的工作并且干得很专很精。为了调动员工的积极性,同仁堂还采取了"分零钱"的激励制度,即在月工资的基础上,每天从当日(上一日的下午至当日上午)的销售款中提取一定的比例作为"零钱"分给员工,累积起来数额可观,所以员工的积极性很高。

三是观念与观"才"。老字号的长寿还在于它的观念并不守旧,能够跟上时代的步伐,字号可"老",观念不能老。很多老字号在漫长的发展中,都能够在保持自己特色的基础上,不断地调整自己,引进和吸收社会上的科研成果,坚持"守正创新"。同仁堂制药过去都是手工操作,不仅效率低,工人的劳动强度也大。解放后,同仁堂引进了大量的先进技术设备,企业技术进步的步伐大大加快。而懂得识别人才、观察人才是实现观念不断更新的重要保障。老字号在识人、用人上也有它的独到之处。同仁堂的第十代掌门人乐平泉,受命于同仁堂最危难的时刻,为了振兴同仁堂,恢复元气,他必须找一个得力的助手当同仁堂的大查柜。他观察了周边的店铺,最后选中了离同仁堂不远的育宁堂的掌柜刘永泉。经磋商,刘永泉决定日后将学业有成的儿子刘辅庭送到同仁堂。后来,刘辅庭果然不负所望,他把各方面的工作都打理得井井有条,深得乐家的认可。八国联军侵占北京时,许叶芬将同仁堂全权交给了大查柜刘辅庭。这期间,刘辅庭虽历经艰险,但仍维持着同仁堂的经营。刘辅庭还把这期间八国联军对北京和同仁堂进行烧杀、掠夺、滋扰等种种恶行逐一记录下来,并命名为《众难奇闻草稿》(共两册,17000余字)。这不仅是研究同仁堂历史的重要资料,也是研究义和团史、八国联军入侵史和北京史不可多得的珍贵史料。

研究老字号的长寿基因,铸就老字号的金字招牌,其目的有两个:一是使现有的老字号更加长寿,永葆青春;二是使现有的非老字号企业有所借鉴,能够做长做优做强做大。

陈连国

中国北京同仁堂(集团)有限责任公司原党委副书记
中国保健协会健康文化创意委员会会长
2020年5月

前　言

当北京市哲学社会科学基金重点项目"北京老字号品牌营销创新案例研究"（No. 13JDJGA019）获得立项的时候，我们在欣喜之余也倍感压力。虽然我们在北京学习和生活，但对大部分北京老字号还不熟悉。后来，我们通过各种途径接近这些老字号，与它们探讨问题，老字号的管理者们也逐步向我们打开心扉，他们不仅阐述近年来的创新举措，也倾吐创新实践过程中的阻力、困惑与无奈，使本课题研究也不断取得了新的进展。

在本课题研究和书稿审定的过程中，给企业相关负责人增加了不少额外工作，借此机会表示歉意的同时，也对他们给予本书的帮助深表谢忱！

本书是2013年以来对北京老字号创新实践成果的总结，以案例研究为主，理论研究和定量研究是围绕案例研究开展的。在案例研究中，本书力图将学术性与实战性结合起来，通过"点"与"面"的结合体现北京老字号近年来品牌营销创新的状况。尽管我们做了大量调研和资料梳理工作，依然感到有很多不足，主要体现为描述性强、理论深度不足、案例研究还不够规范等。

北京老字号有175家，不少老字号有很多创新，但由于课题组选取的案例样本极其有限，不少优秀企业的创新实践还没有纳入，难免挂一漏万。在文稿的修改过程中，老字号的情况也在不断变化，数据跟进方面也存在一定难度，我们尽可能了解最新进展，并与相关企业核实。

开展案例研究的过程既艰辛又充满乐趣，对于身居书斋的学者而言，是理论联系实际，获得一手资料的很好方式。笔者曾偶然读到胡宗宪与郑若合作编纂的《筹海图编》，其在当时是一部抗倭参考书，现今则是研究明代中日关系、抗倭斗争和历史地理的重要史料。这本书其实也是一部案例研究著作。由于胡宗宪有长期督海经历并亲临抗倭前沿，所以能详细编绘当时沿海地形，标注各次倭寇入侵路线并能准确记述几次重大抗倭战役的经过。因此，笔者想到，如果老字号企业能够撰写自己的历史和相关过程，会更加贴近企业实际状况，也会使企业文化得到更好的传承。

笔者曾赴都一处用餐，偶然发现大堂里有一个用玻璃罩着的展示柜，陈列在中央的是一本书——《北京老字号品牌创新发展的路径研究》，令人肃然起敬。可见老字号对学者的研究成果之珍视。手头平凡的科研工作也变得神圣起来。

项目虽然已经结束,但是书的出版是一个细活,尽管我们学习老字号的工匠精神,精心打磨,但肯定存在很多浅陋和不足之处。希望借本书出版之机抛砖引玉,得到读者的批评指正。

本书还得到北京老字号协会、中国商业史协会老字号专业委员会、北京品牌协会和北京广播电视台的支持与帮助。

本书的出版还要特别感谢周南教授和陆建国会长,他们不仅在百忙之中为本书作序,还为本书的内容提供了宝贵建议。在学术切磋中结交的良师益友使我感到精神支持的厚重和亲切。

北京工商大学王勇、何艳、严欢和杜克大学张颖璐等参与了部分案例的写作或数据分析工作。参与本书撰写的研究生主要有闫聪、宋佳、陈碧莹、吕欣欣、程瑜、王倩等。每位作者承担的具体内容参见各章(节)脚注的说明。

本书的出版得到科技创新服务能力建设—北京市高精尖学科建设(市级)—工商管理(No. 19005902053)的经费支持。第九章的研究得到首都流通业研究基地(No. JD - YB - 2020 - 012)的资助。

付梓之际,特向为本书提供支持的机构和个人致敬、致谢!

于北京房山长阳半岛寓所
2020 年 5 月 30 日

目　录

第一章　总论 … 1
　　第一节　北京老字号的历史溯源及特征 … 1
　　第二节　已有文献回顾及评述 … 9
　　第三节　研究背景、研究内容和方法 … 11

第二章　北京老字号品牌创新经营和顾客满意度调查研究 … 16
　　第一节　北京老字号品牌创新经营调查研究 … 16
　　第二节　北京老字号顾客接触和满意度调查研究 … 25
　　第三节　北京餐饮老字号连锁经营标准化及其顾客满意度的实证研究 … 36

第三章　北京餐饮老字号品牌营销创新案例研究 … 54
　　第一节　全聚德：不只是烤鸭 … 54
　　第二节　东来顺：从"一菜成席"到多元拓展 … 63
　　第三节　庆丰包子铺："面剂子"里的品牌乾坤 … 71

第四章　北京服装老字号品牌营销创新案例研究 … 78
　　第一节　瑞蚨祥：经典品牌的创新升级路径 … 78
　　第二节　内联升：从"朝靴"到"潮鞋"的蝶变 … 85
　　第三节　同升和：求新求变中的匠心传承 … 95

第五章　北京食品老字号品牌营销创新案例研究 … 106
　　第一节　北京稻香村：舌尖上的生活美学 … 106
　　第二节　义利：经典口味的百年传承与创新 … 114
　　第三节　北冰洋：重新唤起消费者的热情 … 122

第六章　北京茶叶类老字号品牌营销创新案例研究 ······ 130

第一节　吴裕泰：从传统"茶栈"到现代茶品牌 ······ 130

第二节　张一元：三个"亿元"的"神话" ······ 140

第七章　文化工艺品类老字号营销创新案例研究 ······ 150

第一节　一得阁：自主品牌的维护与提升策略 ······ 150

第二节　北京市珐琅厂：皇家艺术走进现代生活 ······ 160

第八章　北京中医药老字号品牌营销创新案例研究 ······ 168

第一节　中医药老字号品牌跨文化传播中的心理距离策略
　　　　——北京同仁堂案例研究 ······ 168

第二节　我国老字号公司外交渠道及其利用研究
　　　　——全聚德和同仁堂的比较研究 ······ 185

第九章　消费升级背景下老字号品牌营销创新研究 ······ 207

第一节　消费升级的现状、需求特征及政策建议 ······ 207

第二节　消费升级背景下老字号品牌化转型 ······ 213

第三节　消费升级：老字号×京交会 ······ 215

参考文献 ······ 218

第一章　总论[①]

第一节　北京老字号的历史溯源及特征

北京商业的繁荣可以追溯到700多年前的元代，但北京老字号从明朝中后期开始才有详细记载。北京拥有3000多年的建城历史、860多年的建都历史。作为六朝古都的所在地，其政治中心地位日益加强的同时，经济、文化交流的作用也凸显出来。尤其是从明代以来，随着人口的集中、富商的迁入，北京形成了不少商号。这些商号历经沧桑，不少已经不复存在，留存至今的就是北京老字号。

2007年原北京市商务委员会和北京老字号协会对169家老字号企业的抽样调查数据显示，北京老字号的创建年代分布为：明代至清初15家，占总数的8.88%；清中期至鸦片战争前17家，占总数的10.06%；鸦片战争至清末55家，占总数的32.54%；民国时期55家，占总数的32.54%；新中国成立后27家，占总数的15.98%（关冠军、祝合良等，2016）。

商务部业务系统统一平台中华老字号信息管理系统显示，2006年和2010年商务部两批认定的"中华老字号"企业共1128家，其中，北京老字号有117家。本书研究的老字号包含但不限于获得"中华老字号"荣誉的北京老字号。截止到2019年12月底，北京老字号共有175家。有的北京老字号根植于本地，有的则是从外地迁入；大部分老字号由国人自主创建，个别老字号由民族资本家从外国人手中购买。有的老字号在王府井、前门、西单等名贵繁华商业区，有的老字号则发端于市井庙会……归结起来，北京老字号有以下特点：

一、与"帝都"及"皇家"元素联系密切

北京起先是重要的军事要塞，后来因为定都而具有皇家元素，城市的发展集聚了大量

[①] 本章由张景云完成。

人口，为市场的形成和经济的繁荣奠定了基础。周明星（1996）认为，城市的起源主要是政治和经济两种力量所推动，他在论述城市的中心作用时说：

城市的中心作用包括多种中心作用，有政治中心、经济中心、文化中心等。在经济中心中有工业生产中心、商业金融中心、航运集散中心等。有的城市兼有几种中心作用又有所偏重……城市的基本特征是人口密集。人口密集带来一系列问题。"城市本身表明人口、生产工具、资本、享乐和需求的集中"（《马克思和恩格斯全集》第3卷，57页）。"为了满足这些需要，还需有其他的人，于是手工业者、裁缝、鞋匠、面包师、泥瓦匠、木匠都搬到这里来了。……人口的这种集中在商业中也沿着同样的道路进行着。"（《马克思和恩格斯全集》第2卷，300-301页）。所以，城市的形成不仅仅依靠某种工业的建立，而是由许多行业共同构成的。越是现代化大城市，它的经济结构越复杂，第三产业在城市经济中占的比重越大。

在明清时期，北京老字号是在农耕文明为主的封建专制制度下发展，加之服务对象的特殊性，使得其经营带有小商品经济和自然经济成分的同时，根据与皇家关联的程度，还带有一定的"强制性"，与同时代资本主义国家的商家在营销环境、经营理念和经营方式上差异很大。

北京老字号与北京的"帝都"元素密切关联，独特的地域优势不仅提升了老字号的声望，也赋予其集聚全国各地精华为一体的优势，形成独特的京城风格。比如，原本出自民间的餐馆，由于有了皇家或重臣的光顾或题字，或厨师曾经在御膳房供职，就拥有了皇家元素。由于特殊的历史条件，"京菜"在拥有独特的地域元素的同时，融汇了其他菜系的精华，成为继鲁菜、川菜、粤菜、苏菜、闽菜、浙菜、湘菜、徽菜八大菜系后的"第九大菜系"。现存的北京的餐饮老字号是京菜技艺的重要传承者。在京城站住脚的老字号往往有自己的"绝活儿"，其质量更精、手艺更高。

以北京烤鸭为例。中国人养鸭、食鸭历史悠久。早在汉朝时期，烤鸭就已成为脍炙人口的美食。贾思勰的《齐民要术·养鹅鸭》和虞悰的《食珍录》中，都有"炙鸭"做法的详细记载，与如今做法相差无几。金陵人最善食鸭，明太祖朱元璋对烤鸭情有独钟。明朝建都南京之后，宫中御厨想方设法增加鸭菜品种和风味，并选用上好的金陵湖鸭，在民间炭火明炙的做法上，改进研制出"叉烧烤鸭"和"焖炉烤鸭"两种烹饪技艺。15世纪，明成祖朱棣从南京迁都北京，烤鸭技艺随明宫御厨带到北京。同时，随行的江南官员、富户也把吃烤鸭的爱好普及到了市井民间。明朝嘉靖年间，北京开了第一家经营烤鸭的"便宜坊"烤鸭店，店铺市幌上特别标有一行小字：金陵烤鸭。因为便宜坊的烹饪技艺沿袭的是南京焖炉烤鸭的制法，所以北京坊间又称其为"南炉鸭"。到了1864年（清朝同治三年），"全聚德"烤鸭店在北京挂牌开业，开始经营清宫风味的"挂炉烤鸭"。现在，经营烤鸭的餐馆很多，便宜坊和全聚德两个老字号分别代表了焖炉烤鸭和挂炉烤鸭两种技法。"北京烤鸭"已成为区域性集群品牌，其食材"北京鸭"也进入"2019中国农产品区域公用品牌"名录。

由于皇家的特殊需要,对御医和御用药要求很严格,风险也很大。北京同仁堂的堂训之一"遵肘后,炮制虽繁必不敢省人工;辨地产,品味虽贵必不敢减物力",所谓"遵肘后"就是要求药工严格按照配本制作,不得随意更改("肘后"是指晋代葛洪所著《肘后救卒》);"辨地产"是指在选料上"取其地""采其时"。如此严格的要求,除了医药疗效需要得到保障,与供奉御药也不无关系。

供奉御药不仅会赔钱、受气,甚至会杀头。在乐家祠堂中有一个没有头的布人。这其中深藏着一段让人震恸的惨案,一段可能永远也揭不开的秘密。乐家有一个辈辈相传的说法:就在乐家供奉御药后不久,一位亲王死了,据御医查验的结果,说是同仁堂的汤药里出了毛病,虽然人们猜测亲王很可能是死于政敌之手,但是真实的原因无人敢说,于是乐氏的一位后人被斩首于菜市口刑场。由于《乐氏宗谱》明文规定,凡人死于非命者,不入宗谱,不能在乐氏祖宗祠堂里立牌位,因此,乐氏祖先祠堂中没有给这位被冤杀的祖先立牌位,而是代之以布衣小人,上面没有头,以作警示(边东子,2010)。

同仁堂品牌中的企业遗产与其和宫廷之间的长期而高调的联系是不应忽视的,同仁堂的商标由两条金龙组成,没有其他任何机构像同仁堂这般持续而显著地使用帝国形象(Balmer, et al., 2015)。实际上,北京同仁堂的"双龙"商标并非与"同仁堂"这个字号一样久远,是20世纪80年代由当时的同仁堂制药厂美工庄淑英设计,Logo中间的"同仁堂"三字由启功先生题写。而同仁堂的"老匾"是由著名的宫廷书法家孙岳颁所题,康熙喜爱书法,尤喜董其昌的字。孙岳颁的书法因深得董其昌之妙而获康熙皇帝喜爱。因此,御制碑文多由孙岳颁代笔(边东子,2010)。由孙岳颁题写的这块牌匾因而被赋予了皇家元素,如图1-1所示。

图1-1 由孙岳颁题写的同仁堂"老匾"①

---

① 边东子. 国宝同仁堂 [M]. 北京:人民出版社,2010.

晚清时期，我国大中城市已经有相当程度的民族资本主义工商业。事实上，清朝末年，清政府垄断了一切大规模的生产活动，包括政治、军事、企业、大型工商业，以及盐、铁、火柴等大型生活资料的生产。个体和私营经济是在晚清政府"抓大放小"政策下见缝插针地发展起来的。然而即便如此，小型商业活动也处处有官府的影子。比如内联升这样的老字号，没有官府照看，是无法进入东江米巷的。

二、前清灭亡后：面对匿名消费者的经营转型

其实，老字号经历的市场变化远不止于现代社会的挑战。董玥（2018）在阐述民国北京城市场秩序时，提到一类"匿名消费者"，如何面对这类消费者开展经营，是前清灭亡后老字号面临的一大挑战：

北京市场阶序的改变是社会阶层与消费之间关系变化的副产品之一。一些著名的老字号似乎和清帝国一样气数已尽，同它们一度富有的老主顾们一起慢慢走向破产；一些店家调整了经营策略，开始转向一般消费者（或许我们可以称其为"匿名消费者"）；另一些店家则催生了一批新兴的城市富豪名流……贫民自然是不能充分享受北京新消费主义的匿名性所带来的解放的；破衣烂衫的人和打着赤膊、汗津津的劳工在商店和公园也当然不受欢迎。只有可以将自我从特定的环境、社区或身份中抽离出来，自由穿行于各种都市空间的人才能做到匿名消费……

老舍曾撰写了一篇标题为《老字号》的短篇小说，以主人公辛德治的视角描述了老字号绸缎店"三合祥"在钱掌柜和周掌柜的两个不同风格的经营者管理下的不同状况。钱掌柜经营时，"三合祥"的伙计们坐店待客，有"君子之风"。而周掌柜把"三合祥"变成了满街拉客的"野鸡店"，门口挂着减价招牌，门前有人演奏乐曲，店员还给顾客送小礼物……周掌柜因为经营得法，很快转去了更大的铺面领东，而钱掌柜回来后，"三合祥"恢复了原来的模样，过了一年就倒闭了（老舍，1985）。

这篇小说体现了老字号面对"匿名消费者"的不同经营方式。周掌柜采取了积极迎合的促销方式招徕顾客，赢得他们的光顾。而擅长于服务清朝权贵的商号其实采取的是"非市场"行为，他们主要服务于"有名"的消费者，促销、讨价还价会降低这些主顾的身份，对他们来说，只要货真价实就好。"用文学批评家赵园（1991）的话说，越不专业的商业才越被欣赏，理想的商人的举止，应该不像生意人才好（董玥，2018）。"

前清灭亡后，适时调整经营策略的老字号继续存活下来，而保持"君子之风"的老字号则被淘汰出局。

经历过战乱的洗礼，解放前，老字号曾一度经营惨淡，奄奄一息。解放后，经过公私合营，很多老字号成为国有企业，国有资本给予支持的同时，企业经营主体发生了变化。国有化给老字号带来规模化经营和有计划管理的优势，但在国有化初期，文化传承有些断档，老字号还存在经营机制不灵活的弊端，需要在新环境下调整与适应。

三、独特的"字号"文化

中国的"字号"不仅是一种商业景观，也是中国文化独特的组成部分。在中华文明5000余年的传承中，商家在追求利益的同时，也恪守商业信念和处事准则，形成独特的商业文化。

为交换的商品取独有的名称再开展经营的现象，自春秋战国时期以来就已出现。在固定的市集中，商贾为了突出自家经营的商品与别家的区别，开始使用招牌进行宣传，招牌之上通常冠以字号标识，这就是我国品牌的雏形。到了明清时期，字号不仅具有标记识别的功能，往往还被商贾赋予某种内涵或寓意。中华文化在明清时期的缤纷绽放，为品牌名称的选取提供了充足而深厚的文化支持，品牌名称开始出现个性化趋势。不少北京老字号的名称，如同仁堂、全聚德、东来顺、瑞蚨祥、内联升等，就是在这一历史背景下形成的。

很多老字号体现了儒家仁、义、礼、智、信的理念，还融入了希望生意兴隆的吉祥字眼。晚清学者朱彭寿曾将自己所见商号中的吉祥字连成一首七律："顺裕兴隆瑞永昌，元亨万利高丰祥。泰和茂盛同乾德，谦吉公仁协鼎昌。聚信中通全信义，久恒大美庄安康。新春正合生产广，润发洪源厚福长。"将这56个字归类，主要表达了数量众多（万、广、丰）、规模巨大（元、泰、洪）、发展顺利（亨、和、协）、生意兴隆（隆、昌、茂）、事业持久（长、恒、义）、万事顺利（瑞、祥、福）、公平守信（信、永、仁）这几层意义（邹进文、赵玉勤，1999）。

根据我国商业文化传统，店家起字号时一般有以下三种情形：一是经营有了一定规模；二是经营比较规矩成熟，得到消费者的认可；三是希望给经营的商号带来美好的联想（关冠军、祝合良等，2016）。

字号与现代意义上的品牌相比，有不足也有长处。在品牌元素中，字号只有文字命名，其经营方式也比较传统；字号比一般的品牌具有更大的知名度和美誉度，蕴藏着一种荣誉感，可谓"金字招牌"。有一些老字号又进一步被认定为"中华老字号"，可以说具有"双重荣誉"。

北京老字号的产生和发展与北京兼具政治中心、文化中心和经济中心的功能定位联系密切。由于北京所具有的宏厚历史气息和威严的政治气氛，给人敬畏感和距离感，而穿梭于其间的老字号为这个城市增添了不少商业氛围和生活气息，拉近了北京与民众的心理距离。活跃在京城的老字号还扮演着政治生活和市民日常生活之间的"第三场所"角色，皇家、重臣、文人墨客往往在此小酌，留下传奇故事或者墨宝供人们品茗。

据说"便宜坊"三字为明朝时任兵部员外郎的杨继盛所题，杨继盛在题字后赞叹道："此店真乃方便宜人，物超所值！"解放后，国家领导人也光顾老字号，不同程度上参与了老字号品牌理念的形成。比如，周恩来总理有一次宴请外宾时，将"全聚德"三字解释为"全而无缺,聚而不散,仁德至上",这一解释后来成为全聚德的品牌理念,并沿用至今。周总理一行在便宜坊用餐后,指着堂内"便宜坊"的字号,语重心长地说:"便宜坊是我们老祖宗留下来的老字号,'便宜'两字当以'便利人民,宜室宜家'作为核心,服务人民、服务大众。"

北京的老字号不少由外埠在京经商者所开办,因而能融会百家之长。比如,茶叶老字号张一元、吴裕泰是安徽商人所建,都一处和六必居由山西商人创办。明清时期,聚集在皇城根下的外地商人以山西人居多。《明清以来北京工商会馆碑刻选编》中辑录了55所在北京的工商会馆,其中地方商帮创建会所24所,各省会所依次为山西帮会15所,浙江4所,陕西、安徽、广东、福建和江苏各1所。老字号都一处烧麦馆,其前身是由山西人王瑞福创办的王记酒店。传说乾隆微服私访回京到该酒店就餐后,题写了"都一处"牌匾。据记载,六必居酱园的创始人是山西襄汾县的赵存仁、赵存义、赵存礼三兄弟。"六必居"三字由明朝权臣严嵩所题(赵丽生,2018)。

"文革"期间,由于当时"破四旧"的需要,老字号基本都被取消了"字号",代之以当时时髦的名字(比如"同升和""内联升"曾改为"前进鞋厂""东方红鞋店")或将某一类企业按规模大小排号,如"某某一厂""某某二厂"……有的老字号的牌匾也被损坏或不复存在。

毛泽东主席在1956年12月7日同民建和工商联负责人的谈话中说:

工商联将来怎么办?也可以长期共存,互相监督。定息取消了,资本家也还要改造。工商联这个名称可以保存下来。历史名字要保存,商务印书馆、中华书局的名字为什么不要,瑞蚨祥、同仁堂一万年要保存。全国有名的招牌要拍下照片来,有许多招牌的字是写得好的,不留下来后代就不知道了。……王麻子、东来顺、全聚德要永远保存下去。内容是社会主义的,名称是封建时代的也可以(《毛泽东文集》第七卷)。

由于我国品牌建设起步晚,品牌建设与世界品牌强国相比有很大的差距。仅有的一些老字号品牌经过解放前战乱和解放后"文革"的冲击,其经营管理受到很大影响。改革开放后,国家日益重视老字号品牌建设工作,老字号恢复了以往的名字。2006年商务部启动振兴老字号工程,从国家层面给了老字号政策扶持,老字号的经营状况有了一些推进和改观。

四、促进北京经济的恢复和发展

首都北京作为国际都市,在政治、经济、文化和外交等方面扮演着重要角色。老字号不仅是经营实体,也是文化和外交载体,在都市的公共空间中发挥着独特的作用。

新中国成立初期,为了尽快恢复国民经济,1950年8月成立了"公司合营兴业投资股份有限公司",时任北京同仁堂总经理乐松生被推为董事长。该公司募集到股金后,投资扶持了一批工商企业,特别是北京老字号。接着还从上海、天津等地引进一些名牌企业,支援首都建设。例如:1906年在上海创办的"義利洋行"迁到北京后更名为"北京市义利食品厂";始建于1940年的上海雷蒙西服店迁入北京后更名为"雷蒙服装店"(边东子,2010);1937年发端于上海的中国照相馆也于1956年进入北京王府井。

新中国成立之初有一家"劳动餐厅",郭沫若取"劳动"中的两个"力",将其改名为"力力餐厅"。1964年,郭沫若先生为该餐厅题写了"力力"牌匾。后来,便宜坊集团将之与经营川菜的名店"豆花饭庄"合并,组建了"力力豆花庄"(关冠军、祝合良等,2016)。

周明星(1996)在论述贸易中心的作用时,提到老字号通过品牌运营可以成为"包买商",解决当时小商品供给不足和流通受限的问题:

工业范围很广,有机械化自动化的先进工业,也有手工业。……据1980年统计,全国有工业企业37.7万个,其中,大中型企业4700多个,占企业总数的1.2%,但其产值占全部工业产值的47%;其余的57%的产值是由占企业总数98%以上的中小型工业和手工业生产的,这类产品品种多、批量小、技术不规格。过去北京的东晓市、上海的老城隍庙就是这类产品的集中市场。在商品经济的发展过程中,也有包买商向这类产品的小生产者订货包买。这类包买商有的是生意做得较大的商人,有的就是手工业者。北京的王麻子、杭州的张小泉刀剪自己作坊生产有限,大都是向同业包买来的。由王麻子包买,推销用王麻子的牌号,其实是别的作坊生产的。手工业中,类似情况者不少。私改完成后,这类市场消失了。如果抽象其性质,包买就是组织生产,引导生产。

由于商标控制不力和假冒品牌的出现,20世纪90年代开始,王麻子开始走向衰败。1995年,经北京市二轻局撮合,王麻子剪刀厂与北京文教器材厂等四个企业组成了北京市王麻子工贸集团。根据内部协议,王麻子剪刀厂无偿将注册商标转让给工贸集团,销售人员也归工贸集团,王麻子剪刀厂由此失去了商标权和销售权(薛建新、李海龙,2003),教训十分惨重。

现代社会,新兴企业不断涌现,商品供给充足,流通方式多样。人们的消费观念发生很大变化,老字号在经济生活中的地位虽然有所下降,但依然是首都富有特色的组成部分。在品牌运营方面,老字号有过不少经验教训,值得借鉴。

五、与北京城市文化紧密相连

商业街是北京文化的物质载体。王府井大街、前门大栅栏、东四以及鼓楼大街……商业街独特的建筑、别具特色的商品和服务都体现了北京古都风貌。在前门大街,专门售卖、制作民间工艺品、民俗用品的旧式摊位前往往有不少游客驻足,体现了人们探究老北京、老字号的热情。北京著名老字号店铺坐落其中,同仁堂药材、全聚德烤鸭、瑞蚨祥绸布、张一元茶叶等在具有历史文化气息的北京古老商业文化街的衬托下,无一不彰显着独具特色的北京韵味。

老字号还凝聚着北京独特的微观街区文化。位于北京市东城区永外安乐林路的北京市珐琅厂,由于在景泰蓝制作上的优势,还形成了一系列与景泰蓝文化相关的区域命名,如景泰路、景泰桥、地铁14号线景泰站及景泰小区等。

北京现有的一些花园、建筑往往与老字号有密切关系,比如,海淀区名校八一中学的所在地原是同仁堂的"乐家花园";位于前海西街18号的郭沫若故居纪念馆,原属恭亲王府,民国初年被乐家购得后改造成中西合璧的大宅院。解放后,乐家将宅院的大部分捐出来,后来成为蒙古人民共和国驻中国大使馆的馆舍(边东子,2010)。

企业文化博物馆是品牌多年积淀文化的浓缩,不仅是开展品牌传播的重要窗口,也是北京文化的重要组成部分。全聚德、内联升、盛锡福、一得阁、北京市珐琅厂、百花蜂蜜等老字号都有非遗文化博物馆。通过老字号博物馆,公众可以从具体的一家老字号来了解悠远浓厚的北京文化。

老字号不仅是商业品牌,也是区域品牌和城市品牌的重要组成,更是一种文化品牌。北京老字号在创新经营中,结合自身品牌和产品的特点,传承中华文化。针对中国独特的节气文化,全聚德、北京稻香村和庆丰包子铺等老字号都有相应的产品推出。比如2020年谷雨节气的当日和次日,"全聚德和平小铺"推出"四方福辏"套餐礼盒,汇集全聚德旗下四家老字号品牌的四道特色应季菜品——全聚德的"芥末鸭掌"、丰泽园的"椒麻鹌鹑腿"、四川饭店的"口水鸡"和仿膳的"宫廷点心两样"。"四方辐辏"出自《汉书·孙叔通传》,原比喻四方的人才或货物,像车轮上的辐条聚集在毂上那样,汇集到一处,后引申为从各方聚集的意思。

老字号是中国文化传承的载体。老字号的独特技艺成为"非遗",是长期坚守的工匠精神所打造。在《诗经·卫风·淇奥》第一段中:"瞻彼淇奥,绿竹猗猗。有匪君子,如切如磋,如琢如磨。瑟兮僩兮,赫兮咺兮。有匪君子,终不可谖兮。"在《论语·学而》中,孔子将"如切如磋,如琢如磨"类比、引申为人的修为、学习等方面。朱熹集注:"言治骨角者,既切之而复磋之;治玉石者,既琢之而复磨之;治之已精,而益求其精也。"这也许就是"精益求精"的由来。我国老字号在拥有独特的非遗传承技艺的同时,也形成独特的工匠精神与企业文化,成为老字号核心竞争力的来源,构成重要的品牌资产。有一些技艺其实就是工作中的一些细节,把某个细节做好了,就形成了特色。支撑东来顺"一菜成席"的非遗就是切肉片的技艺。老字号同兴和的企业文化为"不急不躁""中正平和",意思是做事要细心极致,把心态放平,不能急功近利。同兴和讲究慢工细活,精益求精,所制家具多采用古老的木榫结构,制作工具也沿用古方,使用中药节节草对木质家具进行剖光打磨后,家具透气且富有生机。公司规定,"大师傅"心情不好的时候可以不工作,因为心情不好的时候做出来的家具也不会舒展大气。因此,老字号非遗不仅仅是独特的技艺,是在特定时空环境下的文化传承,是老字号企业文化、品牌理念、匠人精神及产品服务与公众的互动与体验。

第二节　已有文献回顾及评述[①]

已有的学者对老字号品牌的研究，主要集中在老字号创新经营的问题和对策、老（字号）品牌活化、品牌命名、品牌个性、品牌延伸和品牌传播、品牌价值评估等方面。

一、老字号创新经营现状、问题与对策

老字号立足的"三大法宝"是：选料考究，工精艺高；制作精细，工艺独特；以德讲信，诚实待客。但老字号也存在服务创新不足、经营观念落后等问题，因此，需要将传承与创新有机结合起来，从技术、经营、服务和观念等方面进行创新（王福成，2000）。老字号真正缺少的不是品牌，而是品牌创新、品牌营销，需要从经营管理上下功夫，不断积累创新经验（冷志明，2004；张继焦、柴玲、黄莉等，2016）。我国老字号存在品牌形象中庸、品牌定位模糊、价值分化严重、区域特点过于明显、管理模式相对保守等问题，应通过建立独特的品牌定位，继承品牌的核心价值，创新品牌形象，开展品牌延伸等措施促进老字号复兴（许敏玉、王小蕊，2012；吴晓东，2014）。老字号企业管理模式陈旧是制约其生存发展的关键所在，应在战略层面进行创业基础上，自内而外，从体制机制管理创新入手，开展营销、文化和品牌方面的创新（王唯一，2014；杨桂菊，2013）。老字号创新中面临手工技艺与现代机械技术的冲突，需要找到合适的融合方式，才能不断地推陈出新（舒瑜，2013）。老字号应当将文化资源整合起来，从产品多元化、服务精细化、管理体制现代化等方面开展创新（厉春雷，2011；关冠军、祝合良等，2016）。

二、老字号品牌命名、品牌个性、品牌延伸

老字号是长寿企业，是"企业名称品牌"的缔造者、拥有者和传承人。老字号既是品牌，又不完全是品牌（袁家方，2015）。老字号品牌运营首先需要解决品牌命名问题，由于在音节、语音、语义及文化色彩等方面的特征，老字号有一些基本品牌命名模式（吴水龙等，2010）。一些成果关注到文化属性对老字号品牌塑造的影响。老字号可依据自身的特点和实力，结合文化优势资源，从品牌文化诉求与情感共鸣角度塑造品牌形象（方敏等，2010）。在中国文化背景下，可以从雅、智、德、淳、古等维度开发老字号品牌个性量表，塑造老字号品牌个性（徐伟等，2013）。在老字号品牌延伸方面，有学者认为，品牌个性认知与延伸产品感知质量影响品牌延伸评价（何佳讯，2011）；文化契合可

[①] 为了体现当时课题研究的实际状况，这里选取的文献截止到研究报告之前（2017年12月之前），后续研究中再增加新的研究文献。

以提升消费者对老字号的延伸评价（周露阳，2012）；延伸产品与母品牌之间的产品契合度对品牌延伸态度具有显著的正向影响，消费者创新性对感知契合度与品牌延伸态度之间的关系起反向调节作用（许衍凤、赵晓康，2014）。

三、老（字号）品牌活化

老品牌活化有多种观点，基本可以归结为认知心理学派和社会心理学派。认知心理学派主张创新策略，认为应通过企业的营销活动，建立和传播新的品牌资产（品牌形象和品牌意识）来源，在现有品牌资产要素基础上改革或注入新的要素，比如更新品牌形象，采用符合品牌形象的促销方式，改变或提升品牌联想和独特性（Müller and Brigitte, et al., 2013）、对品牌进行全新定位（Donna, 1992；Keller, 1999；Thomas, et al., 2009）、营销创新（江红艳等，2016；蒋永华，2017）；社会心理学派则主张怀旧策略，认为应该通过唤起消费者与老品牌的怀旧情结来复活品牌（卢泰宏、高辉，2007；Ewing, et al., 2009；林雅军等，2014）。还有学者将创新与怀旧结合起来开展研究。基于上述两种路径，何佳讯、李耀（2006）建构了"品牌活化矩阵"（BRM），并将之应用于老字号或老品牌的振兴。"创新和怀旧看似相悖的策略对于提升老字号的品牌资产并不冲突。"（张莹、孙明贵，2010）。

还有一些学者从品牌真实性构建和价值迁移（许晖、张海军和冯永春，2018）、老字号品牌的生命周期（李飞，2015）等方面研究老字号品牌的活化和创新问题。

四、老字号品牌价值评估

王成荣等（2014）在分析老字号品牌价值来源和市场价值、社会价值、文化价值相互作用的基础上构建了针对老字号品牌价值评价的THBV模型，为老字号社会历史文化价值向市场价值的转变提供了路径。钱明辉等（2017）基于新闻文本，利用因子分析法构建中华老字号品牌发展指数（BDI）的概念模型和指标体系，通过展开聚类分析揭示中华老字号品牌建设中本、流、强、势、源等发展态势评价老字号品牌。研究发现一些老字号没能把握住时代发展的脉搏与时俱进，在品牌建设方面故步自封，日渐落后于其他老字号品牌。

五、已有文献评述

上述研究为老字号品牌研究开展了有益的探索，不少成果关注到老字号经营过程中品牌运营不善、体制固化以及经营模式老旧等问题，并提出需要在品牌营销方面进行创新的建议，这为本书提供了依据和指导。不足主要包括：其一，关于老字号创新和对策方面的成果，基于现象观察的成果较多，基于调查研究或案例研究成果偏少；其二，从总体上进行归纳的成果较多，针对不同区域或不同类别老字号的研究偏少，对于北京老字号的研究尚显不足；其三，从品牌某个侧面开展的实证研究较多，描述型调研比较少，难以描述消费者对老字号品牌的全面感知与评价;其四,研究基于消费者调查的成果较多,基于管理者调研的研究尚显不足;其五,基于原创理论的成果缺乏,理论创新和跨学科应用研究不足。本书希望在上述方面有所推进与突破。

需要说明的是,"创新"和"怀旧"虽然是激活老字号的不同研究路径,但不能将之简单等同于"变"和"不变"或者是"创新"和"守旧"等非此即彼的对等概念。"创新"是企业端的行为,"怀旧"是消费者的心理状态。从企业端看,"怀旧"是一个简略语,更贴切的描述是"引起怀旧情感",这需要企业做出必要的创新方可达成,从这个意义上,"怀旧"也是一种创新策略。

第三节 研究背景、研究内容和方法

一、研究背景

老字号,指历史悠久的商号、店号,它"拥有世代传承的独特产品、精湛技艺和服务理念,承载着中华民族工匠精神和优秀传统文化,具有广泛的群众基础和巨大的品牌价值、经济价值和文化价值"[①]。北京老字号主要分布在餐饮、医药、烟酒、食品加工、服装、百货和文化工艺品等领域,有的是拥有现代企业制度的上市公司,有的还居于小城一隅,维持小作坊式的手工经营;有的活跃在市场上,紧跟社会变化节奏和消费者的变化不断创新经营,业绩日新月异,有的则停产歇业,只保留着"字号",重整旗鼓,等待时机成熟重返市场。

由于老字号凝聚了中国商人的经营智慧,改革开放初期,商家希望从老字号学到一些经营秘籍,于是,老字号和"老北京"都成为备受关注的话题,老字号的一些经营策略成为企业模仿的"样板"(董玥,2018),这也使老字号滋生了标杆意识。

北京老字号的这种"标杆"意识也曾出现在当今老字号企业的管理者头脑中,直到他们发现自己在同行中的份额明显下降,才意识到要去考察市场,了解其他企业的做法。

当我们仔细体会"头戴马聚源,脚蹬内联升,身穿瑞蚨祥,腰缠四大恒"这个民谣时,会感受到人们诵读这些诗句时内心的荣耀感受或生活期盼,他们通过这些穿戴来体现自身的身份地位与生活水平。这不仅反映出北京老字号在人们生活和心目中的地位,也反映了北京老字号品牌曾经拥有过的辉煌。由于社会文化的变迁,人们的审美观念发生了很大变化,这给服装老字号带来很大的挑战。设想,如果在现代社会,我们看到如上穿着的

[①] 参见商务部等16部门颁布和实施的《关于促进老字号改革创新发展的指导意见》,2017年1月13日。

人，很可能会感到与时代"不合拍"。

在现代社会，老字号在现代生活中所扮演的角色发生了很大变化，不再是生活必需品中出类拔萃的佼佼者，而是成为遗留下来的"旧业态"的少数派代表，也许更多作为一种"非遗"或传统文化的物质载体得到保护。尽管老字号在极力做出一些改变和革新，以求跟进这个时代，然而，消费者依然感到老字号与自己的距离比较远，在生活中接触老字号的概率也越来越少了。

一位大学生曾做了一个小型的社会观察，表达了对现代北京老字号的感受：

在我看来，存留至今的老字号大概都有着大体相同的一些特点：第一，它们有一批固定的顾客，以附近的长期居民为主。老主顾因其生活习惯很难改变，带动着大多老字号的基本运转。第二，它们大多保持着精致而诚恳的手工制作方式的同时，也做了一些改变，如稻香村除了传统糕点，也在卖红豆抹茶蛋糕等偏西式糕点；吴裕泰除了卖茶叶，开始制作出售纯天然的花茶冰激凌和抹茶冰激凌；同仁堂除了卖中药，也用传统配方配合现代的面膜纸，做了方便的面膜供女性使用等。第三，即使老字号们做出了一些改变和革新，也无法扭转它们中大多数被现代企业狠狠冲击着的局面。它们的优点也同时是它们无法适应现代社会的地方。试想，哪个上班族会等着护国寺小吃八点开业，听着店员的吆喝声慢慢吃完一份豆汁儿、焦圈儿再去上班？或许24小时大门敞开的麦当劳才是最好的选择。悠闲的早晨和传统的早饭只属于什刹海旁边遛鸟唱戏的退休大爷大妈，内联升的布鞋、马聚源的帽子也只属于他们，而不是在操场上奔跑的中小学生或者SOHO里天天挤10号线的白领们……（张颖璐，2015）

当前，老字号面对的市场竞争态势和顾客群体发生了很大变化，它们不再是寥若辰星的行业翘楚，而是作为一个普通的市场主体加入了现代竞争的行列中。它们当中蕴含着优秀的民族文化、商业信念和独特的匠人技艺，需要在市场上生存发展才能更好地传承下来。

2006年商务部启动振兴老字号工程，从政府层面助推老字号发展。2017年初，商务部联合16部委提出了《关于促进老字号改革创新发展的指导意见》，提出老字号要坚持传承和创新相结合并开展广泛宣传。2017年，《国务院政府工作报告》中提出要大力弘扬工匠精神，厚植工匠文化，恪尽职业操守，崇尚精益求精，打造更多享誉世界的"中国品牌"，并将每年5月10日设立为"中国品牌日"。由此，"中国品牌"上升为国家战略。2017年底，中共中央办公厅、国务院办公厅印发了《关于实施中华优秀传统文化传承发展工程的意见》，并发出通知，要求各地区各部门结合实际认真贯彻落实："实施中华老字号保护发展工程，支持一批文化特色浓、品牌信誉高、有市场竞争力的中华老字号做精做强。"各地也出台相关政策对老字号创新发展给予支持，比如，在2018年北京市商贸委的《老字号传承发展项目申报指南》中，老字号在工艺技术改造、新产品研发、产品包装改良等方面的项目立项，可获得相应的资金资助。

党的十九大报告指出："文化是一个国家、一个民族的灵魂。文化兴国运兴，文化强民族强。没有高度的文化自信，没有文化的繁荣兴盛，就没有中华民族伟大复兴。要坚持中国特色社会主义文化发展道路，激发全民族文化创新创造活力，建设社会主义文化强国。"老字号是我国民族品牌的组成部分，也是中国文化的特殊载体，老字号传承创新也是文化自信和建设文化强国的途径。

重振老字号品牌，既需要国家顶层品牌战略的支持，也需要健康有序的市场发展环境，更需要企业自身在思想观念、商业模式和技术层面的变革与创新。因此，如何在创新中传承北京老字号成为我们研究的重点。

赵翼的诗句中有："李杜诗篇万口传，至今已觉不新鲜。江山代有才人出，各领风骚数百年。"企业创新与诗词创作也有共同之处。"王朝不过千年，老店难过百年？……纵有英雄豪杰彪炳青史，他们的影响也很难经得起几百年岁月的风霜。这或许就是为什么人们说到'百年老店'而不说创'千年品牌'的原因。"（周南，2012）从品牌生命周期的规律来看，产品和店铺可以在市场上消失，品牌可以相对独立于产品的市场生命周期而存续。不过，老字号历经风雨沧桑走过百余年，令人敬畏和珍视，但历经多年后，是否能历久弥新，老字号确实面临新的环境的挑战和经营上的风险和危机。

庞朴（2008）对"无"的三种字形"亡""無""无"进行了区分："亡"，两个读音，念wáng的时候是"逃亡"的意思；更多时候念"wú"，意思是"有而后无"；"無"，念"wú"，意思是"虚而不无，似无实有"；"无"，绝对的无。

周南（2012）从这三个字的区分和老子《道德经》"天下万物生于有，有生于无"中得到启发，从"亡、無、无"的角度论述创新的极限，并强调了"無"在创新中的作用：

企业创新是从"無"产生"有"的，是从"**创新意**"（虚、無）产生"**造新型**"（实、有）。创新始于"创意"（"無"）。原本是看不见、摸不着的"象"，可能生出可见好用的新产品（"形"）……然而，新意屡创屡衰，新产品屡胜屡败。即使一流企业也每时每刻会面临清朝诗人赵翼在《论诗》中说的"预支五百年新意，到了千年又觉陈"的问题。怎么办呢？对此，我喜欢古人用来勉励人们追求进步的箴言："苟日新，日日新，又日新。"（《礼记·大学》）市场每天都在变化，再好的生意也有退潮的时候。不能穿"老鞋"走新路，更不能用"老黄历"过新日子，而是要不断地跳出市场的框框，不断地从新"有"进入新"無"，再从新"無""生出"新"有"。最后，创新真有"绝对的无"这个极限吗？**没有异想，哪来天开。**

这对老字号的创新颇有启发性。第一，当前老字号面临第一个——"亡"，即老字号之前"有"的独特优势和地位，现在消失殆尽，所以目前面临从"有"到"无"的困境。不少以往知名度比较高的老字号，其业绩下滑，市场影响力很低。

第二，就是从哪些方面创新的问题，从"無"生出"有"。即如何从看不见的"象"（"無"）产生看得见的"形"（"有"）？老字号在这方面有很大的拓展空间。老字号拥有的文化资源（含非遗技艺）是一座宝藏，开掘得法可以产生无数的创新。

第三,就是"无"——"绝对的无",在经营模式创新上挑战老字号的想象力。目前,不少老字号基本还停留在"字号"经营阶段,离现代意义上的品牌经营还有很大差距。一方面,需要紧跟和学习现代品牌运营模式;另一方面还要闯出一条新路来。是不是可以有"千年品牌"?不妨尝试"异想天开"一下。

近年来,面对来自国内外市场的激烈竞争和人们消费观念的变化,不少老字号品牌淡出人们的视野,业绩平平或经营惨淡,只有30%的老字号能够赢利。这些老字号开展创新经营,业绩有所提升,具有一定的市场活跃度。消费者对老字号有哪些满意与不满意的地方?老字号在开展创新经营方面有何阻力?如何开展创新经营来适应现代消费者日益变化的多样性需求?如何从"字号"上升为现代品牌经营?如何拉近老字号与现代消费者的心理距离?如何开展品牌全球化经营,提升民族品牌的影响力?……这些都是老字号面临的新问题。

当前,老字号遇到了新时代的挑战,也存在很好的发展机遇。老字号之所以"老"而不衰,自有其生存之道,需要在新的时代转变自己的生存方式,所谓"以不变应万变,以万变应不变"。为此,我们选取各行各业具有代表性的北京老字号企业进行品牌营销创新案例研究,试图探索和提炼这些业绩较好的老字号的做法和经验,发现其中存在的机会和问题,以期为其他老字号的创新经营提供借鉴。

二、研究内容与研究方法

(一)研究内容

本书在对北京老字号历史背景和面临的现实问题进行梳理的基础上,开展已有文献的梳理并对相关基础理论进行研究。接下来基于调查研究开展案例研究,并有针对性地提出建议。

理论研究包括已有相关研究回顾和基础理论研究(第一章)。调查研究分为针对消费者的调研和针对企业高层管理者的调研两部分(第二章,可视为定量研究基础上的多案例研究)。第三章到第八章为案例研究,重点对餐饮类(全聚德、庆丰包子铺和东来顺)、服装类(内联升、瑞蚨祥和同升和)、食品类(北京稻香村、義利和北冰洋)、茶叶类(吴裕泰和张一元)、文化工艺类(一得阁和北京市珐琅厂)和医药类(同仁堂)等北京老字号开展案例研究。另外,第三、四、五、六、七章的案例大都以描述性为主,第八章为研究型案例,第九章为消费升级方面的拓展性研究。

(二)研究方法

本书采用问卷调查、案例研究、访谈调查、参与式观察、文本分析等方法。

问卷调查。分为针对企业高层管理者和消费者开展的问卷调查。针对企业的问卷有两个:"北京老字号品牌创新经营现状调查"和"北京老字号品牌创新经营管理者态度调查"。这两个问卷于2016~2017年初开展,各收集问卷10份,共20份问卷(第二章第一节)。针对消费者的调查有两个:一是针对消费者接触和满意状况的调查,2015年5~6

月选取了81家北京老字号开展，回收有效问卷307份（第二章第二节）；二是关于餐饮连锁老字号标准化与顾客满意方面的调查，2015年12月~2016年3月开展，回收有效问卷297份（第二章第三节）。

案例研究。主要采用访谈调研、问卷调查和二手资料结合的方法开展案例研究。单案例研究法，在第三、四、五、六、七章以及第八章（第一节）中采用；双案例研究，在第二章（第三节）和第八章（第二节）中采用；多案例研究，在第二章中采用。

参与式观察。结合相关研究主题，课题组成员赴同仁堂、全聚德、庆丰包子铺、同升和等进行参与式观察和现场访谈调研。其中，同仁堂的参与式观察有在马来西亚2个海外门店的调研；全聚德、庆丰包子铺连锁门店的实地参与式观察主要聚焦于餐饮老字号标准化研究。

文本分析与网络日志。在研究内联升、北京稻香村等老字号的新媒体策略时，多处采用了网络日志方法。

（三）研究特色

注重原创理论的应用研究和跨学科研究。在同仁堂品牌跨文化传播案例研究中，以原创理论——传播心理距离理论为框架进行案例研究。

质性研究与量化研究相结合。在质性研究中，不仅注重理论框架的使用与实践路径的提炼，还注重实证研究。基于消费者和企业中高层管理者调查研究基础上开展的多案例研究，体现了这个特点。

注重历史与现实的结合。本书在注重老字号品牌创新的同时，注重历史传承。尽可能地找到老字号品牌历史、非遗技艺方面的资料进行梳理。

"点"与"面"结合。"点"即深入研究几个典型性案例，"面"即关照到分布于不同行业的多个老字号开展案例研究。

第二章 北京老字号品牌创新经营和顾客满意度调查研究

第一节 北京老字号品牌创新经营调查研究[①]

如何在传承老字号优秀基因的基础上开展创新经营，是当前老字号高层管理者面临的重要问题。然而，企业管理者在创新经营中面临什么问题和阻力，高层管理者的创新观念如何，却很少得到学界的关注。笔者以北京老字号企业高层管理者为研究对象进行问卷调查与访谈，了解北京老字号创新经营现状和问题，并提出相应建议。

一、研究方法

本书选取北京老字号高层管理者为研究对象，通过问卷调查为主、深度访谈为辅的方法开展。

问卷调查于2015年5月~2017年3月开展，由两部分组成，样本企业涉及餐饮（含住宿）、食品加工（含茶叶）和服装服饰等品类，两组问卷各由10家北京老字号企业的高层管理者填写。[②]

访谈部分主要依据2014~2018年开展案例研究期间，项目团队成员与一些北京老字号企业高层管理者的谈话记录归纳。

二、数据描述

（一）北京老字号品牌创新经营现状调查

从高层管理者所属企业类别来看，有3家餐饮（含住宿）企业、5家食品加工（含茶

[①] 本节由张景云执笔，宋佳、陈碧莹进行了数据处理，白玉苓和陈永涛收集了部分问卷。
[②] 课题组将两个问卷同时给北京老字号高层管理者填写。由于有的管理者只提交了其中的一个问卷，需要扩大样本范围，因此，两个问卷的来源有不一致的地方。

叶）企业、1家服装服饰企业、1家鞋类企业；从企业所有制性质来看，有5家混合所有制（含股份制）企业、3家国有企业、1家私有独资企业、1家国有参股企业；从经营规模来看，大型企业（从业人员1000人以上）有2家，中型企业（从业人员300~999人）有4家，小型企业（从业人员80~299人）有1家，微型企业（从业人员79人及以下）有2家；从经营方式来看，有4家集团化经营、2家单体店（前店后厂）、7家连锁企业（加盟连锁）、7家直营连锁企业（此为重复统计，即10家企业中有部分企业选择了多种经营方式，既有加盟连锁，又有直营连锁）；从业绩增长情况（年利润增长率）来看，1家企业年利润增长率为20%~29.9%，4家企业为10%~19.9%，2家企业年利润增长率仅0.1%~4.9%，还有2家企业处于亏损或歇业状态。

该调研围绕北京老字号"创新经营的问题与机遇""品牌传播与网络经营的形式""海外经营情况"等方面的问项开展。问项的设计根据相关文献研究和深度访谈进行聚焦和提炼得出。在数据处理方面采用了平均综合评分法①和百分比法②对数据进行了排序，结果见表2-1。

表2-1　北京老字号品牌创新经营现状调查数据分析

创新经营问题与机遇		
创新要素	具体问项	综合评分排序
创新经营问题	传统文化传承和适应市场变化的矛盾	2.9
	年轻消费群体与老字号心理距离问题	2.7
	地域文化局限性	2.2
	企业经营自主权受到制约	1.9
	用人制度不灵活	1.9
跨地域经营问题	人力资源问题	3.4
	商品和服务的管控问题	3.2
	北京特色与外埠消费者习惯的矛盾	2.0
	资金投入不足	1.3
	加盟连锁和直营连锁的矛盾	1.3
推动创新经营因素	企业"一把手"有冒险精神，宽容支持	3.3
	企业有鼓励创新的机制	2.5
	上级主管部门顶层设计，直接推动	1.8
	员工的团队合作气氛	1.4

---

① 排序题的选项平均综合得分是根据所有填写者对选项的排序情况自动计算得出的，它反映了选项的综合排名情况，得分越高表示综合排序越靠前。计算方法为：选项平均综合得分 =（$\sum$频数×权值）/本题填写人次。

② 此类问题为多选题，即同一选项可被重复统计。

续表

	创新经营问题与机遇	
创新要素	具体问项	综合评分排序
制约创新经营因素	技术创新能力不足	4.7
	人才短缺	4.5
	商业模式老旧	4.1
	体制僵化	3.7
	资金短缺	2.7
	产品（服务）落后	2.4
	管理者缺乏进取心	1.9
	品牌传播与网络经营的形式	
创新要素	具体问项	百分比排序
品牌传播媒介与渠道	官方网站/微博、微信等网络媒体	90%
	展销会	70%
	电视	60%
	报纸	60%
	广播	50%
	品牌博物馆	50%
	书籍、杂志	30%
	旅游	20%
网络经营形式	自营网店	60%
	入驻综合性网店平台	50%
	入驻行业性电商平台	30%
	海外经营	
创新要素	具体问项	百分比排序
海外经营概况	几乎没有涉外业务	40%
	在国外开展业务经营	30%
	在国外有品牌传播活动	30%
海外品牌传播形式	参加国际性重大活动	40%
	名人效应	40%
	借助独特的品牌故事吸引报道	10%
制约海外经营因素	原材料运输问题	50%
	人力资源问题	50%
	海外经营动力不足	30%

由表 2-1 可知，北京老字号企业在创新经营过程中存在的问题主要是："变与不变"的矛盾；年轻消费者与老字号的心理距离比较大；人力资源的制约以及体制问题；

等等。在品牌传播方面，老字号对新媒体的利用已经超越了传统媒体，展销会依然是重要的推广渠道。书籍杂志及旅游渠道的利用还很有限。更多借助国际重大活动和名人效应开展传播，在故事化传播方面还很有限。值得关注的是，不少老字号近年来开设了企业文博。调查显示，只有10%的受访者认为建立品牌博物馆在促进品牌传播和增加服务体验方面有较好的效果。在网络经营方面，自营网店和入驻综合性网店平台是主要的网络经营方式，行业性电商平台利用较少。在海外经营方面，主要受原材料运输和人力资源因素的影响，老字号在国际化业务和品牌传播方面还处于起步阶段，有很大的提升空间。

（二）北京老字号企业管理者创新经营观念调查

为了了解北京老字号企业当前管理者的创新经营观念，课题组采取问卷调查（共15题）的形式采访了10家老字号企业的高层管理者、品牌或市场部负责人。这10家企业的基本信息如下：从企业类别来看，有3家餐饮（含住宿）企业、3家食品加工（含茶叶）企业、3家服装服饰企业；从企业所有制性质来看，有3家混合所有制（含股份制）企业、2家国有企业、1家股份制企业、2家私有独资企业、2家其他；从经营规模来看，大型企业（从业人员1000人以上）有3家，中型企业（从业人员300~999人）有2家，小型企业（从业人员80~299人）有4家，微型企业（从业人员79人及以下）有1家；从经营方式来看，有2家集团化经营、1家单体店（前店后厂）、4家连锁企业（加盟连锁）、3家连锁企业（直营连锁）。

该调查主要围绕"品牌创新与传承""北京文化的作用""创新的内外部条件"以及"创新经营方式"等方面的问项开展。问项的设计根据相关文献研究和深度访谈进行聚焦和提炼得出。数据分析如表2-2所示：

表2-2 北京老字号企业管理者创新经营观念数据统计

创新项	问项	得分或意向程度
品牌创新与传承	创新与传承并不矛盾	100%同意
北京文化的作用	引入北京文化特色对其公司的产品（服务）创新具有促进作用	80%认为"很有"作用；20%认为作用"一般"
创新的内外部条件	政府及相关部门支持	积极寻求
	体制改革	支持混合所有制改革
	企业家精神	注重发扬
	人力资本	吸纳更多优秀年轻人才
创新经营方式	年轻消费市场	重视
	跨界经营、跨区域（国）合作	积极开展

北京老字号高层管理者对于创新经营秉持较为积极的态度,他们认为企业可以更好地借助北京文化开展创新经营。他们也在积极寻求内外部有利条件(包括政府支持、体制改革、企业家与人力资本)开展创新经营。老字号管理者对于开拓年轻消费市场、开展跨界经营、跨区域或跨国经营方面体现出积极的态度。

(三)北京老字号高层管理者访谈

在项目开展过程中,研究人员至少与5名高层管理者开展过深度访谈,主要围绕老字号企业体制变革、企业文化、战略、创新的阻力以及老字号企业提升竞争力等方面展开。高层管理者访谈在本书中的作用主要体现在以下两个方面:一是通过访谈,筛选上述两个问卷中有价值的问项;二是对封闭式问卷中无法体现的具体问题及其深层原因进行深入的了解。现将部分内容摘录于此。访谈对象A为某老字号企业高层管理者,访谈人Q为笔者。

北京老字号高层管理者访谈(部分)

Q:关于老字号创新,我看到近年来你们做得还不错,目前还存在什么困难?

A:总是要做事的,不创新如何生存呢?任重而道远啊!我觉得我们在营销推广层面的投入不够,所谓巧妇难为无米之炊。

Q:你们不是已经明确了××创新发展战略,为什么还是感到难以充分实施?

A:领导觉得有意义,方向是对的,但具体怎么弄,你们自己去蹚道吧,风险肯定是不能担的。

Q:战略制定后的执行很重要。

A:是的,战略是定了,但是到具体执行策略层面就又变成单挑了。诸葛亮再想打,刘备不想战也没有用。决策层不重视,显然谈不上资源支持。人才和运营团队也是问题。我始终认为用户管理应该是从战略层面来考量,预算投入是一方面,建立专业的运营团队,在组织架构明确其职能匹配方面更重要。决策层关注点在哪里,哪些层面才能有所作为。正所谓几分耕耘,几分收获。前人种树,后人乘凉。

Q:您应该是有决策权的。

A:老字号企业的领导都有一个共同的特点:只对现实意义的事情感兴趣,至于未来的事情到时候再说。钱和人的事,(最高)领导说了算。自媒体运营与用户的有效沟通,设计研发费用的投入,管理和经营人才的储备,这些都体现了决策层对于长远经营的重视程度。如果皇上不急,太监急死也没用。

Q:由于老字号企业在用工方面对年轻人才缺乏吸引力,优秀人才短缺也是与新兴品牌竞争中的短板。如果能够创新用人方式,比如,采取"柔性组织",吸纳部分优秀的大学生运营微信、微博等新媒体,也许可以在一定程度上缓解人才压力。通过让大学生提前了解、接触老字号,在业务上磨合,为未来进入老字号工作奠定基础。

A:你提柔性组织,可能没有几个人懂。

Q：就是员工不用去（实体办公室）上班，在时间和空间上比较灵活的组织。

A：考勤（纪律）重于业绩，这些才是老字号真正的短板，是难以吸引年轻人和高素质人才的瓶颈。

Q：有道理。你们不是已经完成改制了吗？

A：体制改了，但是文化和观念呢？有一句话说得好，企业文化就是领导人文化。阿里巴巴就是马云的文化，京东就是刘强东的文化，万达就是王健林的文化。

Q：你们目前是谁的文化？

A：反正不是我的文化！我始终认为用户管理应该是从战略层面来考量，预算投入是一方面，建立专业的运营团队，在组织架构明确其职能匹配更重要，决策层关注点在哪里，哪些层面才能有所作为。

Q：老字号也不用和互联网公司竞争。

A：这跟竞争无关，当一个人与社会脱节的时候，他就无法生存，企业也是一样。同样是一天，沏茶倒水，看看报纸，也可以过去。损失的就是效率和时间，同时也损失了大量的市场机会。不迟到、不早退，准点上班、准点下班，不做即无错。

Q：在互联网公司总加班，很累，也不好。

A：对呀，但是有更高目标的人也会主动加班，因为他觉得时间不能浪费，他要实现个人价值。结果就是这样的一群人，客观推动了企业的快速发展。强调效率和个性化，本身就是一种企业文化。相对而言，老字号的企业文化过于封闭沉闷了。

Q：是的，那些公司经常加班。老字号比较轻松，对年轻人有没有吸引力？

A：能力强、性格鲜明的人，很难适应这样的环境。相对而言，互联网创业公司提供一个轻松开放的环境，这对于年轻人具有相当大的吸引力。这些才是老字号真正的短板，是难以吸引年轻人和高素质人才的瓶颈。考勤（纪律）重于业绩，哪来的核心竞争力啊？

Q：您就是公司的核心竞争力啊！

A：我也在努力打造自己的核心竞争力，提升自己的话语权。

Q：是啊！您能为老字号做贡献，是独享其缘。

A：也是我的幸运，所以更不想浪费，让金字招牌被埋没。我感恩老字号给了我机会去历练，也始终把为平台创造价值和实现人生价值相统一，我始终相信自己和××（字号）是命运共同体，无论当下还是未来。

Q：功德无量啊！

A：当是锻炼个人能力吧。总是要做事的。组织内部得不到支持，我就从外部创造条件吧。

Q：确实已经不错了，做了那么多创新！

A：我把我能动员的内外部资源用好，在自己的权限责任内尽量做到最好。在我看来，全聚德最应该感谢的是大董烤鸭，真正让它感受到来自市场的压力。其次应该感谢IDG，从资本的角度规范了它的管理，对它的业绩增长提出了指标和要求。当然，我不是全聚德的人,可能看到的也是表象。

Q:我看老字号们也是很有危机感的,也是在想如何创新的出路。

A:领导的想法如果是在笼子里面养老虎,我相信迟早有一天老虎会被饿死。所以包括我们在内的很多老字号被圈养得太久,过得太舒服了,很多技能都退化了,也就失去了野外生存的能力。但是我相信,只有通过竞争和危机感,才能让企业活得更长久。

Q:国家保护老字号的政策,对老字号是好还是坏?

A:这个看怎么理解了。如果把它作为一个机遇,那是好事。如果把它作为救命稻草,我相信会是压死骆驼的最后一根。

Q:犀利!近年的创新成效如何?面临什么困难?未来有何打算?

A:(创新)效果逐步显现,合作逐步深化。面临的问题就是各方面工作都缺乏专业人才和经验,都需要在实践中摸索套路,继续深化××战略。

Q:谢谢您一直以来对项目的支持!上面的这些话对我很有启发。

A:客气了,应该的。说实话,之前的内容(仅包括企业近年来创新策略的版本)我并不是特别感兴趣,基本上都是我们近期做过工作的回顾,与一般的媒体报道没有太大区别。直到我今天看到这篇文章里面关于老字号品牌化转型方面的建议,有些观点中肯而尖锐,显然是经过深入思考,也付出了大量心血。我觉得还是有必要把表象下一些内部的情况介绍一下,有助于学生和读者深刻理解企业管理中方方面面的困难和问题。

Q:老字号的研究很艰难,耗时耗力。先需要把企业情况搞清楚才能再进一步思考。前面的那个版本就是近年来你们创新战略思路的梳理。

A:当然,媒体宣传需要正面报道。但是既然是做研究,就要全面分析了。

Q:您认为,老字号目前面临的最大困难是什么?

A:如何运用新零售手段提升老字号门店客流,带动销售增长。

Q:所有的零售实体店都存在这个问题,我之前没怎么想到这个是你们最关注的事情,还以为是不善于做"互联网+"呢!

A:对,现在我们的困境就是有品牌、门店、产品,缺少客流。不缺客流,活得好的,基本现在只有餐饮老字号。这个是大多数老字号企业面临的问题。如果问题解决了,则有很强的实践效果。

Q:通过新零售增加客流也许还行,有效购买就不好说了。目前老字号有"字号",未必有品牌。

A:说法而已。门店人气很重要。打品牌不是我们的重点,花钱没有明确效益,在企业很难实施。

Q:在开展老字号研究的这几年中,与老总们的沟通最使我受益。不过有的老总有顾虑,很谨慎,本来企业有创新,由于创新不大成熟,业绩还不够显著,也不敢让说。您怎么看?

A:有任何问题,欢迎随时联系,我的基本立场就是有病就治,没有什么好藏的,企业同理，正所谓好坏冷暖自知。

Q：与您这样的企业高层管理者随时互动，可以讨论，才能出来成果。

通过对访谈资料的整理发现，出现词频最高的是"在创新中传承"，其次是"年轻一代对老字号的认知度"。此外，创新的阻力、企业管理者的品牌传播意识以及老字号企业提升竞争力等都是老字号管理者较为关注的问题。

三、基本结论

（一）老字号创新经营现状——机遇与挑战并存

总的来说，老字号企业近年来从体制改革、商业模式和产品/服务、品牌传播形式以及跨地域、跨界经营方面开展了不少创新举措，但也存在一些挑战。北京老字号企业"一把手"的冒险精神、体制改革与完善机制、政府支持以及员工的积极参与都是推动老字号创新经营的积极因素；而资金、人才、智力资源和运营经验的缺乏制约了老字号的创新经营，"四平八稳"、惧怕风险、只关照眼前缺乏长远可持续发展的战略眼光，成为老字号创新的"绊脚石"。

（二）老字号创新经营观念——综合利用多方资源开展创新

从创新经营观念层面来看，企业管理者一致认为创新有利于老字号传统文化的传承，且在品牌方面开展创新传播很有必要。北京文化对于北京老字号企业的创新经营具有促进作用。顶层设计对创新的支撑作用很大，管理者希望得到上级主管部门的主动推进与大力支持。他们认为，目前老字号开展创新经营可集中于开发年轻消费市场，开展跨界经营以及跨区域（国）合作等方面。

（三）管理者的困惑——在创新中传承需要在关键环节突破

与老字号企业高层管理者访谈结果显示：其一，老字号必须紧随时代创新，只有具有竞争和危机意识，才能让企业活得更长久。不过，在创新过程中，老字号比其他品牌多一层束缚，就是如何在创新中传承，一些"老"的东西束缚了企业手脚，成为"包袱"不敢轻易丢掉。其二，不少老字号制定了创新战略，但是在战略实施过程中，人力、财力以及执行的决策权弱化，使得老字号在竞争中应对乏力。其三，个别企业不喜欢被称为"老字号"，"老"使得品牌形象固化，影响新兴消费市场对接，它们希望社会公众不要另眼看待老字号，把它们当作一般的企业就好。其四，企业管理者缺乏品牌经营意识，以为"老字号"自然就是知名品牌，不愿意在品牌传播上下功夫，年轻一代消费者对老字号认知度很低，品牌"空心化"严重。其五，老字号的"老"不只是形象老化问题，主要还是运营机制缺乏市场应变力的问题，体现在市场反应、供应链对接等多个方面。其六，老字号企业文化过于封闭沉闷，对于年轻人缺乏吸引力，使得公司在运营层面缺乏人力资源的支持。其七，老字号目前市场运营中最大的困难就是有品牌、门店、产品，缺少客流。

四、政策建议

(一) 将创新纳入整体战略层面并予以实施

老字号企业要将创新纳入整体战略层面,在决策机制、资金配套和管理方式上给予配套实施,提升战略执行的持续性和有效性。战略的制定和实施是一个长期的系统工程。"前人栽树,后人乘凉",切忌为了对付眼前的现实问题而忽视了长远的战略和实施。

(二) 创新商业模式、品牌运营及传播

老字号在创新经营中须把握"变"与"不变"的关系,在坚守"工匠精神"和品牌基因,严格把控质量的基础上,还需要对接现代消费需求,尝试在商业模式、商品/服务及品牌要素等方面进行创新。一是在适应"互联网+"开展网络营销时,须切实把握"互联网+"的本质,运用新技术手段和新零售的思维改造传统零售服务业,创新媒介传播方式,根据不同媒介的特点开展故事化传播,特别是要创新企业文博的展现方式,借此活化门店经营,提升其体验性和文化展示功能;二是在商品/服务设计及品牌传播方面更好地对接现代消费需求,拓展多种渠道和媒介开展品牌传播,削减老字号品牌认知"空心化"问题,拉近与现代消费群体,特别是年轻消费群体的心理距离;三是老字号须向品牌化经营转型,通过品牌延伸、品牌联合、品牌组合管理等方式,提升老字号品牌运营水平;四是借助北京文化元素以及品牌中蕴含的传统文化元素,对接文化创意和区域形象拓展开展品牌传播,塑造独特的品牌个性,提升国际影响力,进而支撑品牌的国际化运营。

(三) 优化企业文化,提升对年轻群体的吸引力

老字号企业需要在传承中创新老字号企业文化,为其注入创新、年轻与活力,吸纳更多优秀年轻的人才加入老字号品牌建设,依靠专业人才创建专业的运营团队加大创新力度,大力发展与培育管理方式、技术、工艺和文创等方面的创新。不但可以借助雇主品牌的活化激活企业和产品(服务)品牌,还可以在提升对年轻人吸引力的同时,提升老字号创新活力。

(四) 开展体制和激励机制创新,激发企业内部创新活力

老字号体制和内部激励机制是制约老字号活力的重要因素,需要通过创新来解决。老字号要借鉴相关企业已有的成功经验,在企业股权结构、制度设计和激励机制上用于突破现有模式开展创新,切实解决好企业创新的内部活力和动力机制问题。

(五) 处理好企业与政府及主管部门的关系

一方面,政府及所属集团主管部门在对老字号创新提供资源支持的同时,还要给老字号松绑,激发其创新的活力与动力。另一方面,老字号需要积极寻求政府帮助和集团决策层支持,正确对待国家的保护政策,作为平等竞争的市场主体参与市场,在竞争中求发展,逐渐提升核心竞争力。

第二节 北京老字号顾客接触和满意度调查研究

一、调查目的、样本选取及总体状况

为了了解消费者对北京老字号品牌的接触和满意情况,找出北京老字号存在的问题,以便提出有针对性的对策,我们对消费者进行了调查。这里所研究的北京老字号,除了进入"中华老字号"名录的北京老字号外,还包括未进入该目录的北京当地老字号。

我们收集了2015年6月至2016年8月的数据,有效问卷307份。主要调查了北京餐饮类(含住宿)老字号、食品类老字号、服装老字号、医药类老字号、商业百货老字号、服务类(除餐饮、百货以外)老字号和文化工艺品老字号共81家北京老字号的消费者接触和满意状况。问卷被调查者的构成:从性别来看,男性消费者占36.81%,女性消费者占63.19%;从年龄来看,45~54岁占29.64%,15~24岁、25~34岁这两个年龄段群体分别占总数的26.06%和20.52%,其他样本占23.78%。问卷主要采用问卷星发放和回收;既有被访者主动填写,也有针对特定群体的发放,比如,老年群体、农民和工人、国外和港澳台等群体是不易接收并主动填写问卷的群体,采取了有针对性发放回收的方法,使得样本分布尽可能合理,具有代表性。

为了能更准确地对各类老字号的满意程度进行比较,本次调查比较采取加权平均法,为每个选项赋值,"很不满意"为1分,"不大满意"为2分,"一般"为3分,"比较满意"为4分,"非常满意"为5分,"未选择"不计分。经数据处理得出的满意度分数如表2-3所示:

表2-3 各类北京老字号满意程度占比及总体得分(保留小数点后2位)

老字号类别	非常满意(%)	比较满意(%)	一般(%)	不大满意(%)	很不满意(%)	总体得分
餐饮(含住宿)	5.36	58.57	32.15	3.21	0.71	3.65
食品加工	7.47	60.85	29.18	2.49	0.00	3.73
服装(含服饰)	4.41	39.70	50.49	3.93	1.47	3.42
医药	6.23	57.51	34.43	1.83	0.00	3.68
商业百货	3.79	42.05	47.73	5.69	0.76	3.42
服务(除餐饮、百货以外)	5.59	40.37	48.46	4.98	0.63	3.45
文化工艺品	6.62	37.95	48.20	6.62	0.61	3.43

---

① 本节由张景云执笔,王勇进行了数据分析。

二、各类老字号的顾客接触和满意情况分析

(一)餐饮类(含住宿)老字号

北京餐饮类(含住宿)老字号共调查了22家,其中在全聚德消费过的比例较高,占72.96%,其他依次为东来顺(60.59%)、庆丰包子铺(57.98%)、护国寺小吃(39.41%)、便宜坊(28.99%),其他17家所占比例均在20%以下。

调查数据显示,消费者对上述老字号感到满意的因素依次为"保持老北京风味"(67.43%)、"食品安全,信誉好"(53.42%)、"价格合理"(26.38%)、"服务较好"(16.4%),其他因素所占比例相对较小。消费者感到不满意的原因依次是"价格偏高"(44.95%)、"服务质量不好"(31.92%)、"网点少"(29.32%)、"经营缺乏创新"(28.01%)、"就餐环境差"(21.82%)、"北京特色不鲜明"(20.85%),其余因素所占比例相对较小。北京餐饮(含住宿)类老字号满意度得分为3.65(见表2-3)。

北京餐饮住宿类老字号的主要优势是"保持了'老北京'风味",这是吸引顾客最重要的一点,须继续保持并强化。"食品安全,信誉好"也占到很高的比例,说明随着消费水平的提高,消费者不仅注重餐饮口味,更加注重食品安全。因此,北京老字号品牌应该在食品卫生和安全方面做得更好,让消费者放心。在不满意的因素中,顾客感知北京老字号餐饮价格偏高,主要是针对桌餐,此类老字号可以考虑推出价位略低的副线品牌,吸引更多的消费者消费。服务质量偏低、网点偏少和经营方式缺乏创新是制约北京餐饮老字号的主要因素,该类老字号需要创新经营方式,拓宽经营网点,更加符合消费者的接触习惯和行为方式,加强对服务人员的挑选和培训,在提高服务质量方面下功夫。

(二)食品加工类老字号

在36家北京食品加工类老字号企业中,在北京稻香村消费过的比例最高,为79.8%,其他依次为王致和(58.63%)、六必居(53.75%)、牛栏山(47.56%)、百花蜂蜜(33.88%)、张一元(33.22%),其他30家所占比例相对较小。

消费者对北京食品类老字号满意因素中,比重最大的是"口感好,有正宗北京风味"(57.65%),其他依次为"食品卫生,质量有保障"(49.51%)、"在超市和网上购买很便利"(33.88%)、"价格合理"(25.73%)、"服务好,有特色"(16.29%),其余因素所占比例较小。在北京食品类老字号不满意因素中,依次为"网点少,购买不方便"(27.04%)、"经营方式缺乏创新"(26.06%)、"品牌缺乏个性"(25.08%)、"价格不合理"(20.85%)、"北京特色不鲜明"(19.87%),其余因素所占比例较小。满意程度的得分最高,为3.73(见表2-3)。

食品类老字号产品保持了独特的北京风味,得到了消费者的认可。由于消费者对食品安全和卫生问题越来越关心,老字号长期以来形成的独特工艺和严格的管理,在人们心目中建立了良好的信誉,并能够保持,且获得了消费者的肯定。北京稻香村、六必居、王致

和等品牌的食品一般在超市或便利店均可买到，是顾客接触和消费比较多的重要因素。这些商品价格合理，性价比较高，也是受消费者喜爱的因素之一。由于此类老字号提供的商品属于日常消费的快消品，需要进一步加强网点布局，提升便利性，成为人们生活的好伴侣。

（三）服装类老字号

在6家北京服装类老字号中，在瑞蚨祥消费过的比例最高，为31.6%，其他依次为内联升（28.66%）、红都（16.29%）、盛锡福（13.03%）、同升和（8.47%）、步瀛斋（7.17%）。总的来看，比例值都不高。需要引起特别关注的是，"从没有消费过"的消费者比例高达49.51%。说明服装类老字号的顾客接触不容乐观，正在淡出消费者的视线，需要在经营方式上进行创新，重新回归到消费者的生活中。

在服装老字号满意因素调查中，依次为"北京特色浓"（31.92%）、"品牌个性鲜明"（21.5%）、"质量好，设计时尚"（17.26%），其他因素比例相对较低。没有进行答题的消费者也较多，占36.16%。在不满意因素中，依次为"设计不够时尚"（27.04%）、"价格太高"（21.5%）、"经营方式老旧"（19.87%）、"网点少，不方便"（15.64%），其余因素所占比例较低。其满意程度得分情况为3.42（见表2-3）。

由于服装的替代性强，各地的服装差异并不是很大，所以对于服装老字号来说，能够凸显北京特色，具有鲜明的品牌个性，是值得肯定的方面。经营方式老旧和网点少是值得重视的方面。因此，作为服装类北京老字号，需要创新经营方式，在以下几方面寻求改进：第一，款式上更加时尚化、年轻化，贴近年轻消费群体。年轻人"不希望变老"，年长者"希望年轻"，因此，年轻时尚是服装永恒的主题。第二，在传播上注重"社交"概念，传递社交性定位。尽管这类老字号在设计方面加入了时尚元素，但尚未被目标消费者明确感知。这类老字号的商品基本是正装，不是私密场合穿着的，其社交性强，因此，需要在传播中凸显穿着的社交性情境和场合，引导消费者对服装消费情境的认识与联想，进而与消费行为相对接。第三，在主打"高端定制"概念的同时，也可以考虑开发一些轻奢时尚类副线品牌，适当降低消费门槛，扩展消费群体。第四，线上定制尚需进一步落地，尚不能满足老年消费者远程量体和试穿需要。

（四）医药类老字号

在北京医药类老字号中，在同仁堂消费过的比例明显较高，为86.64%；在白塔寺药店消费过的仅为11.4%；其他医药老字号没有得到被调查者关注。

在北京医药类老字号中，消费者满意的原因主要是"大品牌，可以信赖"（68.73%）、"药材质量好，品种齐全"（61.89%）、"店铺环境好"（20.85%）、"价格合理"（14.33%），其余所占比例较低。在不满意因素中，依次为"价格偏高"（41.04%）、"网点少，购买不方便"（29.64%）、"与其他药店没有太大区别"（20.85%）、"保健品太多"（19.87%），其他因素所占比例相对较低。其满意程度的综合得分为3.68（见表2-3）。

中医药是中国传统医药文化的物质载体。北京同仁堂成为我国中医药行业的领军企业，白塔寺药店作为北京市中医药领域的老字号，因"大品牌，可以信赖"和"药材质量好，品种齐全"得到消费者的肯定。因为对于消费者来说，购买药品首要考虑的因素是能否及时有效地缓解病情。医药品质过硬，是消费者对中医药老字号感到信任和满意的主要因素。不满意的地方主要在价格偏高和购买的便利性方面。因此，医药老字号应增强线上线下网点布局，提高购买便利性的同时，适当增加中低价位的药品。

（五）商业百货类老字号

在3家北京商业百货类老字号中，大部分消费者都去过西单商场和王府井百货东安市场，分别为77.85%和69.06%；菜市口百货所占比例为29.64%。

在北京商业百货老字号中，消费者满意的因素依次为"商品有保障"（42.35%）、"货品齐全有品位"（38.44%）、"店铺环境好"（24.43%）、"定期有打折活动"（21.5%）、"服务态度好"（16.61%），其他因素所占比例较小。消费者不满意因素依次为"距离太远，路途耽误时间"（38.76%）、"经营方式缺乏创新"（26.71%）、"信誉难保障"（18.57%）、"种类少，档次不高"（15.64%），其他所占比例较小。消费程度得分情况为3.42（见表2-3）。

越来越多的消费者在购买商品时更看重质量，北京商业百货老字号在商品质量方面有保障，并且售后服务较好，因此受到广大消费者欢迎。此外，消费者在选择百货商场时，会考虑到货品是否齐全并且有品位，是否可以购买到符合需求的商品，商业百货老字号在品类和品位上获得了消费者的认可。消费环境也是消费者较为满意的因素之一，消费者在挑选货品的过程中希望能有一个舒适的环境，装修精良的店铺会让消费者心情舒畅，增加购买的欲望。北京百货老字号由于地处北京市中心位置，对于大部分消费者来说，距离较远。如何拓展渠道方便消费者购买，是这类老字号亟待解决的问题。

（六）服务类（除餐饮、百货以外）老字号

在5家北京服务类（除餐饮、百货以外）老字号中，在大明眼镜消费过的比例最高，为26.71%，新一代的消费者近视的比例大大提高，因此对于眼镜的需求也增大；其他依次为中国照相馆（16.61%）、四联美发（9.77%）、大北服务（8.47%）、精益（7.17%）。选择"都没去过"的消费者比例高达61.89%，居各类老字号之首。

在北京服务类（除餐饮、百货以外）老字号中，因"服务质量有保障"而感到满意的比例最高，为26.38%；"商家信誉有保障"为22.8%，其余因素所占比例相对较小，均在10%以下。在不满意因素调查中，比例最高的是"价格太高"（22.48%）；其他依次为"经营方式老旧，缺乏创新"（14.33%）、"网点少，不便利"（14.33%），其余因素比例均不到10%。其满意程度得分情况为3.45（见表2-3）。

对于服务类老字号来说，竞争者较多，可替代的更低价的商品或服务可以满足消费者的需求，因此从未消费过的比例较高。这类老字号的商品和服务与人们的生活密切相关，却淡出人们视野，需要开展创新经营，引起消费者的关注和接触，并重新回归到服务市场之中。服务质量是服务业老字号竞争的关键因素，也是老字号制胜的法宝。老字号企业的服务信誉有保障，可以为顾客提供优质放心的服务，从而使顾客感到满意，从而培育忠诚顾客群体。价格偏高和经营方式陈旧是这类老字号存在的普遍问题。此外，新一代的消费者越来越追求个性化和时尚化，传统的服务已经不能满足这类消费者的需求，因此，需要老字号对商品和服务进行改进和创新。

（七）文化工艺品类老字号

在6家文化工艺品类老字号中，"从未消费过"的占57.65%，消费频率最高的是一得阁，占22.8%，其次为工美集团，占16.94%，荣宝斋占10.1%，其余三家所占比例较小。

在文化工艺品类老字号满意因素调查中，因为"商品质量好，设计独特，工艺精细"这一因素而感到满意的占23.45%；其次为"北京特色浓郁"（16.29%）、"有个性，品位高"（15.31%），其余所占比例较小。在不满意因素中，主要是"价格偏高"（16.29%）、"质量难以辨认"（14.98%）、"网点少，不方便"（14.66%）、"经营方式缺乏创新"（10.42%），其余因素所占比例较小。满意程度得分情况为3.43（见表2-3）。

文化工艺品属于非生活必需品，主要客户群体是中高端消费者。这类消费者更在乎的是商品的特色、工艺和质量。文化工艺品类老字号的商品具备老北京特色，工艺和质量过硬，因此受到广大消费者青睐。而价格偏高是该类老字号的劣势，应该尽量控制成本降低价格。此外，工艺品往往需要很高的专业能力来辨认真假，因此对于一般的消费者来说难以辨认，这导致一部分消费者放弃购买。文化工艺品老字号由于门店数量偏少，给消费者购买造成不便，需要拓展网上渠道。

综上所述，各类型的老字号在众多的竞争者中能够脱颖而出，是因为其普遍具有北京特色、商品质量好的特点。然而也存在着价格偏高、缺乏创新等缺点。在没有消费过的原因中，比例最高的为"没有注意品牌名称"（53.33%）；其他依次为"没有听说过"（占26.67%）、"当地同类产品有更好的"（20%）、"没有相关消费习惯"（13.33%）、"基本没有这类需求"（13.33%），其余因素所占比例较小。主要原因是没有注意品牌名称，例如通三益的秋梨膏，大部分消费者有购买经历，但是消费者往往没有留意到所购商品的品牌名称。说明北京老字号需要在品牌宣传方面加大力度，将品牌与产品紧密相连，与消费者建立心理联系，由此增进和深化品牌联想。

三、北京老字号满意状况和渠道接触相关性分析

在研究北京老字号满意状况和渠道接触相关性时，对不同消费者的满意度、不同消费者的购买渠道、不同消费者接触的品牌传播渠道分别进行分析，研究发现各类老字号品牌中存在的问题，并有针对性地提出建议。

（一）不同消费者的满意度比较分析

1. 不同年龄消费者的满意度比较

表2-4　不同年龄消费者的满意度平均打分及单因素方差分析

年龄	老字号品牌分行业消费者满意度平均打分						
	餐饮	食品	服装	医药	商业	服务	文化工艺品
15~24岁	3.718	3.829	3.415	3.662	3.485	3.432	3.583
25~34岁	3.508	3.729	3.279	3.672	3.389	3.419	3.389
35~44岁	3.568	3.652	3.184	3.426	3.116	3.276	3.321
45~55岁	3.713	3.713	3.576	3.812	3.563	3.560	3.444
55岁以上	3.684	3.684	3.688	3.833	3.421	3.571	3.333
合计	3.646	3.733	3.417	3.681	3.424	3.453	3.434
F统计量	1.223	0.641	2.964	3.385	3.184	0.863	0.611
P值	0.301	0.633	0.021	0.010	0.014	0.488	0.655

根据表2-4得出结论：

第一，从总体看，消费者满意度最高的是食品加工类老字号（3.733），其次是医药类老字号（3.681）；而满意度最低的则是服装类老字号（3.417）和商业百货类老字号（3.424）。

第二，从不同年龄段来看，对于餐饮、食品、服务和文化工艺品老字号的满意度各个年龄段并没有显著差异。

第三，对于服装、医药和商业三类老字号，各个年龄段的满意度状况存在显著差异（单因素方差分析F检验的P值都小于0.05），45岁以上的中老年消费者的满意度明显高于45岁以下的青年消费者满意度。说明中老年消费群体对于服装、医药和商业三类老字号有更高的需求。

2. 不同文化程度消费者的满意度比较

根据表2-5得出结论：

第一，不同文化程度的消费者对于餐饮、食品、医药、商业、服务和文化工艺品老字号品牌的满意度并没有显著的差异。

表2-5　不同文化程度消费者的满意度平均打分及单因素方差分析

文化程度	老字号品牌分行业消费者满意度平均打分						
	餐饮	食品	服装	医药	商业	服务	文化工艺品
初中及以下	3.333	3.571	3.833	3.167	3.143	3.167	3.200
高中、中专	3.696	3.727	3.714	3.818	3.632	3.643	3.583

续表

文化程度	老字号品牌分行业消费者满意度平均打分						
	餐饮	食品	服装	医药	商业	服务	文化工艺品
大专、本科	3.720	3.801	3.455	3.691	3.450	3.488	3.522
硕士及以上	3.545	3.644	3.270	3.663	3.367	3.390	3.288
合计	3.646	3.733	3.417	3.681	3.424	3.453	3.434
F 统计量	1.896	1.433	2.751	1.424	1.238	0.887	1.528
P 值	0.130	0.233	0.044	0.226	0.296	0.449	0.209

第二，不同文化程度的消费者对于服装类老字号的满意度存在显著差异（单因素方差分析的 F 检验 P 值为 0.044），文化程度越高的消费者对于服装类老字号品牌的满意度打分越低。说明服装类老字号与时代的距离比较大，不能紧跟时尚，其设计和款式亟待提升。

3. 不同收入消费者的满意度比较

表 2-6 不同收入消费者的满意度平均打分及单因素方差分析

收入	老字号品牌分行业消费者满意度平均打分						
	餐饮	食品	服装	医药	商业	服务	文化工艺品
1000 元以下	3.765	3.824	3.111	3.647	3.267	3.143	3.667
1000~2000 元	4.000	4.000	3.750	4.083	3.615	3.800	4.000
2000~3000 元	3.654	3.600	3.667	3.640	3.652	3.500	3.538
3000~5000 元	3.761	3.804	3.697	3.733	3.525	3.484	3.517
5000~8000 元	3.642	3.794	3.400	3.714	3.413	3.485	3.432
8000 元以上	3.493	3.506	3.250	3.608	3.303	3.385	3.255
无收入	3.639	3.972	3.350	3.625	3.441	3.526	3.474
合计	3.646	3.733	3.417	3.681	3.424	3.453	3.434
F 统计量	1.606	3.517	2.483	1.201	1.251	0.563	1.451
P 值	0.145	0.002	0.024	0.306	0.281	0.759	0.199

根据表 2-6 得出结论：

第一，不同收入的消费者对于餐饮、医药、商业、服务和文化工艺品老字号品牌的满意度并没有显著差异。

第二，不同收入的消费者对于食品和服装类老字号品牌的满意度存在显著差异（单因素方差分析 F 检验的 P 值都小于 0.05）。其中，对于食品老字号的品牌，低收入消费者（月收入 5000 元以下，包括无收入）的满意度明显高于高收入（月收入 8000 元以上）的消费者；而对于服装老字号品牌，中等收入（月收入 1000~5000 元）的消费者满意度明显高于高收入（8000元以上）和低收入（1000元以下）的消费者满意度。说明高收入群体在食品和服装消费方面对老字号提出更高要求；服装类老字号品牌更多地满足了中等收入消费者的需要。

4. 不同地域消费者的满意度比较

表2-7 不同地域消费者的满意度平均打分及均值T检验

地域	老字号品牌分行业消费者满意度平均打分						
	餐饮	食品	服装	医药	商业	服务	文化工艺品
北京	3.608	3.725	3.282	3.620	3.382	3.419	3.333
外地	3.689	3.742	3.554	3.743	3.475	3.493	3.544
T统计量	-1.019	-0.233	-2.801	-1.644	-1.086	-0.668	-1.843
P值	0.309	0.816	0.006	0.101	0.278	0.505	0.067

根据表2-7得出结论：

第一，从整体上看，外地消费者对于各类北京老字号品牌的满意度普遍高于北京当地消费者。但是在餐饮、食品、医药、商业和服务类老字号品牌的满意度差异并不显著。

第二，对于服装类老字号和文化工艺品老字号品牌，外地消费者的满意度则显著高于北京当地消费者。

（二）不同消费者的购买渠道比较分析

1. 不同年龄消费者的购买渠道比较

表2-8 不同年龄消费者的购买渠道比较

年龄	购买渠道						
	超市或商场	聚集区专营店	非聚集区专营店	自营网店	平台网店	实体网络联合	其他
14岁以下	68	43	36	11	7	7	2
15~24岁	53	29	26	10	8	7	1
25~34岁	36	22	19	5	4	2	1
35~44岁	74	40	32	14	6	6	0
45~55岁	11	9	9	0	0	1	0
合计	242	143	122	40	25	23	4
皮尔逊卡方：12.056，P值：0.979							

根据表2-8得出结论：

第一，从整体上看，消费者购买老字号品牌的主要渠道是超市和商场，其次是老字号自身的专营店，而网络购买的比例还比较低。

第二,不同年龄消费者在老字号品牌的购买渠道上并没有显著的差异。

2. 不同文化程度消费者的购买渠道比较

表2-9 不同文化程度消费者的购买渠道比较

文化程度	购买渠道						
	超市或商场	聚集区专营店	非聚集区专营店	自营网店	平台网店	实体网络联合	其他
小学	0	1	1	0	0	0	0
初中	5	3	1	1	1	2	1
高中、中专	16	10	8	2	3	1	0
大专、本科	128	73	64	23	15	12	2
硕士及以上	93	56	48	14	6	8	1
合计	242	143	122	40	25	23	4
皮尔逊卡方:20.890,P值:0.645							

根据表2-9得出结论:不同文化程度的消费者在购买老字号品牌的渠道上并没有显著差异。

3. 不同收入消费者的购买渠道比较

表2-10 不同收入消费者的购买渠道比较

收入	购买渠道						
	超市或商场	聚集区专营店	非聚集区专营店	自营网店	平台网店	实体网络联合	其他
1000元以下	19	8	7	3	2	1	0
1000~2000元	14	9	10	2	0	2	0
2000~3000元	20	14	11	4	2	6	1
3000~5000元	36	18	13	7	6	1	0
5000~8000元	55	34	32	8	5	7	0
8000元以上	66	39	30	12	5	4	2
无收入	32	21	19	4	5	2	1
合计	242	143	122	40	25	23	4
皮尔逊卡方:24.959,P值:0.917							

根据表2-10得出结论:不同收入的消费者在购买老字号品牌的渠道上并没有显著差异。

4. 不同地域消费者的购买渠道比较分析

表 2-11 不同地域消费者的购买渠道比较

地域	购买渠道						
	超市或商场	聚集区专营店	非聚集区专营店	自营网店	平台网店	实体网络联合	其他
北京	134	82	74	21	12	13	1
外埠	108	61	48	19	13	10	3
合计	242	143	122	40	25	23	4

皮尔逊卡方：3.616，P值：0.729

根据表 2-11 得出结论：不同地域的消费者在购买老字号品牌的渠道上并没有显著差异。

(三) 不同消费者接触的品牌传播渠道比较分析

第一，老字号品牌的传播手段依次是亲戚朋友的口碑、老字号门店、广播电影电视和报纸书籍杂志。

第二，不同年龄、收入、文化程度、地域的消费者接触传播渠道并不存在显著差异。

四、研究发现与建议

(一) 研究发现

在北京的各类老字号品牌中，消费者对于食品、医药、餐饮类老字号的满意度明显高于对服装、商业、服务和文化工艺品类老字号的满意度。不同年龄、文化程度、收入和地域的消费者对于服装、商业、食品和文化工艺品类老字号的满意度存在显著的差异。总体上看，北京当地的消费者，以及年轻的、文化水平和收入水平较高的消费者对于服装、商业和文化工艺品等老字号的满意度明显偏低。

老字号品牌的主要传播途径依次是：亲戚朋友的口碑、老字号门店、广播电影电视和报纸书籍杂志。不同年龄、收入、文化程度、地域的消费者接触传播渠道并不存在显著差异。

对于顾客接触状况，除了购买渠道和传播渠道外，顾客是否去过或消费过某老字号品牌也是一个重要指标。在各类老字号调查中，选择"都没有去过或消费过"一项的占比差异很大，由低到高依次为：食品类（9.77%）、餐饮类（10.1%）、医药类（12.7%）、商业百货类（16.29%）、服装类（49.51%）、文化工艺品类（57.65%）、服务类（不含餐饮、百货，61.89%）。说明食品、餐饮、医药、商业百货类老字号基本上可以在人们的生活中提供服务；近半数消费者已经不再青睐服装类老字号了；半数以上消费者对文化工艺品类和服务类（不含餐饮、百货）老字号比较陌生。

（二）原因分析

1. 产品类型原因

对于老字号品牌而言，悠久的经营历史往往代表着比较高的产品品质和比较传统的产品形式。食品、医药和餐饮类老字号大多属于私下场合使用的大众品，消费者主要看重的是产品的内在品质，因此消费者对于这些老字号品牌的满意度比较高。而服装、商业和文化工艺品老字号则属于公开场合使用的大众品和奢侈品，消费者更加看重产品的外在价值表现，而老字号相对传统的产品形式，也很难满足消费者日益时尚化的需求。顾客对服务类（不含餐饮、百货）老字号接触少的原因，主要是这些老字号分布在理发、照相、眼镜服务等行业，这些老字号替代性强，在独特的产品和技艺方面特色挖掘不足，网点布局不够合理以及经营方式缺乏创新等。

2. 消费者个人原因

对于年轻、文化水平和收入水平较高的消费者而言，思维更加活跃，具有较强的支付能力，需求往往比较个性化和时尚化。因此，对于服装、商业和工艺品这些大众场合使用的老字号品牌的满意度往往偏低。北京当地的消费者对北京各个老字号品牌已经比较熟悉，而外地消费者对于北京老字号还抱有很高的新鲜感，因此导致外地消费者对于服装和文化工艺品类老字号的满意度明显高于北京当地消费者的满意度。

3. 社会环境原因

过去，老字号充当消费者"生活管家"角色，基本上可以满足消费者衣食住行方面的需要。现代社会，随着经济社会的发展，收入水平的提高，价值观念的多元，人们的消费观念发生了很大变化。消费者的选择范围增大，对产品质量和服务质量要求越来越高，国际化、时尚化和个性化需求凸显，对老字号传统保守的经营理念提出了挑战。有的老字号产品已经和时代需求不合拍，比如弓箭、账簿等，现在很少人使用了。

（三）政策建议

各类老字号存在的问题已经在上文中做过分析，结合问题，提出过相应的建议。下面，从总体上梳理对各类老字号的建议。

对于医药、食品和餐饮类老字号，其产品属于私下场合消费，经营重点在于坚持并不断提高产品和服务的品质，并向消费者传达自身的品质特征。对于个别食品品牌，可以考虑提升消费档次，增强精品意识，为高收入者开发更加高端的品类。餐饮类老字号除了保持和提升菜品品质外，还需要进一步提升服务质量。

对于服装和文化工艺品类老字号，其产品属于公开场合消费，经营重点在于不断创新产品形式，将自身传统文化元素与现代社会时尚元素对接，进而更好地迎合年轻和高收入消费者的需求。尤其是针对服装老字号，一方面存在高收入者不满意问题，可提升服装的消费层次，优化设计，可以考虑增加高端子品牌，提升品牌定位。另一方面针对低收入者满意度偏低问题，主要建议是：低收入者以学生群体居多，他们对服装不满意的地方主要是款式和价格，可以考虑为年轻学生群体增设副线品牌，走时尚路线。针对外埠市场消费者对这两类老字号品牌满意度较高的状况,建议充分利用北京老字号品牌影响力,拓展外埠消费市场,获得更好的经济效益;同时,充分利用旅游资源,挖掘北京服装品牌和工艺品品牌作为"北京礼品"和"北京特色"产品的文化价值。

对于商业百货类老字号,须创新经营方式,提升对年轻群体的吸引力,并加强对出租摊位品牌商的遴选和监管,提高信誉和服务水平。通过开展O2O,将消费者吸引到线上,使得老字号突破地域的限制,拓展市场范围,并使顾客更加方便地接触到老字号提供的产品和服务。

对于服务类(不含餐饮和百货)老字号,须创新经营方式,不仅要挖掘老字号特有的服务技艺,还要加入高科技和时尚元素,可以考虑在社区和校园周边开设门店,贴近消费群体。

第三节 北京餐饮老字号连锁经营标准化及其顾客满意度的实证研究[①]

一、研究背景

与制造业和高新技术产业相比,服务业标准化相对滞后,不仅制约了我国服务业的发展,也显著影响了消费者对于服务业的满意度水平。习近平总书记在党的十九大报告中提出"加快发展现代服务业,瞄准国际标准提高水平"。新《标准化法》于2018年1月1日起实施。标准化不仅是生产企业高质量发展所必须的,也是提升服务业水平的必然要求。

北京餐饮老字号不仅是一个餐饮品牌,也是一种饮食文化,还是北京的城市名片。然而随着时代的发展,市场竞争日益激烈,老字号面临着越来越多的困难,且发展状况参差不齐。有的老字号已经在全国范围内开展连锁经营,个别老字号还开展了国际化经营;而一些发展较慢的餐饮老字号,在北京本地的经营尚且存在困难,更不要说向外埠和国外拓展。

与现代新兴餐饮品牌相比,餐饮老字号具有很多不同之处,由于经营历史悠久,拥有特色传统手工工艺,风味独特,在标准化经营方面相对不足。北京餐饮老字号不仅是北京城市名片,还是独具文化特色的中式餐饮服务品牌。面对来自国内外餐饮企业日益激烈的竞争,北京餐饮老字号采用连锁经营的方式扩大经营规模,并拓展外埠。不少餐饮老字号

---

① 本节是在闫聪的硕士学位论文基础上的进一步完善,该研究得到本项目资助。张景云指导该论文的研究设计和写作,并协助发放部分问卷;王勇副教授对数据分析进行了审核和修正。

还被纳入大型餐饮集团之中。开展连锁经营，不但可以提升老字号规模优势，也会增强北京餐饮老字号的影响力和竞争力。然而，菜品、服务和环境等方面的标准化水平及其顾客满意程度是制约北京餐饮老字号开展连锁经营的关键所在。

实施标准化战略可以带来规模拓展效应并保障顾客的需求，但也有机会成本，如果一味地进行标准化又会丧失差异化、个性化服务所带来的特色收益，甚至会招致食品安全风险。在实际经营中，不同服务要素的标准化程度该如何抉择？消费者对北京餐饮服务连锁经营中各种营销要素的标准化满意程度如何？这需要我们对餐饮老字号连锁经营中的标准化及其顾客满意度问题进行研究。

二、相关研究综述

（一）餐饮连锁标准化的相关研究

近些年学者对餐饮标准化进行了充分的研究。研究的目的都是通过提高企业的标准化水平，进而达到规模经济以缩小运营成本。有些学者对餐饮连锁标准化的特点进行了研究：Manuela（2014）认为，连锁经营的标准化可以降低加盟商的成本，并建立良好的品牌认知度和公众形象。若特许经营在发展初期，需要成本最小化和良好品牌形象的程度越高，其标准化程度就应越高。李天（2013）认为，标准化是连锁成功的前提，标准化缺失的原因主要是决策层标准意识的不足、经营方法不足和执行力不足。因此要强化标准化的对策，主要从终端销售体系、终端库存管理和终端顾客服务标准化三个方面着手。

另一部分学者分别将标准化分为不同的方面进行策略研究，于千千、张雪占（2008）对餐饮产品的标准化进行了研究，认为餐饮产品包括实体产品要素、环境要素、显性服务要素、隐性服务要素四个方面，并根据餐饮产品的四个要素探讨了餐饮产品标准化的构建及标准化管理的主要方式。郭鑫、丁峰（2014）对民族餐饮企业的标准化进行了研究，以企业形象识别系统（CIS）及企业理念（QSC）理论的思路从理念、行为、视觉标准化三个方面对民族餐饮企业标准化管理模式的内涵进行阐述，并据此对民族餐饮企业标准化策略展开了研究。黄素灵（2010）认为标准化问题是阻碍中式快餐发展壮大的主要问题，将标准化的内容划分为食材加工的社会化和工业化、食材质量的标准化、菜肴配方的科学化、烹饪工业和设备的标准化，并认为连锁快餐企业在经营的同时还应当注意处理好标准化和多样化的矛盾问题。吴晓云、刘侠（2008）认为标准化应有以下几方面的内容：核心服务、服务的有形展示、服务过程、服务人员、服务促销、服务定价、服务渠道。吴晓云等（2010）又将服务标准化进一步划分为服务人员标准化、服务促销标准化、服务传递标准化、核心服务标准化、服务营销标准化和服务营销沟通标准化。吴怡（2012）认为中式快餐标准化分为产品标准化、操作标准化、管理标准化、品牌标准化和特许经营标准化。冯俊、黄玲莉（2014）将餐饮连锁企业营销要素标准化划分为产品标准化、服务标准化、环境标准化和价格标准化。

(二) 服务标准化和顾客满意度关系研究

餐饮企业属于服务业,其标准化有特殊的规律。一些学者对于服务企业标准化和顾客满意度的关系进行了研究。占小军(2013)以服务企业一线员工以及这些企业的顾客为研究对象,采用实证研究的方法,探讨了员工工作态度与顾客满意度之间的关系,得出深层扮演作为员工发自内心的情绪展示对顾客满意度产生显著的影响。陈晨(2008)研究了服务企业顾客等待时间对顾客满意度的影响,得出减少顾客等待时间有利于提高顾客满意度。Shahril A. Mohd(2015)认为服务质量的保障,即服务质量的标准化对客户的满意度具有强大的影响力。Kundu Sukanya 等(2012)利用实证研究的方法,通过调查银行顾客的满意度数据,认为服务的标准化影响顾客感知和顾客满意度。另外,也有学者对标准化和差异化的关系进行研究。Dimitrova(2010)认为标准化与适应性的矛盾一直存在,以往的研究从产品、价格、促销和区域等各方面展开分析,而作者从渠道策略的角度进行研究,认为文化、制度等的差异影响营销渠道,进而影响产品、促销和价格。Lee(2008)以餐饮国际特许经营为研究对象,采用案例研究的方法,认为在跨国经营中,处理好标准化和专用化的关系是至关重要的。

(三) 北京餐饮老字号的相关研究

很多学者针对餐饮老字号企业的经营标准化及顾客满意度相关问题展开了研究。张永、张浩(2012)对全聚德开展案例研究,从产品标准化、设备和人才的标准化、制度的标准化等方面对全聚德连锁经营标准化进行了分析,并提出了应在标准化的基础上进行适度差异化,考虑针对不同地域人群的消费特点开展经营的观点。林峰(2009)采用因子分析的方法,对老字号餐饮企业消费者的顾客满意度进行分析,经过实证研究发现,环境因素对该企业的顾客满意度的影响程度非常高。周爱华(2015)采用统计分析的方法,从菜系口味和餐饮档次两个视角对餐饮老字号的空间布局影响因素进行了研究。

通过梳理文献发现:其一,现有的相关研究主要是对整体餐饮行业连锁标准化的研究,对餐饮老字号连锁标准化的研究较少。与现代餐饮相比,尽管北京餐饮老字号有其独特的风味和技艺,但它们在拓展市场开展连锁经营中,为了保障和提升服务质量和管理水平,加强标准化管理是非常重要的。其二,已有的对北京餐饮老字号连锁经营标准化的研究主要采用案例研究方法,从企业视角展开研究,不少从消费者满意角度开展研究的成果,也主要聚焦在消费者对餐饮老字号的满意度开展研究上,尚未结合标准化开展。基于这方面的考虑,本书以实证研究方法,通过对顾客满意度的测量,对北京餐饮老字号的标准化展开研究。

三、FSQ 模型的构建及量表设计

(一) FSQ 模型的构建的依据

本书主要以顾客满意、顾客满意度指标以及服务质量模型为依据,结合餐饮服务,特别是中式餐饮服务质量及顾客满意状况而设计。

菲利普·科特勒（1997）在《营销管理：分析、计划、执行和控制》（第八版）中新增的一章"通过质量、服务和价值建立顾客满意"中，定义了顾客价值、顾客让渡价值和顾客满意。其中，对满意和满意度是这样界定的："满意是指一个人通过对一个产品的可感知效果（或结果）与他的期望值相比较后所形成的感觉状态。因此，满意水平是可感知效果和期望值之间的差异函数。顾客可以经历三种不同的满意度中的一种，如果效果低于期望，顾客就会不满意；如果可感知效果与期望值所匹配，顾客就满意；如果可感知效果高于期望值，顾客就会高度满意、高兴或欣喜。"

国内外学者对顾客满意度模型进行过研究，主要形成了瑞典、美国和欧洲三大模型。瑞典顾客满意度指数模型（Sweden Customer Satisfaction Barometer，SCSB），选取瑞典32种规模最大行业中的100多家公司作为顾客满意度调查的样本，收集并整理数据，最后进行模型检验，该模型包括感知价值、顾客预期、顾客抱怨、顾客满意度以及顾客忠诚5个变量。美国顾客满意度指数模型（American Customer Satisfaction Index，ACSI）是 Fornell, et al.（1996）在 SCSB 模型基础上建立起来的，包括顾客期望、感知价值、感知质量、顾客满意度、顾客抱怨及顾客忠诚6个结构变量的模型。欧洲顾客满意度指数测评模型（European Customer Satisfaction Index，ECSI）则包括顾客期望、感知价值、感知质量、顾客满意度与顾客忠诚，增加了公司形象作为结构变量，删除了顾客抱怨，并且将感知质量拆分为感知软件质量和感知硬件质量。

服务质量与服务满意度的测量有很多相似之处，它们都需要在顾客的"感知—期望"之间找到差距。Gronroos（1982）根据认知心理学的基本理论，提出了顾客感知的服务质量概念，明确了服务质量的构成要素，其所创建的感知服务质量评价方法与顾客差异结构至今仍是服务质量管理研究领域最为重要的理论依据。Parasuraman 和 Zeithaml 等（1985）对服务质量进行了深入研究，认为服务质量取决于服务过程中顾客对服务的感知与期望之间的差距，建立了"服务质量差距模型"。服务质量差距来自服务营销管理各个环节的差距模型，也是各个环节质量差距之和，即服务质量差距（顾客对服务的期望与顾客对服务的感知之间的差距）= 质量差距1（服务组织了解的顾客期望与实际的顾客期望之间的差距）+ 质量差距2（服务组织制定的服务标准与组织了解的顾客期望之间的差距）+ 质量差距3（服务组织的服务执行与制定的服务标准之间的差距）+ 质量差距4（服务组织对顾客的承诺与服务实际绩效之间的差距）。该模型旨在分析服务质量问题产生的原因并帮助服务企业的管理者改进服务质量。Parasuraman、Valarie 和 Leonard（1988）基于"感知－期望"评价体系，创建了 SERVQUAL 感知服务质量评价量表，认为服务质量评价有五个维度，分别为：有形性、可靠性、响应性、保证性、移情性。

（二）模型建立

基于上述考量，笔者基于顾客满意度的概念界定和相关模型以及 PZB 服务质量模型的研究，结合餐饮老字号连锁经营的特点，创建了如下模型（见图2－1）：

FSQ = FS – ES

其中：

FSQ——顾客满意度；

FS——顾客感知的标准化程度；

ES——顾客期望的标准化程度。

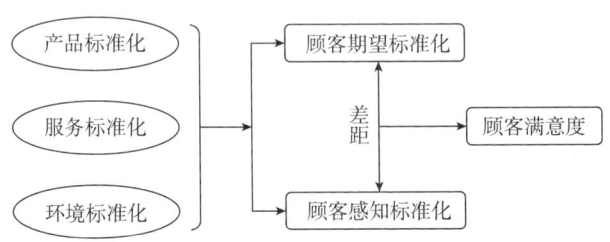

图 2-1 餐饮连锁店标准化与顾客满意度模型

顾客满意度的关键在于将顾客期望的服务质量与感知到的服务质量进行比较，通过两者的差距来进行测度。模型旨在以顾客满意度为衡量指标，测度哪些服务内容的标准化有待改善，并结合餐饮老字号的实际情况来制定标准化策略。若结果显示某项标准化顾客期望比顾客感知的程度高，则说明顾客倾向于在该项服务中采取相对标准化的策略。反之，若某项标准化顾客期望比顾客感知的程度低，则一方面表明标准化方面做得不够，另一方面可能是顾客更期望差异化或个性化的服务。

（三）量表的设计

Bitner 和 Booms（1981）所提出的服务营销组合包括产品、价格、渠道、促销、人员、有形展示、服务过程七个方面。北京餐饮老字号属于服务行业，拥有营销组合的七个方面。从北京餐饮老字号本身来看，渠道是连锁店，有形展示也主要体现在连锁店的店内环境上，因此，这里把渠道和有形展示两个营销因素归结为环境因素。产品因素主要体现为菜品的口味、分量和品种等方面；而把人员和服务过程归结为服务因素。综合梳理有关餐饮连锁标准化维度划分的参考文献，并结合本书的研究对象，将标准化分为产品标准化、服务标准化和环境标准化。

为了对各标准化维度进行深入细致的研究，将每个标准化结合北京老字号的特点从不同的方面挖掘其所包含的内容。测量问项设计的主要依据是顾客可感受到的产品标准化、服务标准化和环境标准化方面。在对众多相关文献进行大量研究的基础上，结合对企业相关人员的访谈，最终确定测量问项（见表 2-12）。

四、数据获取及描述性分析

（一）相关数据获取

根据量表的各测量问项，笔者针对消费者开展问卷调查。考虑到我国调查对象对 5 分制更容易快速理解，因此问卷采用 Likert scale 5 点式量表，"1"表示认为完全不需要标准化，"5"表示认为非常需要标准化。

表 2-12 餐饮老字号标准化的维度及测量

结构变量	测量问项	来源
产品标准化	各门店菜品种类的标准化程度	吴怡（2012）；康庆（2008）
	各门店菜品质量的标准化程度	
	各门店菜品套餐的标准化程度	
	各门店菜品分量的标准化程度	
	各门店菜品价格的标准化程度	
	各门店菜品促销活动的标准化程度	
服务标准化	各门店服务人员着装的标准化程度	Bloemer 和 Ruyter（1998）；Gerrard 和 Cunningham（2001）；Aladlaigan 和 Buttle（2002）；李庆满（2007）
	各门店服务准确的标准化程度	
	各门店响应速度的标准化程度	
	各门店服务态度的标准化程度	
	各门店服务流程的标准化程度	
	各门店付款方式的标准化程度	
	各门店等餐时间的标准化程度	
环境标准化	各门店商品陈列的标准化程度	朱毓松（2013）；李天（2013）；Zeithaml 和 Bitner（2000）；吴晓云（2007）
	各门店店内布局的标准化程度	
	各门店用餐设备的标准化程度	
	各门店卫生状况的标准化程度	
	各门店装饰风格的标准化程度	

笔者对 14 家北京餐饮老字号品牌开展消费者调查，包括全聚德、东来顺、烤肉宛、砂锅居、同和居、鸿宾楼、都一处、峨眉酒家、便宜坊、丰泽园、馄饨侯、延吉餐厅、庆丰包子铺和护国寺小吃等。调查对象是在北京餐饮老字号两家以上不同连锁门店消费过的顾客，为了消除顾客间的影响，并提高数据调查工作的便利性，采用纸质问卷和电子问卷（问卷星）相结合的方法发放。

问卷发放工作于 2015 年 12 月至 2016 年 3 月进行，共收回 327 份问卷，其中有效问卷为 309 份。为了尽可能地避免不符合要求的被调查者无效信息的干扰，提高问卷调查反映研究问题的准确性，问卷第一题特别设定了"以上都没有去过或只去过某些（个）连锁店的一个门店"选项，将选择此选项的 30 份问卷进行了剔除，得到 279 份符合要求的问卷，以提高问卷对标准化问题研究的准确性。

(二) 样本描述性分析

1. 样本消费者基本特征

从性别数据来看，男性样本数为132人，所占比例为47.28%；女性样本数为147人，所占比例为52.14%。从年龄数据来看，所占比例最大的为"25~34岁"样本，占48.30%；所占比例最小的为"14岁以下"样本，占0.72%。从学历数据来看，所占比例最大的是"本科学历"样本，占37.99%；所占比例最小的是"博士研究生"样本，占6.09%。从月收入来看，所占比例最大的为"5001~8000元"样本，占26.52%；所占比例最小的为"15001元以上"样本，占7.53%。从基本特征数据来看，基本信息的问项都符合正态分布，样本总体分布较合理。

2. 餐饮老字号企业的选择特征

在样本调查范围内的14家北京餐饮老字号，消费者选择庆丰包子铺的最多，占总样本的43.93%；其次为全聚德，占总样本的23.93%；选择护国寺小吃的消费者占总样本的12.50%；选择东来顺的占9.29%；选择便宜坊的占4.29%；选择其余老字号的消费者所占比例均较低。

五、测量量表维度及信度、效度分析

(一) 测量量表的信度分析

信度即可靠性，是指量表工具所测得结果的稳定性及一致性。本书采用目前学术界使用比较普遍的克隆巴赫系数（Cronbach's Alpha）值。一般认为Cronbach's Alpha值大于0.9，则表示有极好的可靠性。本书的量表整体信度分析和各变量信度分析结果如表2-13所示，Cronbach's Alpha值都在0.9以上，表示此量表具有非常高的信度。

表 2-13 问卷量表 Cronbach's Alpha 值

项目	Cronbach's Alpha	基于标准化项目的 Cronbach's Alpha	参考值
总体	0.974	0.974	≥0.900
产品期望标准化	0.939	0.940	≥0.900
产品感知标准化	0.907	0.907	≥0.900
服务期望标准化	0.955	0.955	≥0.900
服务感知标准化	0.911	0.911	≥0.900
环境期望标准化	0.907	0.908	≥0.900
环境感知标准化	0.903	0.903	≥0.900

(二) 测量量表的效度分析

本书利用SPSS 22.0和AMOS 20.0软件，通过测量模型的KMO值和拟合指数，对效度进行分析验算。

运用SPSS分别对期望标准化和感知标准化18个维度的KMO值进行测量，结果如

表2-14所示。期望标准化的KMO值为0.968，感知标准化的KMO值为0.955，均在0.9以上，且显著性都为0.000<0.01，均符合推荐值。

表2-14 KMO和Bartlett的检验

指标	取样足够度的 Kaiser-Meyer-Olkin度量	Bartlett的球形度检验		
		近似卡方	自由度	显著性
期望	0.968	5641.594	153	0.000
感知	0.955	3828.553	153	0.000

对期望标准化各指标和感知标准化各指标分别进行拟合，期望CMIN/DF为3.860，感知CMIN/DF为3.415，都在2.0~5.0之间，符合推荐值。期望RMSEA为0.101处于可接受的临界值，感知RMSEA为0.093<0.1，处于可接受范围。GFI、AGFI、NFI和CFI指标都在0.785以上，属于非常好的拟合指标。RMR值都在0.1以下，尤其是期望标准化RMR值，接近于0。综合KMO值及各项拟合指标看，本量表具有非常好的效度。

六、餐饮老字号标准化与顾客满意度分析

（一）顾客对产品标准化的感知和期望

顾客对产品标准化程度的期望和感知，包括以下六个方面，分别是菜品种类（PS1）、菜品质量（PS2）、菜品套餐（PS3）、菜品分量（PS4）、菜品价格（PS5）和菜品促销活动（PS6）。对于数值的统计包括六个方面的期望值（ES）和感知值（FS）的平均值和标准差，顾客满意度程度（FSQ）及其平均顾客满意程度（见表2-15）。

表2-15 顾客对产品标准化程度的感知和期望

产品标准化 测量指标	感知（FS）		期望（ES）		顾客满意度	
	平均值	标准差	平均值	标准差	FSQ	T值
PS1	2.68	2.508	3.22	2.529	-0.538	-5.755***
PS2	2.67	2.389	3.57	2.562	-0.901	-10.759***
PS3	2.69	2.437	3.31	2.528	-0.622	-7.283***
PS4	2.76	2.488	3.46	2.586	-0.696	-9.090***
PS5	2.78	2.571	3.52	2.537	-0.747	-8.774***
PS6	2.51	2.410	3.34	2.537	-0.837	-9.549***

注：***表示感知环境标准化与期望环境标准化的差异在0.01置信水平下显著。

从产品标准化整体数据看，消费者的期望值高，感知值低。顾客期望产品的标准化的6个项目的期望平均值均在3.0以上，说明顾客期望北京餐饮老字号的同一品牌不同门店，能够提供较为相同的产品。但是在实际感知过程中，虽然北京餐饮老字号品牌在不同门店的产品提供是有一定标准化的,但是各个指标的均值都在3.0以下。所有产品标准化的顾客感知与期望差距的配对样本T检验的P值都非常显著。这说明北京餐饮老字号在产品标准化方面仍然具有一定的提升空间。

从感知标准化和期望标准化数值看,感知标准化最低的是菜品促销活动(PS6),均值为2.51;最高的是菜品价格(PS5),均值为2.78。说明顾客认为餐饮老字号各门店的菜品价格较统一,但是促销活动不尽相同,即特价菜品等活动各门店各有特色等。期望标准化程度最高的是菜品质量(PS2),均值为3.57;其次较高的是菜品价格(PS5)和菜品分量(PS4),均值分别为3.52和3.46;期望标准化最低的为菜品种类(PS1),均值为3.22。这说明顾客既希望各门店菜品质量都是统一有保证的,也希望在各门店享用不同种类的菜品。

对顾客满意度进行分析发现,顾客满意度最高的为菜品种类标准化,得分为-0.538。其期望值同比偏低,而感知值同比偏高。说明北京餐饮老字号总体在菜品种类的标准化程度上较符合顾客的预期水平。顾客满意度最低的是菜品质量标准化(PS2),满意度得分为-0.901。顾客对其期望较高,均值达到3.57。而在感知标准化方面则较低,得分为2.67。其次满意度低的为菜品促销活动标准化(PS6),满意度得分为-0.837。期望标准化的平均值为3.34,感知标准化的平均值为2.51。虽然期望的平均值相对不高,但是感知平均值相对较低。因此,对于北京餐饮老字号产品标准化来说,目前菜品质量和菜品促销活动的标准化的水平与顾客期望的标准化仍然存在一定的差距。

(二)消费者对服务标准化的感知和期望

顾客对服务标准化程度的期望和感知包括以下七个方面,分别是服务员着装(SS1)、服务流程(SS2)、响应速度(SS3)、点餐流程(SS4)、结账流程(SS5)、付款方式(SS6)和等餐时间(SS7)。对于数值的统计包括七个方面的期望值(ES)和感知值(FS)的均值和标准差,顾客满意度程度(FSQ)及其平均顾客满意程度(见表2-16)。

表2-16 顾客对服务标准化程度的感知和期望

服务标准化	感知(FS)		期望(ES)		顾客满意度	
测量指标	平均值	标准差	平均值	标准差	FSQ	T值
SS1	2.73	2.570	3.29	2.539	-0.567	-6.222***
SS2	2.69	2.447	3.38	2.590	-0.692	-7.872***
SS3	2.44	2.384	3.49	2.590	-1.048	-11.263***
SS4	2.77	2.523	3.44	2.568	-0.673	-7.921***
SS5	2.86	2.524	3.40	2.570	-0.538	-6.685***
SS6	2.88	2.509	3.34	2.567	-0.465	-5.637***
SS7	2.38	2.353	3.17	2.604	-0.782	-8.924***

注:***表示感知环境标准化与期望环境标准化的差异在0.01置信水平下显著。

从服务标准化整体数据看，同样是消费者的期望值高，感知值低。顾客期望服务标准化的 7 个项目的期望平均值均较高且较稳定，期望平均值均为 3.17～3.49，说明顾客对于老字号的服务期望的标准化程度较高。而从实际感知的数据来看，虽然老字号服务标准化的平均值较稳定但普遍偏低，感知平均值为 2.38～2.88。所有服务标准化的顾客感知与期望差距的配对样本 T 检验的 P 值都非常显著。这说明北京餐饮老字号在服务标准化方面也仍然有待改善。

从期望和感知均值看，感知均值最低的为等餐时间（SS7），平均值为 2.38；其次较低的为响应速度（SS3），得分为 2.44；最高均值 2.88 为付款方式（SS6）。说明顾客在餐饮老字号感受到的付款方式标准化较高，而等餐时间和响应速度参差不齐。期望均值较高的为响应速度（SS3），得分为 3.49；期望最低的为等餐时间（SS7），得分为 3.17。说明从顾客角度看更希望服务人员的响应速度可以在较高水平下进行统一，而在等餐时间标准化上，虽然从数值来看期望值较高，但是与其他服务标准化方面相比，具有较高的容忍性。

从顾客满意度看，最高的是付款方式（SS6），满意度为 -0.465。其期望值偏低，而感知标准化较高。说明餐饮老字号在付款方式标准化方面做得较好，更符合顾客心中的预期。满意度最低的是响应速度（SS3），期望均值同比最高为 3.49，而感知平均值则最低为 2.44，导致此项目的顾客满意度同比最低为 -1.048。其次顾客满意度较低的为等餐时间的标准化（SS7），期望平均值为 3.17，感知平均值为 2.38，顾客满意度为 -0.782。从期望平均值和感知平均值情况来看，顾客对于等餐时间的期望并不是最高的，但是从顾客感知平均值来看是较低的，导致顾客满意度较低。因此，对于北京餐饮老字号的服务标准化来说，最需要进行改善的两个项目是响应速度和等餐时间。

（三）消费者对环境标准化的感知和期望

顾客对环境标准化程度的期望和感知包括五个方面，分别是商品陈列（ES1）、店内布局（ES2）、用餐设备（ES3）、卫生状况（ES4）和装饰风格（ES5）。对于数值的统计包括六个方面的期望值（ES）和感知值（FS）的均值和标准差、顾客满意度程度（FSQ）及其平均顾客满意程度（见表 2-17）。

表 2-17 顾客对环境标准化程度的感知和期望

环境标准化	感知（FS）		期望（ES）		顾客满意度	
测量指标	平均值	标准差	平均值	标准差	FSQ	T 值
ES1	2.41	2.387	3.11	2.523	-0.702	-7.935***
ES2	2.36	2.316	2.85	2.546	-0.487	-5.346***
ES3	2.60	2.497	3.21	2.572	-0.606	-7.079***
ES4	2.58	2.401	3.54	2.618	-0.962	-11.135***
ES5	2.63	2.503	3.03	2.569	-0.397	-4.295***

注：*** 表示感知环境标准化与期望环境标准化的差异在 0.01 置信水平下显著。

从环境标准化整体项目数据看,同样也是期望值低,感知值高,而且所有环境标准化的顾客感知与期望差距的配对样本 T 检验的 P 值都非常显著。顾客期望环境标准化的 6 个项目平均值与产品标准化和服务标准化相比,其平均值比较分散。期望平均值最高为 3.54,而最低值为 2.85,变化幅度相对较大。这说明顾客对于环境标准化的期望与产品标准化和服务标准化相比较低。从实际感知的数据来看,顾客对于老字号环境标准化的感知状况,5 个项目均值为 2.36~2.60,处于较稳定的状态。

从感知标准化和期望标准化的均值看,消费者感知得分最低的为店内布局(ES2),得分为 2.36;最高的为装饰风格(ES5),得分为 2.63。这表明,老字号餐饮的店内布局存在很多差异,导致顾客的感知标准化很低。而期望环境标准化程度最高的为卫生状况(ES4),得分为 3.54;最低的为店内布局(ES2)。说明顾客更希望卫生状况更好更统一,而对门店布局希望的标准化程度同比较低。

从顾客满意度分析看,满意度得分最高的是装饰风格(ES5),其期望值同比较低为 3.03,而感知值同比较高为 2.63。这说明餐饮老字号装饰风格的标准化现状比较符合顾客预期,但仍有一定的差距。顾客满意度最低的是卫生状况(ES4),期望均值同比最高为 3.54,而感知平均值为 2.58,导致此项目的顾客满意度同比最低为 -0.962。虽然对于卫生状况来说,感知标准化程度并不是处于最低水平,但是顾客对于卫生状况的期望水平是最高的,说明从环境方面来看,顾客更关注的是餐饮卫生问题。

七、全聚德和庆丰包子铺的比较研究

(一)全聚德标准化的顾客满意度分析

根据问卷第一题设计的对所熟悉的品牌选择,在 312 份问卷中,有 67 份对全聚德期望标准化程度和感知标准化程度做出了选择评定。利用 FSQ 模型对全聚德各个标准化方面的顾客满意度进行了分析,结果如表 2-18 所示。

表 2-18 全聚德标准化程度的感知和期望

标准化变量	感知(FS)		期望(ES)		顾客满意度	
	平均值	标准差	平均值	标准差	FSQ	T 值
PS1	2.58	2.075	3.75	1.501	-1.164	-4.306***
PS2	2.82	1.792	4.03	1.605	-1.209	-5.221***
PS3	2.75	1.795	3.76	1.508	-1.015	-4.460***
PS4	2.78	1.913	3.84	1.711	-1.060	-4.649***
PS5	2.85	1.956	3.82	1.585	-0.970	-4.182***
PS6	2.54	1.803	3.70	1.528	-1.164	-5.302***
SS1	2.78	2.021	3.70	1.605	-0.925	-3.673***
SS2	2.84	1.746	3.76	1.596	-0.925	-3.783***

续表

标准化变量	感知（FS）		期望（ES）		顾客满意度	
	平均值	标准差	平均值	标准差	FSQ	T值
SS3	2.58	1.884	3.88	1.629	-1.299	-4.952***
SS4	2.73	1.982	3.76	1.625	-1.030	-4.682***
SS5	3.03	1.784	3.63	1.641	-0.597	-2.595**
SS6	2.97	1.858	3.55	1.708	-0.582	-2.573**
SS7	2.49	1.735	3.40	1.652	-0.910	-4.398***
ES1	2.61	1.800	3.36	1.554	-0.746	-3.267***
ES2	2.61	1.775	3.36	1.658	-0.746	-3.469***
ES3	2.87	1.874	3.54	1.617	-0.672	-3.091***
ES4	2.87	1.858	3.96	1.655	-1.090	-4.515***
ES5	2.84	1.904	3.46	1.717	-0.627	-2.458**

注：***代表感知标准化与期望标准化的均值差异在0.01置信水平下显著，**代表感知标准化与期望标准化的均值差异在0.05置信水平下显著。

从全聚德标准化整体看，相对于总体餐饮老字号品牌而言，全聚德的顾客感知标准化和期望标准化平均打分都偏高。感知标准化的各项平均值处于2.49～3.03，而期望标准化的各项平均值处于3.36～4.03。所有项目的顾客感知标准化与期望标准化之间的差异配对样本T检验非常显著。

从各方面标准化的期望和感知值看，感知标准化程度较低的是等餐时间（SS7）、商品陈列（ES1）、店内布局（ES2），得分情况分别为2.49、2.61、2.61。感知程度较高的是服务流程（SS5）、付款方式（SS6）、用餐设备（ES3）和卫生状况（ES4），得分情况分别为3.03、2.97、2.87和2.87。从期望值来看，期望标准化程度较高的是菜品质量（PS2）、卫生状况（ES4）、响应速度（SS3）和菜品分量（PS4），得分情况分别为4.03、3.96、3.88和3.84。期望标准化程度较低的是商品陈列（ES1）、店内布局（ES2）、等餐时间（SS7），得分情况分别为3.36、3.36、3.40。

从顾客满意度看，满意度最高的是付款方式（SS6），满意度为-0.582，期望值为3.55，相对较低，而感知值为2.97，相对较高。其次满意度较高的为服务流程（SS5），满意度得分为-0.597。这说明全聚德在付款方式和服务流程两方面的标准化程度比较符合顾客预期。满意度最低的是响应速度（SS3），满意度得分为-1.299，其期望值为3.88，相对很高，而感知值为2.58，较平均值较低。其次满意度较低的是菜品质量（PS2）、菜品种类（PS1）和菜品促销活动（PS6），得分分别为-1.209、-1.164和-1.164。消费者对于全聚德菜品质量、菜品种类和促销活动的满意度低，原因是顾客对其期望值较高，所以导致期望和感知之间差距较大。

综合以上分析，全聚德在付款方式和服务流程标准化方面顾客满意度较高，但是在响应速度、卫生状况和菜品质量方面的标准化顾客满意度较低。全聚德在这几方面具有一定的标准化程度，顾客感知值处于中等水平，但是顾客对卫生状况和菜品质量的关注度较高，导致期望值较高。对此全聚德应进一步提高以下三方面的标准化水平：其一，增加服务人员数量，保证在第一时间准确地满足顾客需求。其二，继续提高卫生标准，达到可视化，例如将厨房进行开放等。其三，提高厨师的考核和培训标准，在烤鸭之外的菜系中做到标准化。

（二）庆丰包子铺标准化现状和顾客满意度分析

根据问卷第一题设计的对所熟悉的品牌选择，在312份问卷中，其中有122份问卷对庆丰包子铺的期望标准化程度和感知标准化程度做出了选择评定。利用FSQ模型对庆丰包子铺各个标准化方面的顾客满意度进行了分析，结果如表2-19所示。

表2-19 庆丰包子铺标准化程度的感知和期望

标准化变量	感知（FS）		期望（ES）		顾客满意度	
	平均值	标准差	平均值	标准差	FSQ	T值
PS1	3.60	1.588	3.97	1.425	-0.369	-2.496**
PS2	3.48	1.386	4.39	1.154	-0.918	-6.824***
PS3	3.64	1.483	4.16	1.282	-0.525	-3.641***
PS4	3.75	1.394	4.30	1.360	-0.557	-5.192***
PS5	3.84	1.555	4.50	1.014	-0.664	-5.499***
PS6	3.50	1.506	4.28	1.261	-0.779	-5.624***
SS1	3.68	1.697	4.28	1.261	-0.598	-4.202***
SS2	3.65	1.372	4.36	1.234	-0.713	-5.513***
SS3	3.24	1.494	4.38	1.319	-1.139	-8.263***
SS4	3.75	1.513	4.37	1.166	-0.623	-4.652***
SS5	3.79	1.565	4.33	1.308	-0.541	-4.350***
SS6	3.71	1.491	4.26	1.297	-0.549	-3.986***
SS7	3.18	1.499	4.13	1.454	-0.951	-7.493***
ES1	3.32	1.422	4.11	1.312	-0.795	-5.902***
ES2	3.16	1.292	3.74	1.558	-0.582	-3.882***
ES3	3.51	1.560	4.25	1.255	-0.738	-6.162***
ES4	3.28	1.416	4.47	1.287	-1.189	-8.843***
ES5	3.55	1.591	3.94	1.462	-0.393	-2.861***

注：***代表感知标准化与期望标准化的均值差异在0.01置信水平下显著，**代表感知标准化与期望标准化的均值差异在0.05置信水平下显著。

从庆丰包子铺标准化整体看，顾客的感知值和期望值都明显偏高。顾客感知标准化的各项平均值分布比较集中，处于3.16～3.79；期望标准化的平均值处于3.74～4.50。所有项目的顾客感知标准化与期望标准化之间的差异配对样本 T 检验非常显著。

从各方面标准化的期望和感知值看，感知标准化程度较低的是店内布局（ES2）、等餐时间（SS7）、卫生状况（ES4），得分情况分别为 3.16、3.18、3.28。感知程度较高的是菜品价格（PS5）、服务流程（SS5）、点餐流程（SS4）和菜品分量（PS4），得分情况分别为 3.84、3.79、3.75 和 3.75。从期望值来看，期望标准化程度较高的是菜品价格（PS5）、卫生状况（ES4）、菜品质量（PS2）和响应速度（SS3），评分情况分别为 4.50、4.47、4.39 和 4.38。期望标准化程度最低的是店内布局（ES2）、装饰风格（ES5）、菜品种类（PS1），得分情况分别为 3.74、3.94、3.97。

从顾客满意度看，满意度最高的是菜品种类（PS1），满意度为 -0.369，期望值为 3.97，较平均值较低，而感知值为 3.60，较平均值较高。其次为装饰风格（ES5），满意度得分为 -0.393。这说明庆丰包子铺在菜品种类和装饰风格方面的标准化更符合顾客期望的标准化程度。满意度最低的是卫生状况（ES4），满意度得分为 -1.189，其期望值为 4.47，较平均值较高，感知值为 3.28，较平均值较低。其次满意度较低的为响应速度（SS3）和菜品质量（PS2），得分为 -1.139 和 -0.918。这说明庆丰包子铺在卫生状况、响应速度和菜品质量方面的标准化仍有待加强，尤其是在卫生状况和响应速度方面，满意度得分都低于 -1。

综合以上分析，虽然庆丰包子铺和全聚德都在卫生状况、响应速度和菜品质量标准化上满意度偏低，但是情况不同。庆丰包子铺作为餐饮老字号中式快餐的代表，顾客对其标准化的期望要比对全聚德期望更高。虽然庆丰包子铺在这些方面已经达到一定的标准化，但是与麦当劳、肯德基等西式快餐的标准化仍有差距。因此，要以西式快餐的发展作为典范，与自身标准化进行对比，尤其是在卫生状况、响应速度和菜品质量三方面进一步提高标准化。

（三）全聚德和庆丰包子铺对比分析

全聚德和庆丰包子铺作为北京老字号，分别代表着正餐和快餐。正餐和快餐虽然同属于餐饮类，但是仍然存在着许多不同之处，有着出餐时间不同、菜品价格不同等特点。笔者分别到全聚德的西客站店、前门店、王府井店和庆丰包子铺的公主坟店、月坛店、南站店进行调研，并对不同店面不同方面的标准化，包括产品标准化、服务标准化和环境标准化进行对比。同时采用 FSQ 模型对全聚德和庆丰包子铺不同标准化方面数据进行了对比分析。

1. 产品标准化对比分析

相比于全聚德，庆丰包子铺更容易且更需要实现产品的标准化。从菜品种类来看，庆丰包子铺不同门店提供产品种类相同，但套餐情况略有不同；而全聚德的菜品较多，单贯标菜就有 40 道，标准化相对较难。从菜品质量来说，庆丰包子铺的包子馅料有严格的调配比例，需要人工操作的只有搅拌过程，且现已实行了机械化；而全聚德的菜品即使保证原材料和配料相同的情况下，需要人工主观发挥较多，且很难保证菜品口味等质量的标准化。在菜品套餐上，庆丰包子铺各门店的套餐情况不尽相同，但全聚德的套餐数量繁多，各门店也存在不同的情况。对于菜品分量来说，由于标准化的难度并不大，庆丰包子铺和全聚德的标准化都较好，但是庆丰包子铺仍需克服某些馅料包子供应不够的情况。对于菜品价格来说，庆丰包子铺的标准化较好，价格统一；而全聚德的价格则不同。对于菜品促销活动来说，庆丰包子铺的促销活动较少；全聚德的促销活动也只是在菜单中进行了菜品的标注，例如在"盛世牡丹烤鸭"的图案旁边标注"2014年11月10日北京水立方APEC国宴全聚德盛世牡丹烤鸭精彩呈现"。因此，庆丰包子铺和全聚德的菜品促销活动都应加强。

2. 服务标准化对比分析

从服务标准化的整体来看，全聚德的服务更胜一筹，服务人员的服务意识较强和响应速度较快。从服务人员着装来看，庆丰包子铺和全聚德都有各自服务人员的着装标准，但全聚德不同类型的服务人员服装略有差别。从服务准确的标准化来看，都在不同的岗位安排不同的服务人员，全聚德的人员安排更细化，每个人的服务任务更专一准确。从响应速度来看，通过本人调研及对受访人员进行访谈得出，庆丰包子铺的服务响应速度较慢，顾客用完餐后，餐具长时间未收走的情况时有发生；而全聚德的服务响应速度较快，提出需求后很快可以收到回应。从服务态度来看，根据前面的数据分析均值和调研，全聚德的服务态度标准化程度更高；庆丰包子铺的服务态度各门店相差较大。从服务流程来看，庆丰包子铺和全聚德各门店的服务流程都较标准，但是庆丰包子铺的取餐过程有待于进一步进行优化。从付款方式来看，庆丰包子铺和全聚德各门店的付款方式相同，全聚德的付款方式包括现金、刷卡、支付宝支付三种方式；庆丰包子铺的支付方式只支持现金，支付方式比较单一，还需要进一步进行优化。从等餐时间来看，庆丰包子铺因为属于提前准备好的快餐，所以平均等餐时间较短；全聚德的菜品较繁杂，如果不是套餐，需现做的单点菜品平均等餐时间较长。对此全聚德应对各门店的等餐时间进行规范，例如保证在20分钟之内。不过，全聚德的特色服务流于程式化，介绍烤鸭历史的服务员面无表情，在服务标准化中增强人性化也是必要的。

3. 环境标准化对比分析

从环境标准化方面来看，全聚德和庆丰包子铺的标准化程度都较高。从商品陈列来看，庆丰包子铺的饮料、凉菜、小料都有固定的陈列区域；全聚德的商品陈列较少，主要是烤鸭礼盒放在紧邻门口的固定区域。从店内布局和装饰风格来看，庆丰包子铺的门店面积相对于全聚德来说较小，且标准化程度较高；全聚德主要是大厅加包间的模式，标准化程度也较高。从用餐设备来看，庆丰包子铺作为快餐，主要是四人桌、二人桌，餐具采取顾客自取的方式；全聚德作为正餐，以可容纳四人以上的圆桌为主，餐具提前摆放整齐。从卫生状况来看，庆丰包子铺和全聚德无论是从食品卫生方面还是环境卫生方面，各门店标准化程度都较高。

4. 标准化各方面数据对比分析

全聚德和庆丰包子铺的总体顾客满意度得分大体相等。庆丰包子铺的感知标准化均值相比于全聚德更高些,但作为中式快餐企业,顾客对其期望标准化打分仍然比全聚德打分均值更高,因此二者的总体满意度处于相等水平。从细分数据看,顾客的不同方面的期望和感知标准化打分是不同的。对全聚德期望标准化程度较高的是菜品质量、卫生状况、响应速度和菜品分量,而对庆丰包子铺的期望标准化程度较高的是菜品价格、卫生状况、菜品质量和响应速度。对全聚德期望标准化程度较低的是商品陈列、店内布局、等餐时间,而对庆丰包子铺期望标准化程度较低的是店内布局、装饰风格、菜品种类。对全聚德感知标准化程度较低的是等餐时间、商品陈列、店内布局,而对庆丰包子铺感知标准化程度较低的是店内布局、等餐时间、卫生状况。对全聚德感知标准化程度较高的是服务流程、付款方式、用餐设备和卫生状况,而对庆丰包子铺感知标准化程度较高的是菜品价格、服务流程、点餐流程和菜品分量。从顾客满意度看,全聚德满意度最高的是付款方式和服务流程,庆丰包子铺为菜品种类和装饰风格。全聚德满意度较低的为响应速度、菜品质量、菜品种类和卫生状况,而庆丰包子铺为卫生状况、响应速度和菜品质量。综合来看,顾客对全聚德和庆丰包子铺不同的标准化方面感知和期望不尽相同,满意度也不尽相同。

综合上述分析,全聚德和庆丰包子铺在标准化方面都做出了较多努力,但是从数据和调研情况来看,在响应速度、菜品质量和卫生状况三个方面满意度相比较低,需要做出改进。标准化在企业连锁经营中具有规模成本、增强用户体验的优点,而一味地进行标准化会丧失特色,应适当地采用差异化战略。例如,全聚德亚运村店采用与地理位置相符的亚运会主题,为每个包间赋予不同国家的体育风格,优化增强了用户用餐体验,给顾客以新鲜感,吸引大批顾客和游客光临。因此,北京餐饮老字号各连锁店之间、与竞争对手之间,不应只采用标准化,同时应适当地结合差异化战略,可以提升餐饮老字号的适应性和服务特色。

八、研究结论和建议

本书通过模型创建、量表开发、案例研究等研究方法,设计了标准化对顾客满意度影响的理论模型和量表,并对全聚德和庆丰包子铺开展案例研究。数据分析具有良好的信度和效度,可以对北京餐饮老字号连锁经营中的标准化进行测量。通过测量得出如下结论,并提出建议:

第一,顾客期望标准化和顾客感知标准化各变量权重不同。总的来看,顾客期望标准化所占权重较大的是菜品质量、装饰风格和卫生状况。顾客感知标准化所占权重较大的是菜品价格、响应速度和店内布局。建议北京餐饮老字号企业在标准化研究和改善中重点关注这六个方面。

第二,顾客对菜品质量、菜品促销活动、响应速度、服务流程和卫生状况五个方面的标准化满意度较低。顾客满意度受顾客期望和顾客感知的双重影响,提高顾客满意度的途径包括降低顾客期望值和提高顾客感知值,从实际情况来看,提高顾客感知值的可行性和可控性更强。在菜品质量方面,对于菜系繁多的正餐老字号来说,人工过程较多,所以标准化实现较困难,但是应保证原材料的统一供给和厨师资格的严格认证。从响应速度、服务流程和卫生情况来看,是非常需要标准化的,尤其是卫生情况。其一,各门店要有落地可行的统一的服务规范,使服务人员明确目标。其二,严格规范考核制度,对加盟商和服务人员进行定期考核。例如,定期对卫生规范要求进行考核。其三,实行顾客评价制度,可由顾客用餐完毕后自愿进行满意度的简单调查,对服务人员的响应速度和服务流程做出评价。从菜品促销来看,由于全聚德等正餐老字号菜品较繁杂,规范困难,但是应保证贯标菜和主要菜品促销活动的一致。

第三,不同业态餐饮老字号须加强对连锁店的整改力度,以服务质量为中心,不同老字号要结合自身实际情况有针对性地提升标准化管理水平。全聚德和庆丰包子铺作为正餐和快餐的代表,以及作为两家不同的老字号,顾客对其标准化感知情况不同,同时在期望标准化程度上也不尽一致,导致顾客对两家老字号不同标准化方面的满意度也不同。因此,老字号企业在制定标准化战略时,应结合各连锁门店自身发展的实际情况,以提升服务质量为基础,提升标准化水平。"鸭要好,人要能,话要甜",这个全聚德恪守百年的九字生意经,实际上反映了全聚德在菜品制作、人员素质及顾客服务方面的标准化要求。全聚德目前进入大众点评网,接受社会公众的监督,加强店铺整改力度,不同门店有的争"四星",有的上"五星",不断地提升服务的标准化水平。

第四,实行标准化和差异化相结合的战略。各门店采取完全相同的产品、服务和环境是不现实的,在实际中要考虑到不同地区不同人群的特点。因此各门店可以在总部提供的标准化的基础上,根据门店所处的地理环境、消费水平、文化水平等进行差异化的调整,并使用更适宜的营销策略。例如全聚德亚运村店,与其他门店相比,在环境方面求同存异,融入了很多奥运主题的元素,具有不同运动主题的包厢等。从餐饮连锁门店来看,分店处于机场、火车站等人流密集的区域,则更应该注重卫生状况,装饰风格更适用于使用窗明几净的玻璃,使门店看起来干净整洁,增加顾客食欲。要在求同存异理念的指导下,既保持标准化又同差异化相结合,走适合门店的标准化之路。

第五,在品牌传播和门店拓展方面下功夫。餐饮老字号应摒弃"酒香不怕巷子深"的理念,积极主动地进行品牌推广,融入现代消费者的心智和生活之中;迎合现代大量网民消费群体的习惯,通过互联网、媒体、店面、视频等方式联合进行推广;在美团、糯米等 APP 投放代金券和套餐价格等优惠活动,吸引消费者前去就餐;各门店采取统一的促销活动,这不仅节省促销成本,还会提升品牌的影响力;餐饮老字号须贴近居民生活,拓展门店经营,方便居民的接触和消费。

标准化和个性化的关系也是餐饮老字号需要关注的方面。之后进一步发现不同餐饮业态哪些要素在标准化方面要求高,哪些要素在个性化方面要求高,以便在确保服务质量的同时,提升餐饮企业的个性化服务水平。北京餐饮老字号在开展外埠经营和国际化经营的过程中,还要考虑标准化和本土化的平衡问题。

九、研究不足与展望

尽管本书做了一些调查研究,但仍然存在一定的局限性。由于调查对象需要符合去过同一品牌两家门店以上人群,他们在消费时可能没有仔细比较过不同问项的内容,所以调查结果难免有所偏差。未来研究可以从以下几方面拓展:

首先,进一步拓展标准化研究的视角。餐饮老字号的整体服务也包括采购、配送、物流等多个方面。后续研究可以对上述各个方面的标准化进行研究,使模型更加具有现实操作性。

其次,提升样本的有效性。不同特点的顾客群对相同问题所反映的数据是有显著差异的,为了更准确地研究不同顾客群体的满意度,还需要扩大有效样本量,必要时寻求企业的帮助,借助企业的会员群来填写问卷,使实证研究的结果更真实准确地反映所研究的问题,也更具有应用和推广价值。

最后,公共卫生事件对餐饮企业服务标准化提出新的课题。在公共环境、店铺设计、服务方式和菜品方面有了新的要求,需要对此进行进一步的研究。

第三章 北京餐饮老字号品牌营销创新案例研究

第一节 全聚德:不只是烤鸭①

一、品牌历史及企业概况

(一) 品牌历史

全聚德由杨全仁于清朝同治三年(1864年)创办,其前身是经营干鲜果铺的"德聚全",杨全仁将其买下开始经营烤鸭,并改名为"全聚德"。杨全仁将这一字号解释为:一来他的名字中占有一个"全"字,二来"聚德"就是聚拢德行之意。杨全仁重金聘用精通宫廷烤鸭技艺的孙师傅。孙师傅来到全聚德后,将原来的烤炉改为炉身高大、炉膛深广、一炉可烤几只鸭的挂炉,这样还可以一面烤一面往里面续。孙师傅制作的烤鸭外形美观、丰盈饱满,颜色鲜艳,色呈枣红,皮脆肉嫩,鲜美酥香,肥而不腻,瘦而不柴,为全聚德烤鸭赢得了"京师美馔,莫妙于鸭"的美誉。

从此,挂炉烤鸭不再只是宫廷美食,也成为了民间佳品,全聚德也因为拥有这项独门绝技,备受食客推崇。凭借"鸭要好,人要能,话要甜"的老生意经,全聚德的买卖日益兴隆。在战争年代,全聚德的经营每况愈下,就在多家烤鸭店不堪重负时,全聚德因其考究的工艺而独占"鸭"头。

1952年公私合营后,"全聚德"凭借这一老字号的独特魅力,依然有排队购买的情况。

新中国成立后,周恩来总理生前曾27次在全聚德宴请外宾,并对"全聚德"三个字做了精辟诠释:"全而不缺,聚而不散,仁德至上。"这一诠释凝练了全聚德品牌的理念

---

① 本节由张景云执笔完成。王勇、张希、周野开展过相关阶段性成果的撰写工作。

和内涵,一直延续至今。"文化大革命"期间,悬挂102年的"全聚德"牌匾被拆,换上"北京烤鸭店"招牌,直到1978年底才在故宫博物院找到了"全聚德"这块饱经沧桑的老牌匾(见图3-1),使得该餐饮老字号品牌得以重新恢复。

图3-1 陈列于全聚德展览馆的全聚德"老匾"①

1979年,全聚德已经从创业时的一家店发展为三家,即全聚德前门店、全聚德王府井店和全聚德和平门店。在改革开放的背景下,三家全聚德都想扩大经营,争做正宗的全聚德品牌。

1993年,全聚德结束了三家单店独立经营、分散管理的状况,成立了中国北京全聚德烤鸭集团,并统一了经营主体。

1994年3月1日,全聚德联合其他5家集团企业,向社会20余家法人企业募股,成立北京全聚德烤鸭股份有限公司。

1999年,全聚德荣获中国第一例服务类"中国驰名商标"。

2003年,全聚德与北京华天饮食集团公司、北京国源有限公司共同成立聚德华天控股有限公司。②

2004年,北京全聚德烤鸭股份有限公司与北京首旅集团、新燕莎集团合并重组后,新燕莎集团和全聚德集团的国家所有者权益整体划入首旅集团。

2005年,仿膳、丰泽园、四川饭店老字号品牌一并进入,更名为"中国全聚德(集团)股份有限公司",成为首旅集团餐饮板块的支柱性企业。

2007年,全聚德股票在深圳证券交易所正式挂牌,成为中国餐饮第一股。

---

① 该图由李东摄,中国全聚德集团提供。
② 2005年,北京国源有限公司将股权转让给福建超大集团有限公司。聚德华天控股有限公司目前的股东构成:中国全聚德(集团)股份有限公司(30.91%)、北京华天饮食集团公司(30.91%)、福建超大集团有限公司(29.09%)和聚信同达投资管理有限公司(9.09%)。

2013年,全聚德引入IDG资本和华住酒店集团两大战略投资者,使其成为资本多元化的大型餐饮集团。

2016年后,全聚德的经营业绩下滑,面临着很大的经营风险和挑战。在消费升级环境下,全聚德逆势而上,不断创新,开启了转型之路。

(二)企业概况

提起"全聚德",包含着两层含义:一是指有着150多年悠久历史的餐饮老字号品牌;二是指"中国全聚德(集团)股份有限公司",隶属于首旅集团,旗下拥有全聚德、仿膳、丰泽园、四川饭店等多品牌成员企业的大型餐饮集团。

作为一家中华老字号餐饮品牌,全聚德在激烈的餐饮竞争中艰难探索,不断创新,走在我国老字号"TOP 10"的行列中。2008年,"全聚德挂炉烤鸭技艺"列入国家级非物质文化遗产保护名录。2011年,"仿膳(清廷御膳)制作技艺"被列入国家级非物质文化遗产保护名录。在世界品牌实验室(World Brand Lab)"2016最具价值中国品牌100强"排行中,全聚德以34.2亿美元品牌价值名列第87位(年同比变化率9%),是进入该排行榜的唯一一家餐饮品牌。2019年,由世界品牌实验室评估的"中国500最具价值品牌"排行中,全聚德集团以总价值258.12亿元居第223位。2019年,全聚德集团获得"北京金牌特色食品奖""北京金牌旅游食品奖"。截至2019年底,全聚德在全国有成员企业百余家(门店),年销售烤鸭600余万只,接待宾客近2000万人次。

二、全聚德挂炉烤鸭技艺

全聚德选用的食材是经过填饲的北京鸭。填鸭鸭体美观,背宽而长,肌肉丰满,肥瘦分明,鲜嫩适度,不酸不腥,是制作烤鸭的首选。

全聚德挂炉烤鸭技艺的传统工艺流程分为宰烫、制坯、烤制和片鸭四大工序,内含30余道环节,且每个环节都有诸多讲究和操作窍门,这些绝招是全聚德烤鸭师智慧和多年经验的结晶,比如:

开生。一般来说,家禽的开生掏膛会选择背开、腹开、肋开等传统方法,很容易破坏鸭体外形。全聚德厨师选择在右翅下切一个3~4厘米的月牙形刀口,从此处将鸭内脏全部掏出,鸭翅自然垂下,既能防止漏气(上一环节往鸭体充气),又能很好地保持鸭体外形。

打色。在鸭身上淋浇饴糖水,使鸭体上色。这个环节最关键的"秘方"是饴糖水的勾兑比例。过浓,烤出的鸭子色黑味焦;过淡,烤不出枣红色,不诱人食欲。饴糖水的勾兑比例,一年四季各不相同,阴晴雨雪也不一样,全凭烤鸭师傅多年的经验积累进行判断。

燎裆。是挂炉烤鸭独有的制作环节。因鸭的两腿肉厚,不易熟,加上鸭裆的位置又略低于炉门口的火苗,因此鸭裆部位不易上色和成熟,需要用人工燎烤。经验丰富的全聚德烤鸭师在燎裆环节已形成独特的技法,能够做到手快、腕活、转体及时,烤、燎、转交叉运用，使鸭体一来一去地在火焰尖上晃动，就好似火尖上的舞蹈，烤出的鸭子色泽均匀，味美而香。

出炉。出炉前，要先鉴定鸭子是否已经烤熟。全聚德第三代烤鸭大师总结出"眼看、手掂、鼻闻"的六字经验，不用将鸭子从炉中取出，通过看烤制时间、火力强弱、鸭子颜色的变化、借助鸭杆掂一掂鸭子重量的变化等手段，便可做出准确判断，此法也在全聚德历代烤鸭师中得以传承（见图3-2）。

图3-2 全聚德的烤鸭师傅与"老炉"①

烤好的整只鸭子先由刀工精湛的片鸭师呈送到食客桌前，当面展现片鸭技艺，可片成108片或片成条，抑或皮肉分开。鸭子片好后，装盘上桌，配以上好甜面酱、净白葱条或绿黄瓜条，裹在薄薄的荷叶饼中，集于一卷就食。

三、全聚德品牌创新经营策略

（一）菜品和服务创新

全聚德挂炉烤鸭经过几代烤鸭师的传承与创新，形成了以全鸭席、特色菜、创新菜、名人宴为代表的系列精品菜肴。全聚德菜品在品质保障的基础上，不断地调整菜品和服

---

① 该图由中国全聚德集团提供。1933年，德国女摄影师海达·莫里逊（Hedda Morrison，1933~1946年在北京工作）在全聚德用餐后，对全聚德的饮食文化产生了浓厚的兴趣，拍下这张珍贵的照片。图中的烤鸭技师为全聚德第三代烤鸭大师张文藻。

务,从早年间的"鸭四吃",发展为40多道菜品,逐步形成今天著名的"全鸭席"。全聚德始终采用人工烹制菜品的方式而不是采用调味汁,用最少的调料去烹制最美味的菜品。全聚德的老生意经是"鸭要好,人要能,话要甜"。"鸭要好"讲究的是鸭子的质量;"人要能"讲究的是高效的管理;"话要甜"讲究的是满意的服务。

全聚德的"鸭文化"既是物质文化也是精神文化。2014年APEC晚宴现场"盛世牡丹"烤鸭(见图3-3),融合了全聚德烤鸭传统片制技艺与绘画艺术,摆出牡丹的造型,牡丹花的拼摆颇为讲究,"花瓣"外层有7片,中层有5片,里层有3片,还有1片鸭肉做花心,丝瓜苗做枝叶,雍容华贵,彰显了深厚的中华文化底蕴。

图3-3 全聚德"盛世牡丹"烤鸭①

菜品与服务的创新与市场定位相关。随着商务消费的下降,高端餐饮市场规模受到冲击。于是,2016年全聚德集团开始向宴请市场转型,推出品牌广告语"宴请,就到全聚德",标志着全聚德目标市场定位的提升,聚焦宴请消费市场,全力打造婚宴、寿宴、百日宴、商务宴等特色服务,要求服务人员做"宴请专家"并善于开展"亲情化服务"。

全聚德还重视餐饮服务个性化,增强顾客对服务的体验。每只烤鸭都有自己的"身份证",顾客可以凭烤鸭的"身份"判断是由哪个门店卖出的第几只烤鸭,每个顾客吃到的烤鸭都是独一无二的,而且可以追溯质量。顾客进店后可以对鸭坯进行挑选,选好后用毛笔蘸上饴糖水写上某个吉祥字,鸭子烤熟后,吉祥字就会显现出来,让消费者亲身参与

---

① 该图由全聚德集团提供。

了全聚德的"美食旅程"。当顾客点餐后,菜谱还会印制成"宫廷奏折"式样,可以留存作为纪念品;全聚德厨师在餐桌附近进行片鸭表演,服务员给顾客介绍菜品时,为顾客卷鸭卷,当用餐结束时,为消费者赠送与中国邮政联合推出的明信片。

2017年以来,全聚德的定位向中高端发展,提出老字号精品化、品牌系列化的发展战略,相应的门店模式、菜品套餐及食品策略都有转变。

2020年,全聚德在156周年庆典敬匾仪式上,宣布调整市场定位,"做北京人的餐厅"。主要措施有:第一,全面统一烤鸭价格;第二,全面调整菜品价格;第三,全面免除服务费,将"宴会式"服务调整为更亲近、标准化的大众服务。

(二)调整开店模式,开展品牌合作

随着高端餐饮的逐步下降,大众化、个性化、休闲化餐饮渐成主流趋势,全聚德创新经营机制,有别于传统全聚德店面"聚餐"消费模式,开展休闲体验式开店模式创新。全聚德于华东区域上海开的第一家是淮海路店,面积仅有600平方米,淮海路店一经开业、试水,取得成效。紧接着全聚德又在上海开了控江路店,设计风格更加时尚和年轻化,也实现了当年开业当年盈利的目标。2016年,全聚德集团华中地区首家直营店——全聚德长沙店正式开业,成为全聚德首家商场店。该店结合大型商业综合体的经营环境和就餐模式等因素,打造以互动性、娱乐性、便捷化、网络化为特征的新型综合体餐厅经营模式。餐厅设计风格以北京元素为主,菜品主要以全聚德烤鸭以及40多道全聚德经典菜品、传统北京小吃组成,突出打造"京味、京韵"文化。2020年,全聚德尝试拓展年轻消费群体市场,在北京和平门一层开辟出600平方米空间,打造出新中式风格的全新门店。

全聚德集团还开展品牌联合经营和跨界合作,借助行业外企业的渠道、客户资源和品牌影响力,利用"品牌杠杆",提升经营效能。全聚德还与北京红星二锅头联手,推出三款白酒,带来了"吃全聚德烤鸭、品红星二锅头"的京味饮食情调。2013年,全聚德集团与国航合作,将全聚德烤鸭搬上国航头等舱,共同打造"京味北京、空中传承"联合品牌,获得了双赢效果。2015年,国家体育总局训练局将"全聚德烤鸭系列产品"作为"体育·训练局国家队运动员备战保障产品",为体操、乒乓球等10个项目的国家队提供产品服务。

(三)"互联网+餐饮":销售渠道创新

在PC端,全聚德的官网平台建设不断完善;在移动端,全聚德通过微信公众号和微博、抖音等新媒体平台推广菜品并维护客户关系。全聚德还引入微信点餐系统,节约点餐时间,提高门店翻台率。

全聚德和美团、百度外卖等流量较大的外卖平台合作开展外卖和直播。如与京东超市合作直播时,由总经理直播带货,通过主播探店等多种形式介绍品牌和产品,4小时直播观看量超175万人次,点赞量超170万,单日成交额同比增长22倍,成交额同比增长32倍,开场1小时后,全聚德京东旗舰店就增粉超10万。

(四)"餐饮+食品"双轮驱动,开展品牌系列化运营

全聚德将餐饮品牌延伸到食品领域,实行"餐饮+食品"(6:4)双轮驱动策略,研发上市了真空烤鸭、鸭类休闲食品、月饼、汤圆、糕点等包装食品,在商超及机场车站等客流密集区域售卖。同时,积极拓展仿膳品牌的宫廷糕点系列产品和丰泽园、四川饭店品牌的百姓餐桌食品。全聚德仿膳食品厂已形成生产、物流、销售三个高度协调的产业布局,研发并生产包含糕点、面食、卤味、酱料等在内的上百种产品。全聚德还根据人们旅游休闲的需要,开发了小包装旅游休闲食品。"餐饮+食品"双轮驱动策略不仅拓展了经营范围,增加了盈利增长点,还分散了企业的经营风险。

近年来,全聚德围绕首旅集团"生活方式服务业"的新定位,提出老字号精品化、品牌系列化发展战略,以全聚德品牌为核心,仿膳、丰泽园、四川饭店共同发展,着力打造经典精品门店。全聚德建立了创新实验室,进行新品牌的自我孵化和联合孵化。比如在大兴机场,全聚德孵化出"聚德面舍""全聚德供销社"等子品牌。"聚德面舍"为休闲式餐饮店,吧台配置碗碟、插花及绿植,装修风格简约、敞亮,主营面条,兼供饮品,游客不仅可以吃面,还可以喝咖啡,满足了赶飞机或长时间等待时的需求。"全聚德供销社"以"怀旧"为主题,主要售卖真空包装的食品,主打老记忆老情怀,店内摆有黑白电视机、老缝纫机、老皮箱、自行车打气筒、暖水壶、搪瓷脸盆等各式老物件。不仅吸引了年长者驻足回味过往时光,还勾起了年轻人的好奇心。

(五)严格把控品质,提升标准化水平

在菜品创新中,全聚德集团还在中餐标准化方面进行了积极的探索。例如研制了专用烤鸭调料,并与德国一家制造商合作开发了符合环保要求的第四代智能烤鸭炉,既能保持统一风味,方便连锁店推广,又可防止技术外流,推进了全聚德烤鸭的现代化、规模化和连锁化。

全聚德在开展"品牌系列化"的同时,从规模发展转向高质量发展。全聚德以"把握市场,把握对手,把握自己"为指导,提出"提质、复制、孵化和管理升级"的行动策略,以"烤鸭质量、厨房规范化、餐厅基础环境、服务质量"四个方面为重点加快转型发展,提质增效。2017年,全聚德引入了以大众点评分为标准的社会评价制度,达到4星即为"及格"。经过两年时间,全聚德的直营店以及特许经营店从最开始37%的合格率到全部合格,并争取更多的门店向5星发展。全聚德还以顾客对菜品、服务质量的评价为依据,对厨师、服务员绩效进行考核。2018年7月,全聚德集团发布新的《烤鸭质量管控标准》,科学调整管控流程及晾坯标准、烤制标准,改进工艺,建立鸭坯退货制、日巡检查等诸多管理标准和举措。全聚德还推广后厨"6T管理法"(天天处理、天天整合、天天清扫、天天规范、天天检查、天天改进),确保食品安全。2019年,继上海和广州之后,"米其林指南"进入北京市场,全聚德前门店在获得米其林餐盘后,通过微信、微博以及抖音等自媒体进行推介宣传,并在店内进行POP主题展示,对获奖情况及产品进行推介宣传,倡导品质营销。

(六) 品牌传播

仪式传播。全聚德通过举行各种"仪式"来传播独特的文化体验。全聚德前门店的炉火据称百年不熄,即便经历了"文革"的洗礼和历次变迁,火种依旧延续;"敬匾"也是全聚德的重要仪式之一,每到企业周年庆典,全聚德都要举办敬匾仪式,在敬匾仪式上,发布企业的重要信息,获得媒体报道。

门店传播。全聚德前门店作为起源店,在定位上突出"老店文化"的特色,店内一面斑驳古朴的灰色砖墙(俗称"老墙"),于2011年被认定为北京市级文物保护单位(见图3-4)。王府井店定位于"王府井文化",店内风格融合了皇宫王府的庭、阁、轩、堂风格,尽显王府华贵文儒之气。奥运村店则体现了浓厚的体育文化,店内采用奥运主色调红黄相间的亮色系,包间以举办过夏季奥运会的城市命名,玻璃展柜中陈列着200余件奥运藏品,还开发了奥运主题菜品。

图3-4 全聚德前门店"老墙"①

图书传播。全聚德集团将品牌故事和各种新闻报道编辑成《全聚德史话》《全聚德与国际友人》《媒体话说全聚德》《全聚德连环画》《老店全聚德》等书籍,使得全聚德文化不断积淀和传承。

影视传播。全聚德通过电影、话剧和电视剧等形式开展品牌文化传播,提升品牌软实力和影响力。继北京人艺话剧和电视连续剧《天下第一楼》、电影《老店》后,2016年,以丰泽园的历史故事为题材而创作的《传奇大掌柜》登陆央视八套黄金档;在2020年,《天下第一楼》还转化成微视频,方便居家观看。通过影视传播,观众从历史背景和人物故事中了解全聚德品牌的理念和文化。

---

① 该图由李东摄,中国全聚德集团提供。

博物馆传播。企业文化博物馆是品牌多年积淀文化的浓缩，是开展品牌传播的重要窗口。早在2004年，全聚德就投资兴建了北京第一家餐饮企业展览馆，将全聚德的历史、文化、烤鸭工艺演变及品牌打造等通过故事全方位展现出来，不仅供游人参观了解，也是爱国主义教育基地。目前，全聚德已上线网上展览馆，可供人们在线浏览。

全聚德还通过"美食外交"开展品牌传播（详见第八章第二节相关内容）。

四、经营管理启示

（一）调整品牌定位，提高复购率

品牌定位决定老字号的产品服务组合、战略目标和发展方向，老字号要根据市场变化适时、精准调整定位，如全聚德早期定位为聚餐市场，品牌广告语为："全聚时刻，当然到全聚德！"（后来修改为"全聚时刻，就在全聚德！"）；2016年定位于宴请市场，品牌广告语为："宴请，就到全聚德！"；2020年将定位下沉，更加亲民，提出"做北京人的餐厅"。

由于"消费升级"与"消费降级"并存，消费需求呈现复杂多样的形态。当下，尽管人们的消费水平提高了，但是餐饮消费正在从偶然的仪式化消费转向日常生活性消费，消费频率提高的同时，要求餐饮价格更加日常化、亲民化。之前，不少餐饮老字号靠当地特色吸引外地游客，随着新冠疫情及其后续的持续影响，旅游人群大幅减少，餐饮老字号还需要更多地为当地消费者提供常态化服务，以此提高复购率。

（二）围绕定位开展菜品、服务创新

菜品与服务的创新基本上是围绕品牌定位开展的。当菜品和服务模式提升品牌定位时，可以向上延伸，增加高端精致菜品和个性化服务；定位下移时，可以向下延伸，增加大众化菜品，降低菜品单价。餐饮老字号既可以在主营菜品方面创新，也可以在配菜和甜品等品类方面创新；既可以在单品类方面创新，也可以在组合套餐方面进行创新。在菜品创新的同时，还需要进一步创新服务方式，增进顾客体验，提高服务水平。餐饮老字号还要重视消费场景的创新，配合定位下沉，营造简约舒适的消费场景。

（三）转变经营方式，做"品牌行动者"

餐饮老字号须转变经营方式，在网点布局和营业时间上贴近消费者的需求，根据消费者的接触习惯、行为方式和生活习惯开展经营创新。这就需要转变以往"坐商"习惯，做一个"品牌行动者"，积极主动贴近消费人群，根据人们的生活起居习惯安排营业时间和营业方式，适应都市生活节奏，通过灵活多样的线上线下经营模式，满足消费者不断变化的需求。

（四）开展品牌跨界和联合经营

餐饮老字号须打破各自为政的局面，在业内或跨界抱团取暖。其一，可借助合并重组，纳入现代企业集团中，充分利用集团内部资源，通过互惠互利开展经营创新；其二，可以借助"品牌杠杆"，与外部优势资源开展跨界合作，开拓品牌联合经营；其三，通过品牌延伸，寻找新的增长点，既可以在业内延伸，也可以考虑跨界延伸或联合经营。

（五）多渠道品牌传播，提升品牌活跃度

餐饮老字号不仅要善于利用书籍、话剧、影视作品等传统媒体，还要善于使用多种社交媒体开展品牌传播。品牌传播的内容一方面与企业的创新相伴随，另一方面也存在于社会热点的呼应问题。品牌传播像是与公众的一场恋爱，根据公众的兴趣点、关注点、需求点，不断营造话题，展开与公众的对话，以此提升品牌的展露度和活跃度。在传播内容设计中，善于将品牌故事与现代人的兴趣结合起来，以增进品牌认知度与感染力。

（六）提升服务标准化水平，做好舆情监控

尽管中餐标准化存在一定的难度，但是消费者对中餐连锁企业服务标准化方面还是存在一些共性需求的，不同店铺的菜品和服务差异过大，会降低消费者对餐饮品牌的满意度，这也是餐饮老字号面临舆情风险的主要原因之一。因此，提升餐饮服务标准化就显得特别重要。第一，对餐饮连锁店的菜品、价格、服务和店铺环境等方面进行标准化管理；第二，加强对厨师和服务人员的培训和考核，确保服务质量的实施等；第三，引入高标准评价机制（如"米其林"）和公众评价平台（大众点评），做好舆情监控。

大数据时代，网络口碑效应越发显著，对消费者的购买决策影响很大。老字号可借助美团、大众点评等客户端利用大数据查看口碑评分，适时进行舆情监控，根据公众反馈发现薄弱环节，不断优化服务水平。

第二节　东来顺：从"一菜成席"到多元拓展[①]

一、历史沿革与企业概述

（一）品牌历史

东来顺始建于1903年，创始人丁德山，他起先在东安市场北门搭了名为"丁记粥摊"的棚子，经营清真小吃、豆汁、扒糕等。几年后，正式挂起"东来顺粥摊"的招牌，取"来自京东，一切顺利"之意。

1912年，东安市场失火，"东来顺粥摊"木棚被焚。东安市场重建后，丁德山第二次创业，在原处建起三间瓦房，将招牌改为"东来顺羊肉馆"，起先做羊汤、羊杂碎等，之后引入涮羊肉，并重金聘请了一位刀工精湛的名厨，对羊的产地、用肉的部位、切肉的手法做了规范性整治。名厨切的肉片薄厚均匀，铺在青花瓷盘中，还能隐约看到盘上的花纹。东来顺还改良了涮羊肉的火锅等器具，并凭借"选料精、加工细、佐料全、火力旺"

---

① 本节由张景云、程瑜和白玉苓完成。文中图片由东来顺官方提供。

等特色,成为京城涮羊肉之冠。"东来顺羊肉馆"不仅是寻常百姓常去的场所,也吸引了达官贵人、文人墨客频繁出入。东来顺还扩大了经营范围,开发出集"爆、烤、炒、涮"于一体的清真系列菜肴,更名为"东来顺饭庄"。期间,由于战乱频繁、社会动荡,东来顺沉沉浮浮、几度兴衰。

新中国成立后,东来顺经营开始有了起色。1955 年,东来顺实现了公私合营。"文革"期间,更名为"民族饭庄","东来顺饭庄"老牌匾被毁坏。1977 年恢复名称。

改革开放为东来顺发展带来了活力。1986 年底,东来顺在连云港市开办了第一家分店,结束了"独此一家,别无分号"的历史。

1996 年,东来顺成立连锁总部,正式走上特许加盟连锁发展之路。

2003 年,东来顺完成改制,成立北京东来顺集团有限责任公司。

2004 年,北京东来顺集团有限责任公司与北京首都旅游集团实施战略重组,成为首旅集团旗下国有全资公司。

2013~2019 年,北京东来顺集团有限责任公司启动专业化业务公司改组,相继成立餐饮连锁管理分公司、清真食品分公司、物流服务分公司、内蒙古乌兰察布肉业基地等。

(二) 企业概况

北京东来顺集团有限责任公司是北京首都旅游集团旗下的全资子公司,主营业务为集"爆、烤、炒、涮"于一体的清真系列菜肴,产品包括肉片、肉串、熟食、面点、调料等九大类 100 余个品种,业务范围涵盖餐饮连锁发展、肉类产品加工、清真食品销售、物流配送服务等板块。东来顺获得"中国驰名商标""中华老字号清真第一涮""中国十大火锅品牌""中国餐饮百强企业""AAA 级信用企业""首届中国金牌旅游小吃"等 81 项荣誉。2008 年,"东来顺牛羊肉烹饪技艺·涮羊肉技艺"正式列入"国家级非物质文化遗产项目名录"。2016 年,由世界品牌实验室(World Brand Lab)评估的"中国 500 最具价值品牌"榜单中,东来顺以 96.82 亿元的品牌价值名列第 328 位。

截至 2019 年底,东来顺在国内外有近 170 家餐饮门店,其中直营门店 35 家,特许加盟店 134 家,覆盖全国 24 个省、市、自治区(含港澳地区和美国旧金山、洛杉矶店),全国共有 240 余家经销商,覆盖北京、外埠、电商、电购、物流、流通六大销售渠道,销售网点 6000 余家。

二、东来顺涮羊肉技艺及传承

东来顺涮羊肉是东来顺菜肴中最具清真特色和北京地域特色的美食。经过百余年的发展,东来顺人在传承优秀传统精粹的同时,博采众长、精益求精,创造了独特的色、香、味、形、器的和谐之美,形成风味涮肉的八大特点——"选料精、刀工美、调料香、火锅旺、底汤鲜、糖蒜脆、配料细、辅料全"。每个特点都有严格要求,比如,"刀工美"不仅要薄厚均匀、整齐划一,而且要自然舒展、薄可视物,讲究"薄如纸、匀如晶、软如棉、齐如线、美如花"。东来顺相关负责人说：

我们工艺主要是围绕涮肉的八大特点，其实制作没有什么特别独特的，主要就是用料实在。东来顺之所以能传承100多年，有几个核心内容是从来没有改变过的：一是选肉，只选用羊身上五个部位，即上脑、黄瓜条、大三叉、小三叉和磨裆做涮肉食材。二是糖蒜腌制工艺，就用糖、盐、水，没有其他任何东西，纯天然自然发酵。其实老字号传承没有太多大家想象的很多花样，可能不同行业的性质不同。做手工艺品的品牌，可以更重视图案的创新。但我们这种餐饮品牌，坚持的是品质的传承，保持原汁原味。

不仅东来顺的牛羊肉烹饪技艺被列入非遗名录，2014年，东来顺涮羊肉、糖蒜、核桃酪被列入第一批"原汁原味北京老字号最具代表性产品"。为将传统技艺持续传承下去，东来顺成立非遗工作室，由国家级非物质遗产传承大师陈立新担任主任，并组建了非遗传承团队，现有弟子28名，并定期开展理论学习和实操演练，确保非遗技艺和工匠精神的传承。

三、品牌营销创新经营策略

（一）菜品与服务创新

为求在竞争激烈的市场中得到长足发展，满足消费者复杂多变的需求，东来顺在保持传统技艺和"原汁原味"的基础上，从菜品和服务方面进行了创新。

主菜方面，"涮肉"是东来顺主营的精品佳肴，景泰蓝铜锅配上羊肉片与品种齐全的小料，再加上自制的白皮糖蒜和精美的涮后小点心，构成了东来顺"美食美器，一菜成席"的独特风味。

涮肉方面的创新主要体现在食材、锅底和小料上。在食材方面，羊肉片是东来顺的招牌涮品。东来顺对羊肉的质量把控，从产地、种类到用肉部位等都有严格的规定。东来顺对羊肉品种进行"瘦身"，从过去的20多种缩减到13种，剔除掉一些关注度少、耗损精力的边缘性品种，只做主流产品。东来顺还根据时令创新涮品，如冬天推出虾滑拼盘和链球菌等暖胃的"火锅搭档"，对菜单精益求精。在锅底方面，除了传统的清汤锅底，东来顺新推出麻辣锅底、清一色锅底、酸萝卜锅底及多款滋补养生锅底。在小料方面，东来顺在传统调料配方的基础上，增添了十几种调味品，形成了辛、辣、卤、糟、鲜的独特口味。东来顺还创新摆盘造型，将手切肉技艺和美学艺术相融合。例如"太阳卷"将薄片羊肉绕圈片片相扣，摆成三层，形状酷似一朵太阳花（见图3-5）。

炒菜、爆菜和烤肉也是东来顺的传统菜。东来顺的炒菜摒弃三高、碱发等不安全原辅材料，满足当代消费者对低热量、用餐安全、营养健康的需求。爆菜采用旺火热油，讲究旺火速成，鲜香脆爽。烤肉使用明、暗火产生的热辐射对肉串加热后，使其表皮松脆、滋味焦香。东来顺的羊肉串由纯里脊制成，一只羊仅能产1~2串。

东来顺在铜锅涮肉、正餐和主食等"硬"菜的基础上，进行配菜创新，推出"小善计划"。"小善"源自"勿以善小而不为"。这里的"小"即不追求高价格、高规格，品种

图 3-5 东来顺"太阳卷"羊肉片拼盘

分散;"善"则是指完善产品结构,满足消费者尤其是女性和儿童的多元化需求。目前,东来顺已研发或改良了瓶装甜品、底料、调料、礼盒、熟食 5 个系列近 30 个品种的产品,并将部分产品推上电商渠道,使线上线下形成规模效应,出现了"小瓶热销"的局面。

服务创新主要体现在以下几方面:一是在"聚餐"的基础上推行分餐制,一人一锅的小火锅提高了座位周转率,聚餐与分餐可以灵活安排,还有助于用餐卫生与安全;二是开展定制服务,在菜品、环境布置及服务流程上结合特殊顾客用餐要求进行定制化服务,满足个性化需求;三是优化就餐环境,采用无烟、耐烧、火旺的环保型机制炭,配合炉膛大、放炭多、通风口合理的紫铜火锅,避免消费者在烟熏火燎的环境下就餐;四是开展开放式厨房,一些门店的切肉间由封闭式的厨房改造为开放式,由厨师现场为顾客表演手工切肉,提高服务的感知价值;五是推出午市自助餐,突破单一的点餐模式。

(二)重塑品牌形象

由于之前对品牌形象没有进行标准化的界定,为了将"老字号"转化为现代品牌,东来顺开展了品牌形象重塑工作。一方面,从产品理念和品牌文化层面进行了梳理,通过提供极品京味涮肉及地道清真佳肴,让消费者享受到百年老字号的精益精神与京韵文化;另一方面,对品牌视觉形象进行了提升和规范,不仅有利于对外树立企业整体形象,还有助于提升员工的归属感,加强企业凝聚力。

产品理念:天然、安全、健康、绿色。

品牌文化:服务大众、品质至上、传承创新。

视觉识别:2016 年,东来顺集团的新版《东来顺品牌视觉识别系统管理手册》正式发布并投入使用,同时出台了《东来顺集团 VI 使用管理办法(试行)》,对 VI 的使用原则和规范、使用方法和载体进行了严格规定,为开展东来顺品牌建设奠定了基础。

新版 Logo 由"东来顺"中英文纯文字构成,上下结构,颜色为纯绿色;底部注明起始时间"Since 1903"(见图 3-6)。

图 3-6 新版"东来顺"品牌 VI 标识

(三) 开店模式创新①

为了与不断变化的市场相适应,东来顺不断探索新的开店模式,通过延伸子品牌、进驻商场店和跨界联合等方式,在创新开店模式的基础上,拓展经营领域。

延伸子品牌。为顺应市场发展需要,东来顺延伸出"小火锅"子品牌"涮局"和"龙虾汇"(东顺太鲜)。新业态小火锅"涮局",以"店铺小型化、菜品精简化、价格亲民化、管理标准化、健康品质化"为主线,营造时尚的用餐环境,推出特色化的产品,形成轻奢火锅的运营模式。"涮局"以北京方言中的"饭局"为词根,取义"以涮为局",突出北京火锅文化,将主力消费人群锁定在 25~35 岁人群,针对现代消费人群的生活方式,结合时下互联网和大数据技术,以智能化为核心,追求潮流、体现个性,并为开展特色产品和服务提供创新。"涮局"先后进驻盒马鲜生和苏鲜生,在扩展店铺规模的同时,增进食品销售。东来顺还投资控股"龙虾汇"(东顺太鲜)海鲜自助,以健康、海鲜、美味、平价为导向,打造休闲海鲜餐厅。

进驻商场店。东来顺入驻了 APM、苏宁广场、奥特莱斯和万达广场等大型购物中心。商场店注重消费情境设计,展现青春时尚的品牌形象。复古的牌匾置于现代化的商场中,风格契合互补并凸显特色。商场店内采用 DIY 的就餐方式,就餐环境较为开放。商场店桌子较多,桌子间距离较小,客流周转量大,适合年轻人就餐或购物后小憩。

跨界联合。东来顺与重庆江湖菜互联网品牌李子坝共同打造"东涮西烤",落户重庆祈年悦城,将北方火锅文化与南方美食相结合,平衡冬夏两季淡旺之需。"东涮西烤"借助李子坝的智慧餐饮系统和运营团队的互联网思维,实现后端运营系统数据化、前端可视化。东来顺还与网红奶茶品牌喜茶合作,推出芝芝波波驴打滚、厚厚麻酱包等小食。芝芝波波驴打滚采用喜茶特有的芝士和 Q 弹的黑糖波波,将传统与潮流融合起来,共享双方的渠道和顾客资源,为品牌注入生机与活力。2020 年,东来顺还联手三元梅园,推出清肺暖胃、消痰降火的甜品九制暖梨,满足消费者在疫情期间的养生需求。

---

① 受新冠疫情影响,"涮局""龙虾汇"和"东涮西烤"等子品牌店铺于 2020 年关闭。

（四）入驻电商平台

东来顺开展"餐饮+食品"双轮驱动策略，利用"电商+实体"销售模式，将系列产品推向更广阔的市场。2014年，东来顺入驻京东、天猫等电商平台，当前已推出肉类、调料类、熟食类和礼盒类等多种形式的产品。随后，东来顺与电视购物企业优购物、家有购物和环球购物等建立合作，借助电视平台的视频推介模式和更广泛的家庭用户进行"生鲜直供"。2019年东来顺入驻社交电商平台拼多多。新冠疫情期间，为避免人群聚集、交叉感染，东来顺与美团、饿了么及微信小程序等平台合作。消费者既可以线上下单，将外卖配送到家中，也可以选择到店自提，为消费者提供安全多样化的就餐方式。东来顺还尝试在淘宝平台直播带货，在增加粉丝、销量的同时，也传播了东来顺的品牌文化。

当前，东来顺已实现"堂食+外卖+零售"的运营模式。堂食满足顾客进店用餐的需求，外卖为消费者提供生鲜涮锅食材锅底、小料和炒菜等，零售则为消费者提供便利性产品，包括半成品、熟食等。

（五）精耕CRM系统，多渠道进行品牌传播

2014年，东来顺利用CRM上线会员系统，该系统不仅是会员管理软件，而且融入了企业经营理念和商业策略等内容。针对会员，东来顺会不定期推出各种线上线下活动，提升聚客能力。

东来顺将CRM与官方微信结合起来开展传播，东来顺的公众号名为"donglaishun CRM"，很多线上品牌传播活动都是通过CRM系统发布的。比如，母亲节的"吐槽大会"、儿童节的烧烤Party和情人节的指纹游戏等，结合节日和社会热点推出系列话题，拉近与年轻消费者的心理距离。在传播中，东来顺注重内容的故事化与趣味性。比如，在公众号中推出"乾隆爷好这口儿"专栏漫画系列，漫画中乾隆皇帝和官员日常使用微信交流，时不时使用现代年轻人的各种"梗"，将菜品介绍和品牌文化融入一个个小故事中。在线下，东来顺还举办专题活动与消费者进行互动，比如，东来顺在王府井大街举行了糖蒜开坛仪式活动，展示了糖蒜腌制的技艺过程，吸引公众驻足观看。在东来顺与"36氪"合作举办的"冰镇火锅"活动中，参与者通过层层关卡做游戏才能获得燃料。

东来顺还充分利用奥运会、APEC会议等重要国际活动增加曝光度。2017年，东来顺参加了文化部和世界中餐业联合会合作举办的泰国"欢乐春节——行走的年夜饭"活动，借助中国美食文化的传播，提升东来顺品牌认知度与美誉度。

四、创新经营的保障措施

（一）建立稳固的供应基地

100多年来，东来顺一直使用内蒙古的羊肉作为食材。为了稳定上游食材供应，提升肉类品质标准，东来顺于2016年投资自建了乌兰察布肉类加工基地。该基地集加工、冷藏、供销于一体，拥有当地最先进的加工设备，并先后通过了多重质量安全认证。东来顺还建立了糖蒜加工基地、调味品生产基地，全方位保障食材的质量。

（二）加强员工培训，创建诚信企业

东来顺每年开展店长、员工培训工作，并普及诚实守信的理念。集团已有近1/5共98名员工取得了"高级技师"职称，6名员工先后荣获"中华金厨奖"，1名员工荣获"北京市商业服务业中华传统技艺技能大师"。东来顺还持续举办青年骨干素质培训班，培养200余人次，包括外埠加盟连锁店人员，近一半青年骨干得到任用提拔，对促进东来顺菜品及服务水平的提升起到支撑作用。

（三）强化内部管控，提升制度管理水平

东来顺加强企业内控管理体系建设，从岗位职责入手，通过管理者与操作者共同梳理工作流程风险点，建立了完善的企业内控管理体系，并强化各业务环节管控力度。东来顺已有18个制度、93个管理办法、39个工作细则，以保障集团制定的战略顺利运营。

2020年，东来顺在复工复产过程中制定了严格的防控制度，覆盖店内消杀以及顾客、员工的测温等细节，东来顺还推出"外卖安心卡"，使食品、打包、配送可追踪。有效保证了店内的清洁度、顾客的放心度和员工的安全度。

五、经营管理启示

（一）从"一"到"多"：消费需求是一个系统

东来顺从"一菜成席"到多元拓展，是紧随消费者需求，在菜品和服务方面不断创新的过程。市场营销学中有一个"产品整体"的概念，主张从消费者需求视角来看待产品，其核心理念是将顾客的消费需求视为一个系统，包括整体的核心顾客价值、实际产品和附加产品三个层级。餐饮老字号虽然属于服务业，具有特殊性，但基本可以遵循这一规律。

核心顾客价值层面，明确消费者的核心需求。比如餐饮老字号不应仅仅提供菜品，还要提供令消费者满意的服务。

实际产品层面，借鉴东来顺在菜品和服务的创新思路。菜品方面，既可以创新主菜，如食材、造型等，还可以创新配菜，推出成品、半成品及甜品等精品小食；既提供门店堂食就餐，也能以外卖、网购的形式用餐；既可采用"聚"餐制，还可推行"分"餐制，满足消费者在疫情时期对安全需要的追求。消费场景方面，进行零售店铺设计，营造迎合年轻人的简约、活泼的店面风格。

附加产品层面，借鉴东来顺在超值服务方面的创新。比如，明厨亮灶、"外卖安心卡"、测体温等。

（二）品牌化转型和运营

餐饮老字号只有开展现代品牌经营，才能搞活经营，做大做强。开展品牌化经营涉及多个层面，首先是品牌理念和文化，其次是品牌要素的标准化设计，接下来涉及品牌定位、品牌杠杆、品牌延伸、品牌联合经营及组合管理等多个层面。从东来顺的经验中，我们重点吸纳以下几个方面：

品牌要素的设计和运用。品牌标识是一种"视觉语言",是对外沟通和交流的最直接手段,能够创造品牌认知、品牌联想和消费者购买意向(张伟、刘克恭,2010)。统一、规范的 VI 有助于提升品牌在市场中的辨识度和认知度,并为品牌延伸和各种跨界联合经营奠定基础。

充分发挥品牌杠杆作用。老字号得以传承的一大重要法宝是选料考究,工精艺高。食材、匠人、非遗技艺等要素品牌是餐饮老字号的重要品牌杠杆。为保持产品特色,第一道关口就要做好生产上的"物"的要素(生产资料)和"人"的要素(劳动力)的文章(王福成,2000)。餐桌不仅是消费终端,也是食材到达消费体验的重要关口。"互联网+"背景下,品牌资产打造过程中所涉及的利益相关者网络越来越复杂,因此,品牌价值共创就十分重要(王永贵、洪傲然,2019)。餐饮老字号可以与农副产品供应基地各种网络平台和零售店铺终端结成从田间到餐桌的产业链"命运共同体",互借优势打造各自品牌。同时,餐饮老字号的核心竞争力来自独特的"匠人"及其技艺的支撑。老字号可借鉴东来顺的匠人传承和培训机制,提升匠人及其技艺对服务品质的支撑作用。

品牌延伸和品牌联合。老字号可以借鉴东来顺在品牌延伸方面的经验,既可以在已有服务范围内延伸副线产品,如东来顺的"涮局";还可以开展跨界合作,如东来顺与喜茶联合经营。延伸产品和原产品的契合度能够提高消费者的品牌认同和新产品的市场接受能力(罗公利、彭珍珍等,2020)。因此,当品牌延伸时,要增强延伸产品和主营业务的关联性,保留核心价值,降低消费者的感知风险,避免扰乱原有的品牌形象,稀释品牌资产。

(三)深化 O2O 运营模式

老字号要基于市场环境中的机会感知而非完全基于自身核心资源进行战略规划(刘海兵、冯文静等,2019)。餐饮老字号要充分利用当今"互联网+"和数据化资源,将线下商务机会与智能化技术相结合,深化 O2O 运营模式。

线上,与新媒体和电商平台开展深度合作,将 CRM 与 O2O 结合起来,充分利用媒体与平台的数据资源和聚客能力,突破时空限制,让消费者足不出户就能享受到餐饮服务。线下,拓宽合作领域,入驻大型商场和超市,突破单一的门店就餐模式。如护国寺小吃和盒马鲜生联合推出自有品牌,将原先的散装豆汁包装为标准化的易拉罐冷饮摆上货架。

(四)品牌传播中的现代表达

餐饮老字号可利用多种渠道开展品牌传播,不仅借助微信、抖音等社交、视频平台等新媒体渠道,也要借助权威媒体和大型活动开展传播,还要善于利用节假日、时事热点营造话题。在品牌传播中,尽量避免直接推送促销信息,将顾客视为"消费者"而非"购买者",结合消费者的兴趣,通过娱乐化和故事化方式进行传播。

第三节 庆丰包子铺:"面剂子"里的品牌乾坤①

一、品牌历史与企业概况

(一) 品牌历史

庆丰包子铺(改制后公司名称为北京庆丰餐饮管理有限公司)是北京华天饮食集团公司旗下的快餐品牌,是京城规模最大的包子快餐连锁企业,其前身是一家名为"万兴居"的小饭馆,1948年开业,经营包子、小吃、米饭、炒菜等,因包子选料严格,制作精细,口味纯正,生意十分红火。

1956年公私合营后,专一经营包子。1976年正式更名为"庆丰包子铺",以经营包子、炒肝为主,从早餐到晚餐,全天候经营。

1999年因西单大街市政建设拆迁,在西安门易地重张。

2004年,庆丰包子铺被纳入华天餐饮集团,成为100%的国资企业。

2005年后,庆丰包子铺加强品牌建设,更新企业形象标识,实现了包括店铺内外装修风格、店铺标识、餐具款式、服装服饰的统一化,随后以连锁加盟的方式扩张。

2011年,"庆丰"被北京市工商行政管理局认定为北京市著名商标。

2013年,庆丰包子铺加强品牌管理、标准化和信息化建设,为外埠开店做准备。

2014年7月,庆丰包子铺长春店及沈阳店的开业,标志着其外埠开店的第一步。

2017年8月,在哈萨克斯坦开了第一家分店,标志着其正式进入国际市场。

2018年8月8日,北京华天饮食集团公司、金融街资本运营中心、上海复星高科技(集团)有限公司、员工持股平台四方股东共同投资北京庆丰餐饮管理有限公司,标志着庆丰公司混合所有制改革基本完成。

(二) 企业概况

庆丰包子铺主要经营包子,兼有饺子、炒肝、粥和特色甜点。在2015年"北京影响力"评选活动中,庆丰包子铺从报名的500个品牌中脱颖而出,荣获"影响北京百姓经济生活的十大品牌"称号。第十五届中国食品安全年会上,庆丰被授予"百家诚信示范单位"称号。庆丰还荣获2017年度北京餐饮十大快餐品牌等荣誉。2019年,庆丰荣获"北京餐饮十大品牌""北京餐饮十年成就奖"和"北京餐饮企业50强"(蝉联10次)

---

① 本节由张景云执笔,是在相关阶段性成果基础上的进一步跟进与完善,冯俊教授审核企业相关信息。文中图片图取自"庆丰包子铺"官网。阶段性成果参见:张景云,宋佳,何艳. 从"字号"到现代快餐品牌经营——以庆丰包子铺为例[J]. 对外经贸实务,2017(8):70-73.

三项大奖。截至 2019 年底,庆丰共有连锁店铺 370 余家,遍布全国 11 个省份,境外店铺 1 家(哈萨克斯坦阿拉木图店)。

二、从"字号"到现代品牌经营的实践

(一)品牌标识、品牌理念与品牌定位

"庆丰包子铺"这一北京老字号是从"万兴居"转化而来,1991 年,著名书法家徐柏涛先生为"庆丰包子铺"题写了牌匾(见图 3-7)。这一牌匾被大多数北京市区中心的庆丰包子铺店采用。

图 3-7　"庆丰包子铺"牌匾

此后,依据现代品牌管理理念,庆丰包子铺对品牌形象进行系统化设计,包括品牌 Logo 设计、店内装修等,走上了现代品牌化运营之路。品牌 Logo 采取图片 + 文字的左右结构,左侧图片为"庆"字的拼音首字母"Q",红色书法体,其形状还像"面剂子",里面的"馅儿"是一个地球仪,意味着国际化愿景,红色体现中国元素,喜庆祥和。右侧为文字部分,"庆丰包子铺"的中英文上下结构排列(见图 3-8)。字号牌匾和品牌 Logo 在一些店铺往往同时使用。

图 3-8　庆丰包子铺品牌 Logo

庆丰包子铺用扎实的产品服务和连锁管理支撑品牌的运行。2005 年,确定了"老少皆宜,价格适中,贴近百姓,服务工薪"的经营定位,并开启了连锁加盟发展之路。根据华天集团的品牌口号"食以洁为先,放心就餐到华天",庆丰包子铺明确了自身定

位——"做更好、更安全的食品"。

2015年后，庆丰包子铺更加注重品牌内涵的提升，依据经营理念，将品牌理念界定为"积善余庆，国富民丰"。"积善余庆"出自《周易·坤》："积善之家，必有余庆；积不善之家，必有余殃。"意为"积德行善之家，恩泽及于子孙"。"国富民丰"出自三国魏曹植《七启》："散乐移风，国富民康。"意为"国家富强，民众富裕"。此品牌理念用语平实，体现了庆丰包子铺朴实的个性形象，将"庆丰包子铺"品牌中的"庆"和"丰"给予了巧妙嵌入和阐释，传承中华优秀的传统文化，引导向善民风。

（二）菜品及组合创新

对于快餐连锁店来说，菜品、服务创新和安全保障是打造品牌的基础。除了主打菜品口感上乘、食品安全过硬外，不断研发推出新菜品也是留住老顾客、吸引新顾客的必要方式。

庆丰包子铺的经营范围并不局限于包子、粥、炒肝等常规菜品，而是根据季节时令推出各种新菜品，通过菜品的不断更新吸引消费者，从而提升品牌在市场上的活跃度。比如，阳春三月主打猪肉荠菜馅的包子和饺子，夏天增加凉面，秋天推出牡丹烧麦，冬天则供应不同口味的饺子。在菜品创新中，庆丰包子铺不仅适时推出新品，还使用当季蔬食，在馅料、口味、外观等方面开展创新。

庆丰还将单点与套餐结合起来开展经营。庆丰包子铺之前都是通过点餐台点餐的形式进行销售，没有套餐推荐。2013年，"6个猪肉大葱包子、一碗炒肝、一份芥菜"（总价21元）被网友命名为"主席套餐"。由于很多顾客慕名来店，庆丰根据顾客消费习惯组合成各种套餐，包括包子、小菜、粥等不同品种的组合样式，不仅方便为顾客快捷供餐，还减轻了后厨压力。

庆丰包子铺实行"餐饮+食品"联动策略，推出速冻食品——"庆丰福包"礼盒，在实体店和百度糯米网进行售卖。"福包"内每个品种的包子都有独立包装，配有冰袋及泡沫保温箱，在恒温下可以保质60小时。

扩展线上外卖服务，推出养老餐饮。2017年初，华天集团启动了养老助餐就餐点改造升级项目，从就餐环境和菜品两个方面对西城区40多个网点进行升级改造，并成立了老年餐营养研究院，针对老年人的营养需求，研发适合患有高血糖、高血脂、高血压等老年人常见病人群的营养餐。随之，庆丰包子铺在多个外卖平台上线老年营养餐，并拓展旗下养老助餐项目。庆丰包子铺除了与外卖平台合作提供上门送餐服务外，还开发相关软件，通过第三方配送实现老年营养餐上门。

（三）服务创新

一是采用"一站式"服务模式。庆丰包子铺早期采用"多阶段服务模式"，即顾客首先在收银台前排队点餐、交费找零和开票，然后拿着开出的小票去取餐台取餐。店内仅设置一台收银机，分设包子流食取餐台与凉菜取餐台，且结账处与取餐处之间距离较远，就餐高峰期店内蜿蜒着的几条长队，影响顾客的取餐速度。于是，庆丰包子铺开始借鉴西方快餐经验，于2012年推出了改进版服务模式。首先，是对服务台空间布局的改造，将收银台和取餐台合并为同一个台面。其次，是对服务流程的改造，包子流食取餐台与凉菜取餐台合二为一，并设置专职岗位，向"一站式服务"迈进。

二是改进店面环境。室内店面装修采用一目了然的通体造型，简洁大方，一排排桌椅整齐排列，"京城吃四方，庆丰包子香"的标语牌醒目可见，精美的菜品海报成为装饰店面墙体的视觉元素。在桌面、笼屉和餐具上也印有"庆丰"标识，体现了庆丰品牌意识的提升。车站、机场等人流密集的场所，店面装修风格更多采用落地窗等元素，显得店面更加明亮，给顾客宽敞干净的体验。目前，庆丰连锁企业商业服务模式已开始转变，新开张的几家店铺全部采用"一站式"售卖方式，店铺装潢设计兼具传统与现代风格，开放式后厨让顾客亲眼看到包子的制作环境和制作过程。

哈萨克斯坦阿拉木图店内装修风格以中国红为主，点以风筝、纸扇、兔爷等民俗文化元素。由于中亚地区民众多信奉伊斯兰教，该店定位为清真餐厅，售卖品种和餐品口味根据当地民众习俗进行了调整，以牛羊肉的包子、锅贴、饺子、馄饨等为主，兼具京菜和老字号名小吃等。①

（四）信息化与标准化建设

信息化和标准化不仅是菜品和服务模式创新的基础，也是庆丰包子铺有效开展品牌连锁经营的保障。

第一，加强研发，严格把控质量。2011年，庆丰包子铺建立了广东惠州梅菜基地、浙江怀安青梗菜基地、浙江庆元香菇基地，从源头上保障食品安全。庆丰还是拥有6项专利的高新技术企业，其配送中心的仪器设备包括转为民用的航天航空设备，具有自主知识产权，比如速冷机就是航天技术的一种应用；庆丰还针对不同菜品的特点研发了不同款式的清洗机。各种菜品和配料的选取都有固定的优质原料供应地，所有原料均与品牌厂家合同专供。馅料制作完毕并打包之后，要经过"X光异物检测仪"检测合格才能入库。

第二，加强研发并深度应用信息化技术。2012年，庆丰开始全面升级连锁企业电子商务平台系统并在各连锁店逐步推行，为品牌的连锁发展奠定了信息化基础，同时推出了改进版服务模式。信息化建设对于餐饮业来说具有提高经济收益、强化核心竞争力的重要意义。如何利用信息化管理各门店一度成为庆丰的经营难题。庆丰采取租赁模式，与客凯易合作，在量身定做专业系统的基础上，继续研发一整套完整的餐饮信息化解决方案。这些信息化技术主要用于后厨系统、跨平台订货系统和大数据精细化管理等方面。

第三，开展标准化建设。建设标准化生产和管理体系既是连锁经营的基础，也是保护老字号品牌的措施。2007年，庆丰包子铺确立了连锁发展战略，制定了《庆丰包子铺店铺管理手册》《庆丰包子铺连锁公司管理手册》。2008年，庆丰包子铺斥资近5000万元在

---

① 庆丰包子铺海外首店花落阿拉木图［EB/OL］. http：//ge. cri. cn/20170809/911dd35a - d85b - e032 - 6ee5 - d2864bcf6ef6. html.

顺义区建设了北京庆丰万兴食品科技研发中心,为庆丰连锁发展奠定了新产品研发、中央厨房生产、物流配送的基础。加工配送中心的建立让统一采购、加工、制作、储存、配送包子馅料成为可能,从馅料的购买到清洗都要经过层层把关。庆丰还制定了一系列规则和标准来确保标准化的实施,如《庆丰包子铺装修管理手册》《运营督导管理手册》《食品质量与安全综合管理手册》《安全标准化手册》等,对包括食品安全、生产、管理等一系列问题做出了明确规定。对于直营和加盟两种形式的庆丰包子铺分店,统一配送料包,统一指定供货厂家。2013年,北京庆丰包子铺及北京庆丰万兴食品科技研发中心通过了ISO 9001质量管理体系认证及ISO 22000食品安全管理体系认证。

信息化与标准化建设不断推动着企业前行,解决了庆丰连锁经营中各个时期仅靠人力物力难以解决的问题,为将庆丰包子铺逐步打造成为"中式快餐行业领导品牌"奠定了基础。

(五)品牌传播

2006年,庆丰包子铺设立了灯箱广告牌,广告语为"京城吃四方,庆丰包子香",之后邀请相声演员孟凡贵代言,在店铺内外开展了一些品牌传播活动。

品牌可以通过感官刺激尤其是视觉、嗅觉与味觉的刺激来提升消费者的品牌体验,从而培育消费者品牌忠诚度。为了让消费者放心消费,庆丰包子铺实施"明厨亮灶"改造工程——后厨透明化,包子、馅料的制作和餐具清洗消毒等过程向消费者开放。庆丰包子铺的配送中心也是"明厨亮灶"工程的组成部分,让顾客在参观体验中满足好奇心、更加放心,增加了品牌可信度。

庆丰包子铺积极承担社会责任,开展公益活动传播。比如,关爱老人、为环卫工人送温暖、为抢险救灾武警部队送餐——这些举措不仅获得媒体的大量报道,还提升了品牌知名度和公众好感度。

庆丰包子铺还参与各种庙会与美食节,在春运高峰时,庆丰包子铺亮相北京站候车大厅,为回家的旅客提供"北京礼物"。庆丰包子铺已经不单单是餐饮连锁店,而是扮演北京名片的角色开展文化传播。在2019年5月举办的亚洲美食节上,庆丰包子铺推出了主食类(猪肉梅干菜包子、菌菇三鲜水饺、扁豆焖面和腊味炒饭)、饮品类(小吊梨汤和桂花乌梅汁)和甜点类(椒盐黑芝麻和山楂两种口味的小糕点)。

近年来,庆丰包子铺开启了海外传播历程。2016年,庆丰包子铺总经理出席哈佛中国论坛北京影响力分论坛并做演讲。庆丰包子铺的师傅们在哈佛校园内展示包子制作过程,并邀请现场中外与会人员品尝。现场参与者将自己的体验"晒"在Facebook等社交媒体平台。作为中国美食代表,庆丰包子铺还参加了第十五届"汉语桥"大赛,与各国大学生交流。2017年6月,庆丰包子铺作为中华老字号和京菜代表出席阿斯塔纳世博会,展示了牛肉大葱包、咖喱牛肉包、锅贴、春卷等中国特色小吃,为后续在哈萨克斯坦开店奠定了基础。

三、经营管理启示

全国各地都有具有地方特色的老字号小吃,它们不仅是富有特色的"中式快餐",也是地域文化的载体。然而,部分老字号依然居于一隅进行作坊式经营,不仅经营规模小,还缺乏管理经验,更谈不上现代品牌经营。在餐饮行业激烈的竞争中,这类老字号如何实现"字号"经营向现代品牌经营的转变,可以从庆丰包子铺的实践中得到一些启发。

(一)对品牌要素进行系统设计

不少快餐类老字号仅停留在"字号"层面上,还没有开展现代品牌经营。具备自主品牌管理软硬件实力的快餐老字号可以根据自身情况开展品牌经营,实力不足的老字号可以在集团品牌下开展相对独立的品牌运营,逐步实现从"字号"向现代品牌经营的转变。开展品牌化转型首先需要对品牌要素进行系统的设计,包括品牌标识及释义、品牌理念、品牌广告语、域名、虚拟代言人等,这些都是老字号快餐走向品牌化运营的必经之路。

老字号品牌标识中,"图片+文字"最多,其次是单一文字,单一图案最少,图案颜色和字体形态对消费者感知和联想的影响是需要重视的方面(王新刚、唐兴华,2014)。"图片+文字"是老字号品牌标识较可取的方式,传统的"字号"属于单一文字样式,容易被抢注和仿冒,需要引起足够的重视。有些老字号虽然有了品牌图文标识,但没有进行标准化释义,制约了品牌形象的清晰表达。

(二)严格把控菜品和服务质量,优化店铺环境

要想做好品牌,必须扎实做好一些基础性工作,"冰山之下"的扎实工作是开展品牌战略的关键。对于快餐品牌来说,菜品、服务创新是确保其持续活跃于市场,进而为消费者所喜爱的基础。快餐老字号切忌被"老"禁锢了创新,要遵循"遵古不泥古,创新不离宗"的原则,对菜品和服务进行适时创新,提升市场的活跃度和顾客的适需性。在新冠疫情下,消费者对绿色、方便、安全有了更高要求。随着老龄化时代的到来,需要创新服务方式,满足老年消费者的需要。顾客消费时往往带着感性的成分,在餐饮业更加明显。合理的环境布局、干净的卫生条件,都会提高顾客满意度,为餐厅带来更多忠实顾客。一方面,餐饮快餐类老字号需要改变脏、乱、差的粗陋形象,优化店面环境;另一方面,还要根据自身情况提升店面的文化氛围,在空间布局上体现艺术性、互动性和体验性,增强对新生代消费群体的吸引力。

(三)提升品牌连锁经营水平

快餐类老字号要想发展壮大,不仅要在本埠扩大规模,还需要拓展外埠市场,甚至进入国际市场——而这些都需要开展连锁经营。无论是西餐还是中餐,成功的连锁餐饮企业大多有着完善、严格的标准化品控和管理体系,并与相应的信息化技术相配套,快餐类尤其如此。开展连锁经营标准化,第一,应树立标准化的经营理念,从产品、服务、环境和价格等方面制定顾客满意的标准;第二,严格把控原材料质量、使用现代化自动化厨房设备、采取数字化管理等措施;第三,建立标准化的企业内部培训体系,为连锁店数量扩张

提供人力资源支持，同时消除人为因素造成的服务与治理差异；第四，建立标准化信息管理系统，以对各连锁门店进行有效监控。

（四）充分利用各类媒介开展品牌传播

老字号店铺承载着老字号的故事，是品牌传播的重要载体，需要得到充分利用。在互联网时代，餐饮老字号不仅要把握机会参加各类美食表演，利用好传统媒体，还要善于使用微信、公众号、微博等新媒体开展互动传播，提升品牌的展露度和活跃度，拉近与年青一代的心理距离。美食是国际交往中天然的润滑剂，也是跨文化交流中最亲和的媒介。借助各种公司外交渠道（参见第八章第二节相关内容），让海外消费者在认知和体验中餐文化的同时，增进对品牌的认知理解。

（五）创新经营模式，拓展国际市场

与正餐相比，快餐是更容易复制和推广的餐饮业态。随着华人在全球的生产、经营和移民，中餐已经成为一种世界性的美食文化现象，中餐料理也得到中外消费者的喜爱和认可。在吉隆坡，笔者看到，街头有来自台湾的"老品牌"鼎泰丰的广告："世界十大美食餐厅""最佳创新中餐厅""吉隆坡最佳中餐厅""CNN全球最佳连锁企业第二名、全球旅行者连锁店第二名（Top 2 Franchise for Travelers）"。这个国际化中餐品牌已经进入澳大利亚、中国、印度尼西亚、新加坡、韩国、日本、马来西亚等多个国家和地区开展经营。"十号胡同"里面有很多中式快餐品牌在经营，这些"杂牌"餐饮店往往主打"乡情牌"，经营规范，标准化较高；在街头一角，一个专门提供龟苓膏及相关饮品的老字号"恭和堂"，只有两个年长者现场服务，翻台率高，生意很好。在兰卡威，一个叫"大家乐"的中式餐厅，已经融合了中式、泰式和马来西亚餐饮的风格……不少国家都有唐人街，经营中式快餐饭店比较多。可见，老字号中式餐饮在国际市场方面有一定的品牌认知和经营基础。随着全球化的加深和"一带一路"倡议的实施，中式快餐类老字号须抓住契机开展国际化经营，根据东道国消费者的需求来调整菜品和经营模式。

第四章 北京服装老字号品牌营销创新案例研究

第一节 瑞蚨祥：经典品牌的创新升级路径[①]

一、品牌历史和企业概况

(一) 品牌历史

第二次鸦片战争结束后,晚清政府先后与西方列强签订了《天津条约》《北京条约》等丧权辱国的条约,从南海至淮海整条海岸线全面设立通商口岸。在西方资本主义经济的冲击和战后市场需求的不断复苏中,中国沿海地区企业家们发现了新商机,希望在半殖民地半封建社会的体制下,创建民族企业,求富自强。

1862年(清同治元年),孟传珊(字鸿升,孟子第68代孙)将其经营土捻布生意的"万福祥"转型,在济南院西大街(今泉城路)路南建起5间楼房,开设了"瑞蚨祥"绸缎店,经营项目有绸缎、绣货和布匹。

1893年(清光绪十九年),孟传珊第四个儿子孟雒川投资8万两白银在北京前门大栅栏开办了"北京瑞蚨祥绸布店"。到清末民国初年,瑞蚨祥在京城已拥有众多字号,成为"八大祥"(瑞蚨祥、瑞生祥、瑞增祥、瑞林祥、益和祥、广盛祥、祥号、谦祥益)之首。此后,瑞蚨祥相继在上海、天津、济南、青岛、烟台等大城市设立分号。

1900年庚子事变,北京最繁华的大栅栏商业区被全部焚毁,"瑞蚨祥"也变成一堆瓦砾。灾情之下,瑞蚨祥做出承诺:凡是瑞蚨祥欠客户的钱一律奉还,凡是客户欠瑞蚨祥的钱一笔勾销。这一承诺被商界传为佳话。随后,瑞蚨祥仅用1年的时间便在原址重新盖起

[①] 本节由张景云、吕欣欣和东家祺完成。文中图片由"瑞蚨祥"官方提供。

了一座中西合璧的新店铺，吸收了西方巴洛克建筑的风格，细节处理上又融入了中国传统元素，牌匾由当朝翰林李林庠题写。

到了20世纪30年代，瑞蚨祥已发展成集布匹、绸缎、绣品、皮货、织染、茶叶、首饰乃至钱庄、当铺等众多经营项目为一体的商业王国，30多家分号遍布北京、天津、沈阳、包头、上海等重要商业地带，形成了在全国设立分店、统一经营监管的跨行业、跨地区、多角度渗透的经营模式。

日本侵华时期，日军牢牢掌握沦陷地区的经济物资。在物价持续上涨、商业氛围恶劣、政治局势动荡的社会背景下，瑞蚨祥只能勉强维持生计，在全国各地的分店逐步走向衰败。

中华人民共和国成立后，中国经济经历多年战争，百废待兴，在物资极度匮乏的环境下，瑞蚨祥同新中国一起，迎来了新的历史转折点。开国大典上的那面长4.6米、宽3.38米的五星红旗，是由瑞蚨祥提供的面料制作的，现由中国国家博物馆永久收藏。

中华人民共和国成立初期，瑞蚨祥作为首批老字号实行公私合营，并被重新规划拆分成北京瑞蚨祥、天津瑞蚨祥、济南瑞蚨祥、青岛瑞蚨祥……

改革开放以来，瑞蚨祥继续发扬销售面料和帮助顾客加工服装相结合的传统，在研制中国传统服饰方面精益求精。1993年，瑞蚨祥申报注册品牌标识。多品种的民族传统服饰批量生产并投放市场，向"名店、名货、名牌、名服"目标迈进。2014年，瑞蚨祥对接互联网，开展O2O运营，并不断升级线下门店。

（二）企业概况

北京瑞蚨祥绸布店有限责任公司由北京金座投资管理有限公司控股，经营范围包括高级定制、礼服、套装、皮草、家居、配饰等多个品种，是国内贸易部认定的"中华老字号"。1995年，位于北京大栅栏商业街的瑞蚨祥门楼被列为北京市市级文物保护单位；2006年被国务院定为第六批全国重点文物保护单位；2007年，"瑞蚨祥服装手工制作技艺"纳入北京市非物质文化遗产保护目录。由于瑞蚨祥在中式服饰和丝绸面料方面的经营业绩，被誉为"中国丝绸第一品牌""北京老字号传承典范品牌"。截至2019年底，北京瑞蚨祥共有6家线下门店，包括前门店、金源店、地安门店、西单店、城乡贸易中心店和灯市口店。

二、瑞蚨祥品牌营销创新策略

（一）从"字号"到品牌标识的转变

1."瑞蚨祥"："字号"内涵

"瑞蚨祥"店名的来历，相传是引用了"青蚨还钱"这一典故。

"瑞"字一是表达创建字号时祈福生意吉祥顺遂的初心；二是传达为消费者带来贤身贵体、雍容华贵的情感体验的希望；三是体现瑞符如见人，出言必诺、诚信经营的理念。

"蚨"，即"青蚨"，是一种形似蝉的昆虫，是古代铜钱的别名。因以蚨称钱，取青蚨还钱，用之不竭之寓意，体现了企业和消费者之间长期的依存关系。

"祥"，除了有"吉利"之意，还具标识品牌所有权的作用。"祥"为东家孟氏创建家族品牌的标识,例如济南的"庆祥布店"和"瑞生祥钱庄"都是孟氏"祥"字号的商业品牌。

2. 品牌标识及其更新

"瑞蚨祥"的第一代品牌标识于1993年注册,由图案+文字组合而成。图案由位于底部的母蚨与位于顶端的子蚨通过青绿色的叶状纹路连接,形成闭环,象征着财源滚滚、往复循环;闭环内红色字体为"瑞蚨祥"原字号体,三个字根据文言阅读顺序从右至左呈"品"字形排列。如图4-1所示:

图4-1 "瑞蚨祥"第一代品牌标识

第二代Logo保留了母子青蚨闭环,将红绿色基调改变为红、金、黑等单色,常用的是红色标识。"瑞蚨祥"三字从青蚨闭环内移动到图案下方,文字排列顺序改为自左至右"一"字横排,符合当代人的阅读习惯。英文名称"REFOSIAN"和品牌创始时间"1862"是第二代品牌标识的新添元素。英文命名没采用中文名称的拼音做简单音译,既与"瑞蚨祥"的音译相似,又不是实义词,这符合国际化品牌命名规则,最下端标注品牌创始时间。如图4-2所示:

图4-2 "瑞蚨祥"第二代品牌标识

(二) 创新产品设计，使中式技艺时尚化

作为中式服装老字号品牌，瑞蚨祥在旗袍、成衣、丝巾等产品的设计中一直走在中式服装潮流的前列。除了百年传承的传统技艺外，紧跟时代脚步、不断创新产品设计与制作手法工艺，使得瑞蚨祥能够吸引消费者成为忠诚顾客且经久不衰。

在旗袍定制方面，瑞蚨祥有镶边、绲边、嵌条、荡条、盘扣、刺绣六大技艺，通过精确剪裁，对襟形、领形、袖形以及裙摆四大旗袍细节进行协调搭配，体现优雅造型效果；在设计样式中，结合现代时装设计的特点，对传统旗袍进行改良，例如收拢腰身、前短后长的裙摆、去袖、露背等设计，在经典中体现时尚感。

在成衣方面，瑞蚨祥有女款、男款和童装系列，根据一年四季不同的流行元素进行设计。瑞蚨祥一方面聘请国内顶尖服装设计师，成立自己的时装设计团队；另一方面还与海内外优秀的现代时装设计师合作，定期推出新款式和图样，引领新中式服装的时尚化潮流。

在丝巾、家纺方面，瑞蚨祥使用优质蚕丝面料，将现代水墨印染技术与复古图案相结合，绚丽之中不乏雅致。

在特色商品方面，瑞蚨祥还设计出了"丝绸笔记本""书签""福字颈巾"等文创产品。2019年11月，瑞蚨祥携手《剑侠世界2》开发者西山居与小米游戏开发了限量款联名丝巾，还以瑞蚨祥传统中式服装为灵感，设计联名款游戏外观。

(三) 提升品牌定位，主打"高级定制"市场

2012年，瑞蚨祥创建了品牌管理团队，首先明确品牌定位，确定品牌与产品设计的核心，突出瑞蚨祥品牌的核心竞争优势。考虑到定制原料成本高昂及百年字号传统技艺、手工打造的高附加值等因素，瑞蚨祥决定提升品牌定位，不再经营中低档布匹布料，瞄准中高端旗袍定制和婚庆礼服定制两大市场，着力打造"高级定制的中国服装领导品牌"。基于这一品牌定位，瑞蚨祥推出第二代品牌标识（见图4-2），并提出新的品牌广告语——"值得等待的奢华"。"奢华"一词直接反映品牌定位高级市场，"值得等待"这一说服性的信息短语强调了时间的匠心价值，暗示消费者：瑞蚨祥的定制业务虽制作周期略长，但为了更奢华精致的成品，一切等待都是值得的。

高级定制服务围绕"九大流程"开展，即由专属助理、形象顾问、量体师、制版师、裁剪师、缝纫师、整烫师、盘扣技师以及刺绣技师等组成定制团队，为每一位顾客提供"一个团队为一个人服务"的贴心体验。每一件定制商品的诞生都要经过超过20个部位的量体、50道以上的加工工序制作而成。

(四) "互联网+"，畅通线上线下渠道

网络的互通互联拓宽了企业的营销渠道。瑞蚨祥积极搭建"互联网+"运营模式，不断拓展线上线下渠道。

线上渠道主要有：其一，瑞蚨祥通过自建官方网站、京东商城和天猫旗舰店三大电子商务平台，销售中式成衣、旗袍、丝巾等产品，同时，利用已有官方网站、微信公

众号、官方微博等平台进行宣传,以提高流量转化能力。其二,通过开发高端定制APP软件,使顾客可以享受线上量体、个性化搭配等服务,购买专属定制产品,还可以享受送货上门、掌上跟踪产品进度的服务。其三,积极完善口碑体系,在大众点评、小红书等用户生产内容的公域及店内员工的私人朋友圈中,及时与潜在客户互动,让店员和粉丝成为瑞蚨祥的"线上导购"。其四,直播带货。瑞蚨祥在参与"快手平台国货发光活动"的直播中,以"云上非遗,丝享生活"为主题,重点介绍了丝绸的文化内涵及应季中式服装搭配技巧。在参与北京非物质文化遗产保护中心与京东电商平台合作的"中华老字号"网络直播活动中,以"丝享非遗,传承经典"为主题,重点介绍名人同款旗袍。瑞蚨祥人与主播一起直播,在讲述绣花、盘扣等中式服装手工制作技艺的同时,通过服装试穿、丝巾佩戴等环节圈粉年轻观众,3小时获得了12.7万次点播。

线下渠道方面,瑞蚨祥不断通过店铺升级、服务升级来创造全新的体验式购物实体店,让消费者既能任意挑选试穿多种产品,又能享受到实体店带来的尊贵服务。

现存位于前门大街的瑞蚨祥总店,整体看吸收了西洋建筑里巴洛克式风格,细节处理上又融进了中国传统建筑的装饰题材。入口两侧石柱雕刻着爱奥尼克式涡卷,造型自由、追求动感。瑞蚨祥外门面墙的设计、装饰充满文化韵意,外门面墙呈八开间形式,寓意"聚四方之财,揽八方来客"。墙底端雕刻着"荷花",取谐音"和",意味"和气生财";上方雕刻着"牡丹",寓意"求富";门楣上雕刻"松鹤延年"图案,寓意"买卖兴隆,长盛不衰"。随着时代发展,瑞蚨祥前门店不断地升级改造,除了发挥特色建筑对消费者的吸引作用,瑞蚨祥更注重高级定制区和文化体验区的打造,专门设置了非遗展示区来展示瑞蚨祥的历史文化及手工技艺等。

2015年,瑞蚨祥入驻金源燕莎MALL开设直营店面。店内区域设计分为产品展示区、试衣区、柜台区、休憩区和网络购物区。产品展示区根据产品类别分为旗袍展示区、礼服展示区、中式成衣展示区、配饰展示区(丝巾)和床品展示区,各展示区域又根据颜色、布料等差异进行产品排列,多而不乱,使得店内陈列具有层次感。休憩区采用整套中式木质骨架和棕色软包坐面形式的沙发椅,不仅体现了典雅的卖场气氛,还能让顾客小憩时感受到呵护与尊严。网络购物区提供的台式电脑方便消费者随时检索。

2019年,瑞蚨祥为了更加贴近老北京人的生活,打造服务北京人的店铺,在交通便利、人流密集的东城区灯市口新开了一家店铺。此店铺经营品类更加齐全,除了瑞蚨祥主打的高级定制外,还涵盖精品服饰、真丝床品、真丝面料、丝巾配饰等,货品种类繁多。顾客进店时,会有专门的工作人员为顾客进行介绍,帮助顾客找到心仪的商品。此店的开设为附近的"老北京"们提供诸多便利,让其在家门口就能购买到具有传统特色的精品服装。

(五)改进传播渠道,善用媒体传播

在品牌传播中,瑞蚨祥选择带有文化传播色彩的电视剧、综艺节目、图书、杂志等媒介，通过寓教于乐的方式进行传播，例如：《瑞蚨祥》京剧巡演（2013年10月，京剧《瑞蚨祥》荣获文化部第十四届文华奖京昆组"文华大奖"榜首）；参与出版带有介绍瑞蚨祥品牌内容的图书刊物；参与湖南卫视《天天向上》、北京广播电视台《这里是北京》等节目的录制；以瑞蚨祥为题材拍摄的电视剧有《一代大商孟洛川》《芝麻胡同》等。2019年京味儿历史剧《芝麻胡同》的上映带动了旗袍的火爆。拥有一件定制旗袍，不仅成为剧中女性的人生追求，也成为追剧粉的"种草之作"。这些寓教于乐的传播形式让消费者轻松愉悦地了解了瑞蚨祥的百年历史、精湛技艺、现代创新等品牌知识。

将大众媒体和新媒体结合起来进行品牌宣传推广。瑞蚨祥先后开设了新浪微博平台和微信公众号平台，通过移动终端向目标顾客提供品牌故事、新产品研发和发布、店铺促销活动等信息。瑞蚨祥通过抖音、快手等短视频平台，宣传其企业文化、非遗技艺等。瑞蚨祥员工以企业文化、非遗技艺、服装知识等为素材，自编、自导、自演、自剪辑，制作出风格多变的短视频，在抖音、快手、美篇等平台引发众多消费者的关注与好评。

三、经营管理启示

（一）用好数字化带来的机遇，开展商业模式创新

沃尔玛公司创始人山姆·沃尔顿生前曾说："我创立沃尔玛的最初灵感，来自中国的一家古老的商号。它的名字来源于传说中一种可以带来金钱的昆虫。我想，它大约是世界上最早的连锁经营企业。它做得很好，好极了！"沃尔玛之所以成为当今零售业巨头，是因为它有一个谦卑的心态，借鉴瑞蚨祥的模式，开展连锁经营模式创新。《道德经》第三十四章中说："大道泛兮，其可左右。万物恃之以生而不辞，功成而不有。衣养万物而不为主，常无欲，可名于小；万物归焉而不为主，可名为大。以其终不自为大，故能成其大。"老字号不能居功自傲，而要打破传统的商业模式，用好当前数字化带来的新机遇，进而开展商业模式创新。

（二）建立品牌管理部门，打造经典品牌

瑞蚨祥建立了品牌管理团队，从品牌标识设计和更新、品牌定位和执行等方面开展品牌运营，值得借鉴。在品牌标识设计中，将字号文化与现代品牌设计理念有机结合起来，不但便于品牌的识别，还可以保护知识产权，并体现了品牌定位的变化和品牌战略的转型。法国马赛商学院米歇尔·古泽兹（Michel Gutsatz）认为，奢侈品品牌建设包括文化背景、创意、工艺与品质精髓、时间因素与历史积淀、精英显贵需求和高比价六要素，而国际顶级品牌成功还有一个关键维度就是"特定的品牌管理能力"，如果没有这个能力，即使前面的六者都具备，仍然不能打造出国际顶级品牌（曾方荣，2019）。因此，开展现代品牌经营要从建立品牌管理团队向建立品牌管理部门转变，以品牌建设为中心开展相关工作。

与瑞蚨祥类似的高端定制品牌，其使命不仅是从"字号"转变为现代品牌，而且是塑造经典品牌乃至奢侈品牌。为此，需要借鉴各经典奢侈品牌的经验，结合中国文化和品牌个性特色，从战略角度不断提升品牌运营水平。

（三）重视消费情境，拓展服饰品类

注重品牌的消费情境是服装老字号需要关注的问题。尽管瑞蚨祥在设计方面加入了时尚元素，但尚未被消费者明确感知。瑞蚨祥的服装基本上是正装，其社交性和仪式感比较强。因此，需要在传播中凸显穿着的社交性情境和场合，引导消费者对服装消费情境的认识与联想，进而与相应的消费行为相对接。

年轻时尚是服装永恒的主题。这就要求更加时尚化、年轻化的服装款式，既要突出中式元素，又要符合现代审美。老字号应与时俱进，适当进行品牌延伸及恰当地结合当下流行文化进行品牌营销，进而获得年青一代消费者的青睐（周懿瑾，2017）。一些主打"高端定制"概念的服装品牌，可以考虑开发一些轻奢时尚类副线品牌，适当降低消费门槛，拓展新的消费群体。

文创品的设计与开发也是一个创新的方向。老字号通过与文创 IP 的合作研发联名新款，不仅可以拓展产品品类，还可以提升市场活跃度，与合作品牌共享"粉丝"。

（四）优化线上销售平台，关注实体店铺的体验性

由于服装款式更新速度快，而门店的展示位置有限，使得天猫、京东、官方网站等线上平台为服装品牌提供了展示产品的广阔网络空间。在网络平台，不仅可以平面化地展示售卖服装，还可以将服装老字号独特的非遗技艺和匠心价值通过多种媒体技术手段体现出来，给消费者感觉、情绪及精神上的满足。创新产品是获得消费者关注的原因。线上平台界面可以将创新产品列入，例如《仙剑奇侠传 2》联名款丝巾、盘扣项链、发饰、个性定制 DIY 胸针等，与相关推送相链接，吸引消费者关注。

对服装品牌而言，实体店铺的体验性和传播性是不容忽视的，企业与消费者的互动可以让消费者感受到浓厚的品牌文化与品牌幸福感。品牌能否给消费者带来福祉，根本上取决于富有社会责任感的品牌核心价值观和凝聚匠心精神的品牌质量，但还在很大程度上有赖于企业与消费者的良性互动，企业互动可以对消费者起到一定的教育作用，消费者从中经历某种体验，以此提升对品牌的价值观和理念的解读、领悟与认同（卫海英等，2018）。因此，老字号服装品牌需要以店铺为媒介，在传播品牌文化的同时，增强体验性，这就需要从店外橱窗设计到店内布局及商品陈列等方面，将传统元素与现代时尚结合起来进行设计（白玉苓、张景云，2017）。在设计中，可以采用新的设计理念，综合新技术、新媒介和新材料，利用多种环境语言，加强顾客与品牌间的互动体验。老字号还可以充分利用店铺的非遗展示区，向顾客展示企业的历史传承及独特技艺。这一区域，设计师和技师与顾客面对面沟通，不仅可以让顾客感受定制服务的尊贵体验，还可以提升顾客对品牌质量和品牌理念的认同。

（五）多媒体发力开展品牌文化整合传播

随着人们对网络移动终端平台的依赖越来越强，品牌传播媒体更多地从线下转移到

线上，从传统媒体转移到新媒体平台。新旧媒体共同发力可以更好地开展品牌文化整合传播。老字号品牌在经营推广中应适时合理地运用现代化的新媒体平台或技术手段，在总体的传播策略方面，应当放弃单纯对产品具体功能的诉求，把着眼点落在品牌的文化诉求与情感的共鸣上（蒋永华，2017）。由于新媒体传播具有碎片化和娱乐化特点，在传播中容易陷入低俗化。传统媒体传播也具有融媒体传播特性，与高端服装品牌调性契合度高，因此，在影视、戏剧和游戏中开展嵌入式传播是品牌文化传播的渠道选择。对于老字号来说，直播不单纯是卖产品，还要塑造品牌，要以"有温度的手艺，有故事的产品"吸引消费者走近老字号，传播老字号文化底蕴，为非遗的"活态"传承探索一条新路径。

第二节 内联升：从"朝靴"到"潮鞋"的蝶变[①]

一、品牌历史与企业概况

（一）品牌历史

第一阶段：起家和发展期（1853～1900年）。内联升始建于公元1853年（清咸丰三年），最初选址北京东江米巷（今东交民巷），创始人赵廷为天津武清县人，14岁来到京城，结识了宫廷要员丁大将军。两人合计在皇城根开一个制鞋铺。丁大将军出资万两白银，赵廷出资两千两，内联升就这样开起来了。在"内联升"店名中，"内"指大内宫廷，"联升"寓意官运亨通，连升三级。店名的寓意迎合了大内宫廷文武官员的心理，"脚蹬内联升"成为一种荣耀和身份的象征。几年以后，赵廷出资购下丁将军的"股份"，此后，内联升完全由赵廷所有。

最早的"内联升"字号牌匾由清朝状元冯珏所题，如图4-3（上）所示；现在内联升的注册商标为1962年郭沫若先生手书，如图4-3（中）所示；后来，张爱华先生也为内联升题写了牌匾，如图4-3（下）所示。

当年的东江米巷是各个衙门和来华使节的居住地，常有达官贵人和洋人出入。于是，内联升专门为皇亲国戚、朝廷文武百官制作朝靴。内联升制作的朝靴鞋底厚达32层，厚而不重，穿着舒适、轻巧，走路无声无息，既稳重又气派。一双朝靴售价50两白银（见图4-4）。

[①] 本节由张景云执笔，张颖璐、陈碧莹、吕欣欣、白玉苓、康泽彪和杨强等参与了调研和阶段性成果撰写工作。文中图片如无特别标注，均由"内联升"官方提供或为官方提供原图的组合。

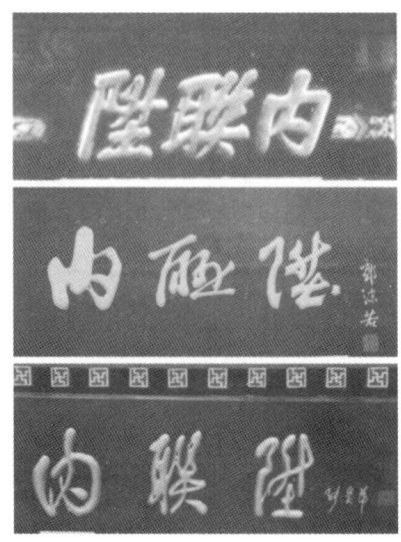

图4-3 冯珏、郭沫若和张爱华题写的"内联升"牌匾

图4-4 内联升手工制作的"朝靴"

内联升的朝靴深受朝中大员喜爱，逐渐在达官贵人中建立了口碑。京城内外文武百官送礼或自用也会到内联升选购朝靴。赵廷将官宦的靴鞋尺寸、式样、特殊爱好一一整理登记在册，取名《履中备载》。官宦需要靴鞋，只需家人到内联升通报一声，内联升自会做好送到府上。可以说，《履中备载》是有证可考的国内第一个VIP客户数据库档案。

内联升在北京、天津、大同、青岛相继开有分号并尝试多种经营，各处分号的经营范围也有所侧重，比如天津的分号以做绣花鞋为主。内联升在北京东单（今东方广场附近）开了"万盛斋"，面向普通消费者。内联升给"坐轿子"的做鞋，万盛斋给"抬轿子"的做鞋。宣统皇帝在太和殿登基时穿的龙靴，也是内联升做的。

第二阶段：动乱期（1900~1949年）。由于八国联军的入侵，东江米巷被焚，内联升亦未能幸免。《辛丑条约》签订后，东江米巷更名东交民巷，在此设使馆区。内联升迁往奶子府（今乃兹府）重新开业。1912年，袁世凯在北京发动壬子兵变，内联升再遭洗劫。

民国时期，内联升的目标客户不再局限于"坐轿人"，而是扩展到普通大众。于是，千层底布鞋出现了。王永斌（1994）阐述了清王朝覆灭后内联升经营情况的转变。

前清覆灭，皇朝那些不可或缺的象征，忠诚与特权的服饰——诸如辫子、朝服和官帽突然变成了可鄙夷的东西。地处前门的很多店家一度是清代服饰的标杆，它们在一夜之间发现市场等级的天平已经完全倒转。内联升鞋店和马聚源帽店就是两个很好的例子。1911年以后，朝靴完全被淘汰。内联升也随之做出了调整，开始制作一种适合男士长袍的棉鞋。然而到了20世纪30年代，需要皮鞋配套的西装制服成了时尚，内联升的客户变得越来越少了。

民国时期，内联升制作的小圆口千层底鞋、缎子鞋和礼服呢鞋深受文艺界以及知识人士的喜爱，内联升成为北平市名牌。

第三阶段：存活期（1949~2000年）。解放初期，由于原来的经营方向和产品不适应新社会的需要，内联升生意非常清淡，员工仅余五十人左右。1956年公私合营后，内联升和旗下"万盛斋"都交由国家经营。1958年内联升迁址到大栅栏西侧（现址）。其间，内联升增添女鞋、解放鞋等，内联升千层底布鞋成了北京市名牌产品，并走向全国各地。

1970年，在政府的指导下，内联升办起了全新含义的"后厂"（区别于传统作坊）。在政府调配下，内联升除了保留自产布鞋外，也开始从其他鞋厂进货销售。1976年，内联升开始生产与经营皮鞋。"文化大革命"时期，内联升一度更名为"东方红鞋店""长风鞋店"，1977年，内联升成为第一批恢复老字号的企业。其间，由于受到旧体制的束缚，内联升的经营受到很大影响。

第四阶段：改制发展期（2000~2012年）。2001年，内联升企业性质变更为有限责任公司，进入快速发展时期。

2010~2012年，面对新媒体的变革，内联升开始尝试涉足电商，并使用现代信息管理方式来运营CRM系统。这一时期是内联升承上启下的转折期。

第五阶段：时尚化转型战略期（2013年至今）。2013年后，内联升确立了以"品牌时尚化"为核心的未来20年中长期发展战略。其背景是：2011年后，随着移动设备的普及使得移动客户数量迅速超出PC端。消费者，尤其是90后、00后年轻人，培养起了随时随地通过移动端进行网络消费的习惯。这给予"坐店等客"的商业模式很大冲击。加之内联升顾客群体年龄偏大的问题，企业面临着重要的战略转型，以适应新的环境，培养新一代消费群体。

（二）企业概况

北京内联升鞋业有限公司总部坐落在繁华的前门大栅栏商业街34号，在北京设有大栅栏、双井、东四、王府井、长楹天街5家直营店铺，外埠地区为加盟商和分销网点。销售网点遍布国内各大中型城市，是目前国内规模最大的手工布鞋生产经营企业。内联升产品以中高档消费群体为主,涉及传统布鞋、时装布鞋、皮鞋三大系列,涵盖男布鞋、女布鞋、童鞋、拖鞋、手工皮鞋等多个品种。目前花色品种保有量3000余种,多款千层底布鞋产品获得国家专利证书。

2000年,内联升通过ISO 9001、ISO 14000国际环境质量体系认证;2006年被中国商业联合会授予"中国布鞋第一家"称号;同年,内联升成为中华人民共和国商务部首批认定的"中华老字号";2007年国家工商行政管理总局认定内联升为"中国驰名商标";2008年"内联升千层底布鞋制作技艺"被列入第二批国家级非物质文化遗产名录。

二、内联升千层底布鞋制作技艺

内联升千层底布鞋制作技艺对于技师有着严格的工序要求。师傅在制作鞋的时候,要做到"三道弯"——"腰弯、脖子弯、腿弯"。制鞋师傅这个姿势在小板凳上一坐就是数个小时,一针一线地完成一双鞋的90余道制作工序。每道工序讲究尺寸、手法、力度和细致,要求干净、利落、准确,讲究"麻绳粗、针眼细、刹手紧",每平方寸要纳九九八十一针。一双普通的"一字底"布鞋的鞋底,需要纳2100多针,而"十字底"的就需要4200多针。绱鞋又分正绱、反绱、明绱三种不同要求的缝绱方法。整个制鞋过程涉及使用的工具达近40种之多,严格的工艺标准使内联升对原料、辅料、配件的质量要求同样严格。制作一双普通的千层底布鞋至少需要花费一名工匠4~5天的时间。

为了加强对千层底布鞋传统制作技艺的保护、传承和发展,内联升在总店三层特别建设了非物质文化遗产工作室。通过传承人现场演示制作,长期向社会公众展示内联升非遗技艺。

三、内联升时尚化转型策略

内联升品牌战略的核心是"时尚化转型",而"创新"则是这一转型的核心。2013年之前,内联升对应的是老产品、老营销模式和老顾客。顾客构成中,年轻顾客(35岁以下)占1/3,"老顾客"占2/3。内联升计划先用5~10年的时间,通过一系列创新举措,培养新的消费群体,把这个比例"倒过来"。

(一)从"触网"到"结网"

由于年轻群体接触媒体的习惯是新媒体,因此,内联升将时尚化转型的切入点选定在电子商务上。对老字号内联升而言,从"触网"到"结网"的一系列变革,属于"技术创新"。

1. 上线自营电商平台——尚履商城

2011年9月,内联升仅投入500元,上线自营电商平台——尚履商城。"内联升"既是企业品牌,又是商品品牌和线下店铺品牌。尚履商城可以说是内联升延伸出的网络店铺品牌,其标识由"内联升官网商城"+域名www.1853shop.com+"尚履"构成(见图4-5)。"尚履"意为"时尚的鞋子",倡导时尚消费、绿色出行,与企业的时尚化战略转型贴合。"尚履"是国内首个布鞋类 B2C 企业自营网购平台。在这个平台上，内联升通过展示经典的手工布鞋，适时发布时尚新品和设计师限量定制款，吸引喜欢新事物的年轻群体光顾。

图 4-5 "尚履商城"标识

之所以用"尚履商城"来命名，而不用"内联升"，就是为了让年轻人不受刻板印象影响，感到这个网上商城与他们常常眷顾的其他电商一样，是一个"现代的"平台。

内联升的官方网站不仅用来传递企业及品牌信息，还是自营电商平台"尚履商城"的"居住地"。内联升通过"尚履商城"打通了线下和线上会员系统，形成"新履中备载"。顾客只要在内联升定制鞋，就可以直接成为 VIP 会员，其相关信息也会被记录在"新履中备载"中，顾客再次购买时，就无须再提供自己的鞋码。目前，"新履中备载"已收录 1.6 万名会员，其中，线上占 10% 左右。

2. 入驻第三方电商平台

2012 年 6 月，内联升入驻天猫，随后还进入了京东商城、1 号店等网购平台。内联升还依托大众点评、百度地图等网站，将内联升的店铺信息实时跟进，方便消费者快捷地找到其线下店铺。内联升还与寺库（SECOO）平台合作，借助寺库名人推广产品，彰显时尚化定位。2017 年 11 月 5 日，内联升和左岸潇联名定制款——左岸潇×内联升限量合作款在"寺库名物"首发，产生了较好效果。

3. 新兴的社交类媒体

2009 年底，开通内联升新浪官方微博@内联升鞋店。2013 年 1 月，内联升开通了微信公众号——内联升鞋店（nls1853）。2018 年 1 月 1 日内联升微信"小程序"上线，可以连接到内联升的网上商城，将流量转化为顾客。在新兴社交媒体上，内联升结合热点话题传达品牌时尚化信息。摄影师陈漫、演员刘亦菲和吴亦凡等在内联升定制鞋品后，成为内联升的"义务"代言人。2018 年 5 月，在诺基亚复出以及北京稻香村"黄逗菌冰糕"上市之时，内联升借热点在新浪微博上发起关联话题，增加了品牌活跃度。

4. 直播带货

内联升充分利用各种视频，如优酷土豆、爱奇艺、PPTV 聚力和抖音等视频媒体进行新品发布和直播带货。新冠疫情暴发后，内联升的直营门店处于闭店状态，线下渠道销售额的锐减使内联升将目光转移至线上。2020 年 2 月 25 日，内联升在抖音、淘宝等平台开启直播首秀，当天直播成交额 3000 多元。接下来，内联升组建了由员工组成的主播团队

"大内直播团",使用官方的账号进行"全员直播"。非遗技艺传承人、店铺经理、售货人员都变成了网络主播。

在传统模式下,淘宝平台承载功能主要为线上产品静态展示和购买。内联升将这一功能进行优化,并开展动态展示。在《国家宝藏》联名婚鞋新款直播中,通过主播试穿,动态展现千层底布鞋制作技艺,收获 1.66 万次点赞,不少网民在直播界面留言"涨姿势"。主播在讲解产品的同时穿插有关内联升官方旗舰店、官方折扣店和线下实体店的福利活动,并将网络直播流量引导至线下店铺中。

(二)产品设计与传播中的时尚化

在产品设计中融入时尚潮流元素,是内联升开展时尚化转型的主要路径。内联升在产品设计中尝试将时尚的颜色、布料、制作工艺糅合进传统的布鞋制作工艺,打破了老款式"黑老虎"的格局,鞋面设计更多地从中国传统文化中吸取灵感,采用生肖图案、国风手绘、国宝元素等。例如,2019 己亥猪年到来之际,内联升推出了生肖款,将"猪事顺心"等关键字"篆刻"出来,在创新中发扬了传统美学。

赋予"旧"事物以"新"意义,是内联升产品设计的思路之一。在内联升与故宫文创的合作款中,将中国文化元素"回避""肃静"吸纳到经典懒汉鞋的鞋面上,产生了"陌生化"审美效果(张颖璐、张景云,2019)。

2016 年,内联升由美国华特迪士尼公司授权,设计了迪士尼系列的内联升布鞋。这样,西方的米奇、米妮登上了东方布鞋的鞋面 [见图 4-6(左下)]。同期,淘宝市场部邀请内联升参加年货节,并牵线内联升与故宫淘宝建立了合作关系。随后,内联升开发了大鱼海棠、海上牧云记、养家之人、国家宝藏、王者荣耀等几个系列。在合作之前,内联升会对 IP 合作款进行潜在客群、季度消费分析评估,让 IP 新款的热度尽可能持续更长时间。

IP 合作款的研发也需要进行工艺技术的创新,才能带来理想的市场回报。内联升相关负责人说:

2019 年初,我们跟央视《国家宝藏》栏目合作推出了"国家宝藏"系列,包括六款产品。这个系列产品的开发周期非常长、难度大。由于我们在工艺上做了很多创新和突破,其中的几款鞋的销售也超出我们的预期。比如"杜虎符指挥战靴"是在传统官靴的鞋型上加了"杜虎符"的文创设计。我们花了很长的时间,从鞋楦、值帮等各个角度进行调整之后才设计出来。该产品一上市,很快就被抢购一空。"妇好鸮飞行便鞋"是河南博物馆"妇好鸮尊"的衍生品。这款鞋采用了"贴片绣"工艺,让图案产生立体感,就像"小翅膀",搭配服装可以展现个性 [见图 4-6(左上)]。

针对 95 后顾客群体,内联升延伸出副线品牌——"大内联升",并将之定义为一个"生活态度品牌"。王者荣耀系列就是"大内联升"旗下产品。该系列将《王者荣耀》中李白的酒葫芦、诸葛亮的羽扇等人物元素呈现在手工布鞋上,游戏中的人物穿着不同的联名款,争做"最强王者50星",如图 4-6(右下)所示。

2020年4月,内联升与故宫合作开发了汉服鞋,在抖音上邀请了专业的汉服博主拍摄了视频短片,标志着内联升正式进入汉服鞋领域,图4-6(右上)为汉服鞋新品"龙角鞋"。

图4-6 内联升部分IP文创跨界联名产品

截止到2019年12月31日,内联升文创产品累计销售20000多双。在经过IP主题合作之后,更多的90后、95后年轻消费者成为内联升的客户。

(三)"快闪店":时尚化转型的号角

2013年,正值内联升品牌创立160周年之际,内联升在北京西单大悦城、三里屯太古里首次举行"布鞋族的崛起,160年的经典只为今天"主题快闪活动,开启了"品牌时尚化"转型发展战略。

2018年8月10~19日,为庆祝"内联升创牌165年,从朝靴到潮鞋",内联升在三里屯这个"潮流地标"又一次开展了主题为"民国潮牌1918~2018"的快闪活动,提出"新零售、新匠人、新设计"的全新品牌主张,标志着内联升时尚化转型战略升级。①

内联升第二次"快闪店"造型为巨大的蓝色鞋盒,上面印有"中国鞋"三个大字,三面呈通透设计、一面为霓虹灯主题拍照墙,辅助的LED屏幕形成可变的视觉效果(见图4-7)。

---

① 《内联升三里屯快闪店"民国潮牌1918~2018"》项目获得第十五届中国公共关系最佳案例大赛企业品牌传播类银奖。

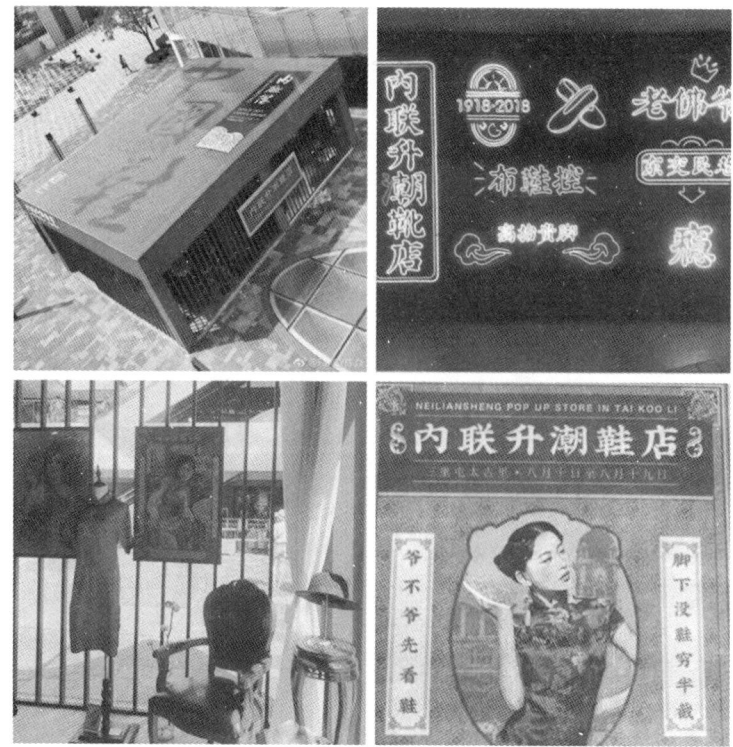

图 4-7 2018 内联升三里屯快闪店局部效果

快闪店不仅是一个实体店铺,它还具有线上线下平台的"引流器"的功能。在线下,内联升将门店从深街老巷搬到时尚街区,通过新品推荐、"新匠人"亮相、名人访谈、说唱街舞、网红打卡等多样化主题活动开展推广。身着民国服装的年轻导览员为顾客讲解内联升品牌故事、DIY 制作体验服务:一方面,引导他们到线上渠道进行浏览、购买;另一方面,将有高端定制服务意愿的顾客引导至线下门店,提升传统门店的曝光度和客流量。

在线上,内联升通过官方网站、微信公众号、微博等社交平台营造火爆的营销氛围,引导消费者从虚拟世界走向现实,走进实体快闪店进行现场体验。这样线上线下互为呼应、相互补充,大幅提升了产品销量(见图 4-8)。

在快闪店内部设计中,一半是民国复古氛围,另一半是现代时尚潮流,鲜明的反差营造出穿越时空的错觉。连接两个区域的地面印有影星成龙的脚印和题字。在民国展区内,展台上摆设的传统制鞋工具及十几款经典鞋型,在古典中式实木家具的映衬下,具有浓厚的历史气息。在现代展区内,色彩鲜艳明快,陈列着迪士尼、愤怒的小鸟、大鱼海棠等文创系列产品及独立设计师的合作时尚款。

"新匠人天团"亮相活动中,四位 80 后非遗传承人分享了各自学艺过程的心得和趣事,解读当下时尚风潮。著名青年设计师 PJ、苏广宇携手穿搭师与消费者现场对话,让更多的年轻消费者感受新一代匠人的风采。

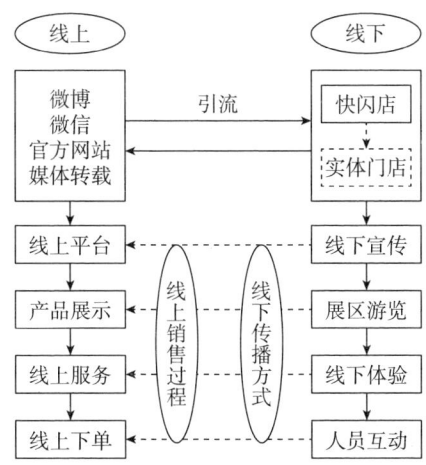

图 4-8　内联升快闪店的新零售模式①

借助此次快闪活动，内联升发布了 IP 合作新款，包括《如懿传》《养家之人》系列新品等。

快闪空间的导览人员均穿内联升经典布鞋，女生穿戴民国服饰，男生则身着印有"大内联升"的黑色 T 恤。这样，内联升的创新副线品牌"小字号"——"大内联升"不经意间出现在公众的视线中。

此次内联升快闪活动共有 29 家媒体参与报道，既有传统综合性新闻媒体、广播电视媒体，也有新兴自媒体等。

作为延续活动，2020 年初，内联升与和平菓局做了一次国潮庙会的合作，类似三里屯的快闪店，通过场景营造，为顾客提供更佳的文化消费体验。

服装老字号往往是前店后厂的经营业态，人、货、场是内联升品牌升级的关键要素。之前，内联升更多的是围绕传承人、潮流工匠和产品创新（就是人和货）开展工作，始终缺乏一个适合的场景来呈现其创新成果。2018 年三里屯快闪店可以说是一个有益尝试。

2020 年 8 月，内联升在北京朝阳的长楹天街购物中心新开了生活体验店，吸纳了快闪店的展示模式，采用了现代开架式售货方式，没有了传统柜台的阻碍，消费者可以直观触摸以及试穿自己喜欢的布鞋。该店还设置了设计师专区，此次开业展示了内联升本季与法国 ESMOD 高级时装艺术学院北京校区合作的毕业作品系列，主题为"身临其境时光回转三百年"，探讨环保工艺与可持续发展。

四、经营管理启示

自主性是内联升的时尚化转型的重要特征，其创新来自企业的内在驱动，而不是由外

---

① 该图由作者自绘。参见：张景云，吕欣欣，康泽彪. 老字号牵手新零售内联升时尚化转型 [J]. 企业管理，2019（8）：78-80.

部偶然事件带动的。自主性使得企业在面对各种特殊环境时,体现出积极主动的应变特征,是值得老字号学习借鉴的。

(一) 制定长期发展战略

老字号创新不可能一蹴而就,需要制定长期的发展战略,有计划、有步骤地推进。作为一个前清时期主打官靴的老字号,想要在现代社会中转变成为一个经典的、时尚的品牌,不可能一蹴而就。在朝靴与潮鞋之间,还有一个"老布鞋"的形象。内联升将时尚化转型作为持续20年的中长期发展战略,首先用5~10年时间拓展和培养年轻消费群体,后续进一步提升品牌关系。

内联升向公众传达该战略时,采取了一种与已有"老"印象反差比较大的方式——快闪店。快闪店不仅是一种新的零售业态,也是一种专题活动。内联升选择通过5年一次的快闪店发布战略转型信息,具有仪式感意义。用"短暂"表达"长远",用"快闪"覆盖"沉闷",也是快闪店的创意点。

快闪不仅是一种专题活动,也是一种小成本尝试方式。通过快闪,洞察消费者的需求动态,汲取经验开设生活体验型实体店铺。

(二) 调动多种时尚元素开展创新

新兴的社交类媒体对品牌传播的模式产生了很大的影响,通过社交类媒体打造的虚拟社区,为品牌传播和产品销售提供了广阔的空间。应根据年轻人的成长特点和接触信息的习惯找到对接的途径。

内联升在产品设计和品牌传播中,启动时尚产品、专业博主、时尚网红、时尚媒介、时尚活动等多种品牌杠杆,借助大V开展营销。通过时尚人士的代言,打通了"老字号"与"时尚"及"年轻群体"的隔阂。"新匠人"也打破了人们对老字号传承人"老师傅"的刻板印象,这不仅有助于年轻人之间的传播,还对匠人传承具有借鉴价值。

(三) 深化并拓展IP跨界合作与运营

如何将"老经典"与"新时尚"有效对接是时尚化转型的关键问题。IP特指"那些具有高专注度、大影响力并且可以被再生产、再创造的创意性知识产权"(尹鸿等,2015)。内联升将IP与YP (Young People) 结合起来,将产品新设计与具有文化底蕴的事物和人物结合,将"新"与"旧"、传统文化元素以时尚化表达,拓展了老字号创新的空间。

不过,在IP合作中,由于合作对象不同,每款鞋的个性特征差异也很大。文创系列产品中,"迪士尼"和"愤怒的小鸟"主打童趣;"九州·海上牧云记"为宫廷风格;"杜虎符指挥战靴"和"妇好鸮飞行便鞋"为侠士风格,每款个性差异很大。为品牌打造清晰的人格化原型,是形成品牌个性形象的基础。美国学者玛格丽特·马克和卡罗·S.皮尔森(2003)依据动机理论,划分了四类共十二种品牌原型:归属(凡夫俗子、情人和弄臣)、独立(天真者、探险家和智者)、稳定(照顾者、创造者和统治者)、征服(英雄、亡命之徒和魔法师)。可口可乐弄臣原型(杨丽、武晓蕾,2018)、香奈儿情人原型（杨丽、武晓蕾，2019）、百雀羚情人原型（杨丽、董婕和赵妍，2018）等品牌个性塑造方式值得我们借鉴。

（四）创新"互联网＋"新零售商业模式

内联升在时尚化转型中，采取由浅至深，先小成本尝试，再积累经验逐步推进稳步创新的方式。在"触网"过程中，企业先从简单的传播和交易入手，逐步深化，打通线上线下，并创新网络直播玩法。

新媒介技术的不断涌现为新零售模式的创新提供了无尽的开发潜能。单纯的线上、线下或者O2O模式已经很难应对零售业的激烈竞争。在新零售模式创新中，需要充分挖掘线上线下多向融合和对接的可能性，在活跃线上粉丝社群的同时活跃线下门店，将流量转化为实际购买。基于互联网大数据将线上线下客户数据资源打通，形成"新履中备载"，带来的不仅是稳定的业绩，更是一种基于大数据资源的口碑和顾客关系积累，有利于培养品牌忠诚度。

老字号门店除了传统的销售功能，还具有城市文化元素、非遗技艺、品牌文化和商品质感的展示和体验功能。老字号可借助新技术手段，吸纳设计美学元素进行沉浸式、娱乐化创新，进而提升线下门店的场景性和体验性。

第三节　同升和：求新求变中的匠心传承[①]

一、品牌历史和企业概述

（一）品牌历史

同升和始创于1902年（清光绪二十八年）天津老城北关的估衣街，共有7位出资人，第一任大掌柜是河北宝坻县人莫荫轩。同升和开业初，以经营帽子和千层底布鞋为主。有人叫"同升和帽店"，有人叫"同升和鞋帽店"，主要为一些绅商富甲、社会名流和外籍商人服务。"同升和"店名出自清朝军机大臣铁良所撰的一副对联"同心偕力功成和，升宫冠戴财源多"，寓意"同心协力，和气生财"。

1912年辛亥革命后，西装革履等新式服装成为时尚，这为鞋帽业提供了发展机遇。

1928年，同升和在继续扩大布鞋经营的同时，开始制作产高档皮鞋。皮鞋一经推出，顾客盈门。到了1929年，同升和已有四家门店，其商品闻名于京津、华北以及东北、西

---

① 本节由张景云执笔，北京同升和鞋业有限公司原办公室主任盛晶前期参与阶段性成果的撰写相关业务负责人崔明提供原始资料并进行互动讨论。同升和在北京和天津各有字号，都是独立的经营主体。本书以北京同升和为研究对象，在访谈调研和实地考察基础上完成。文中涉及同升和历史的文字材料和图片（除特别注明外）均由北京同升和鞋业有限公司官方提供。

北广大地区。

1932年,同升和的第五家分店——"北京同升和鞋店"在北京东安市场旁(现丹耀大厦)开业。至今悬挂在店堂里的"同陞和"玻璃牌匾(1932年制作)是由当时的名人杜宝桢题写的。该牌匾1米高、2米宽,是从德国定制的室内玻璃牌匾,匾内"同陞和"三个字为纯金制作(见图4-9)。

图4-9　同升和王府井店1932年店内匾

我们可以从高松凡(1992)对王府井商家的描述中了解到同升和当年的营销环境和商业地位:

晚清时期,王府井商区由于毗邻使馆区,本身又是西方势力和日本势力在北京的副产物,所以很多店主都是外国人,几乎所有的店面都卖洋货。在20世纪二三十年代迁入王府井的外国商家中,有7家英国公司、3家美国公司,还有德国、法国、俄国和日本的公司。很多银行、百货公司、保险公司和旅馆业相继迁入……一些资本殷实的中国商家,像顾客以外国人为主的仁立地毯公司以及同陞和、盛锡福鞋帽店等也搬到了这条街上。

同升和的办店宗旨是"货真价实,言不二价",一直本着原创精神,工料求实、样式维新、价钱低廉,处处以合乎顾主的心理为前提。顾客一进门,店员便能看出顾客对鞋的喜好和鞋子尺码;若顾客穿着新式样,店员看一眼便能记住鞋样,客人走后立即把鞋样画下来,交给后厂打样生产,因而同升和鞋样品种非常丰富。

同升和流传下来的20世纪二三十年代的广告小册子中介绍了近40种男女鞋履的样式及价格,品种有皮鞋(靴)、棉鞋(靴)、便鞋、绣花鞋、帆布鞋;面料有皮革、棉布、帆布、毡呢、毛葛、软缎;款式有时尚的高跟女皮鞋、鹿皮底轻便鞋、男士穿的三接头皮鞋、学生穿的帆布球鞋……每款鞋子都明确地标着款号和价格的上下限,如图4-10所示。

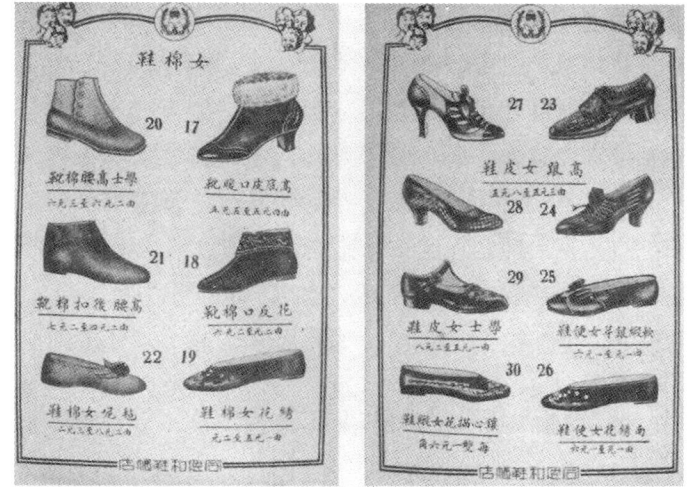

图4-10 20世纪二三十年代"同升和"的广告贴

民国期间,同升和还将当时流行的书法字帖做成宣传册赠送给顾客。我们从《柳公权玄秘塔》字帖中可以看出,封面印有"同升和鞋帽店敬赠";每页下面均印有"同升和鞋帽店"字样。同升和将企业宣传与名人字帖巧妙地结合起来,在提升顾客价值的同时也密切了与顾客的关系。①

1937年,日军侵占北平,金融极度萧条,社会秩序极度紊乱。同升和的状况也急转直下,经营惨淡,解放前夕已奄奄一息。

解放后,1956年同升和公私合营。周恩来总理到同升和定制皮鞋时建议说:"同升和的鞋,以前是为达官贵人服务,现在劳动人民的脚比较肥大,你们要生产宽松肥大一点的鞋。"根据总理的指示,同升和对商品的款式样式进行了梳理设计,从全国各地聘请了多位制鞋技师,生产的皮鞋集合了南派北派制作皮鞋的技术,在选料、做工上更是精益求精,制作出了让老百姓穿得起、穿得上的各类鞋品。

"文革"期间,同升和多次改名,例如,鞋厂曾改名为"红旗鞋厂""长征鞋厂",曾用店名"前进鞋帽店"等。"前进鞋帽店"是同升和和盛锡福两家合并后的名称。改革开放后,国家恢复老字号,同升和又与盛锡福分开,更名为"北京同升和鞋店"。

2013年8月,北京同升和彻底完成改制,全称"北京同升和鞋业有限责任公司"。由国有股东和全福德投资有限公司各出资2400万,分别持有公司50%股份。

(二)企业概况

同升和经营范围包括手工皮鞋、手工布鞋、时尚布鞋、胶粘皮鞋等多个品种,是国内

---

① 由于尚未发现另一面印有同升和信息的《张文襄公遗爱碑》字帖的相关史料,笔者对"宣传册的另一面印着端正大方的黑底白字'张文襄公遗爱碑'字帖,可供人们练习书法"(盛晶等,2017)这段话做了修正。因为颜真卿体与柳公权字帖民国时期发行量大,具有一定的广告价值。不过,从《柳公权玄秘塔》字帖看,上面只是印了企业的名称,并没有对其产品"广而告之",其作用主要是赠品促销和顾客关系维护。

贸易部、商务部命名的"中华老字号"企业和"中华老字号"会员单位，曾多次被评为著名商标、北京市优秀特色店、窗口行业达标单位、文明经营示范店、北京市名优品牌、物价计量信得过单位、重合同守信誉单位等；2016年，同升和王府井总店被市商联会评为"北京市首批优质服务商店""2016年度百年功勋企业"。同升和产品在商业部和行业评比中多次荣获优质产品奖和设计奖；2019年，同升和"京派手工沿条缝绱工艺"制鞋技艺被正式批准为北京市东城区非物质文化遗产代表性项目。截止到2019年底，同升和在北京有南池子、金源、东单和宋家庄四家直营店，五家加盟店。

二、匠心技艺及传承

（一）手工沿条缝绱工艺

在北京，做鞋的老字号不少，但多产布鞋，"老北京布鞋"因而成为北京的一个区域品牌。在被誉为"中华第一街"的北京王府井大街，有一组醒目的铜雕景观，中外游人往往驻足观望或摄影留念，这就是同升和的标志性产品——顽童脚下的一双夸张的"三接头"皮鞋。它本是军官皮鞋的经典款式，清末洋务学习西方建立新军，从脚下学起，只有相应军衔的军官才能配发"三接头"。"三接头"皮鞋就是采用手工沿条缝绱工艺制作的。

同升和手工沿条缝绱工艺皮鞋因材料高级，工艺极为复杂，成为手工缝制皮鞋中的顶级商品。"京派手工沿条缝绱工艺"有着108道传统工序，对于技师制作及设计能力有着极高的要求，每只鞋敲击上千次才能完成，花费约45天的时间。此工艺流程包括量脚，设计鞋楦、制作鞋楦，设计鞋帮、制作鞋帮，缝制鞋底，整修检验出厂这五个基本步骤。

同升和手工皮鞋的制作采用弯针翻针工艺法和弯针对缝法，可以做到整双鞋不用胶水、鞋底外观看不见缝线。材料采用上等黄牛全粒面脊背皮、黄牛皮芯、羊皮里，划料必须是"横头版，竖后帮"。在工艺上，采用一整张牛皮制作完成，完全没有接口，鞋匠需要一刀精准拿捏厚度、皮料位置和大小；鞋里和膛底垫均采用柔软的头层皮，在最大程度保证牢固性的同时，将厚度缩减到1.5毫米；大底与膛底之间填充棕垫，皮堆根采取打孔处理，减少重量，减震透气；鞋面原料采用天然植鞣原色皮胚，有上百种配色选项，顾客可根据需求用纯天然提取物进行手工擦色。

（二）千层底布鞋技艺

千层底布鞋技艺是同升和流传百年的独特技术。十字花针"千层底"布鞋，从打袼褙、切底、纳底、绱楦到成品，一律纯手工制作。在工艺上，要完成粘、拉、调、配、套、沿、绱、排八道工序。鞋底14层，纳底每平方寸要纳九九八十一针；在每双鞋的标准上都严格遵循"一正、二要、三不、四净、五平、六一样、七必须、八一定"的标准。底子采用定织纯棉白布，十字纳底，采用当季新棉花填充，面料采用的也是由羊毛、猪鬃毛等拉丝成线的高档礼服呢面料，可以保持穿着百日有型、万折不断、滴水不渗、弹尘即落。

三、品牌营销创新策略

(一)品牌标识、品牌理念和品牌定位

2008年,同升和确定了新的Logo和企业战略方向,"同升和"品牌Logo图形与文字左右结构排列,图形由六只紫色鞋圆形拼接为一朵花的形状,字体由中文繁体字"同陞和"、拼音"TONG SHENG HE"以及"始于1902"组成(见图4-11)。

图4-11 同升和的Logo

同升和Logo中图形构成的释义:

(1)"六"代表顺利,生意人讲究顺顺利利,买卖不成仁义在,凡事必当先考虑雇主的心理和需求。

(2)圆形是中国传统的吉祥图形,象征团圆、圆满、和美、吉祥如意;也是同升和最重要的"和"文化的体现。

(3)拼接,意味着同升和人要"共同生发""同升共和"。

(4)镂空提醒后人,时刻要有空杯的心态,绝不可麻痹大意。

(5)螺旋形是可以无限延展的图形,寄意同升和发展前景不可限量,百年老字号生命长青。

(6)整个图案像一个不停转动的齿轮,寓意在信息时代,同升和依然能够拥有与市场紧密结合、与时俱进、不断进取的干事创业的精神。

品牌理念:"和""孝""礼"。

和:和聚天地五行,和顺尘世百事,和兴千秋万业。

孝:孝心感动,天地震撼,必出贤德鸿才,方有财丁两旺。

礼:人而不仁,如礼何?

品牌定位:"打造国际名品,彰显东方尊贵。"通过优质产品,充分展示了中国人的大气沉稳,自然亲和,在人体工程学的基础上坚持选用纯天然材质,手工缝制,在国内外众多品牌中脱颖而出,技压群芳。

(二) 产品和服务创新

1. 主打高端定制概念

同升和皮鞋主打高端"手工定制"概念,不但可以根据顾客脚型量脚定制,还可以根据顾客的喜好来调色,在鞋上打上顾客的名字,顾客的资料及鞋楦等信息会永久保留,充分满足顾客个性化需求。在手工定制鞋流程中,顾客需要首先用3D扫描仪量脚,再由技师手工量脚,根据匹配测算的"双结果"数据制作鞋楦,设计鞋样。本流程的必要性在于中国人足部骨骼结构、肌肉肌群分布与欧美人相比的差异性。同升和建议定制皮鞋的客人下午两三点钟需抵达店内,此时双脚最胀,而且制鞋模前要先泡脚,在这个状态下制作出的皮鞋最"跟脚"。消费同升和高端手工定制皮鞋的顾客,可享受一次免费更换前后掌防滑胶片的服务与终身免费保养(包括皮革定期护理、套楦整形、伤痕伤色修复)服务。

2015年8月1日~2015年10月31日,同升和推出首期尊享免费上门高级定制服务,北京市五环路以内所有定制皮鞋客户均可享受免费上门服务,包括上门量脚、上门选款、上门试样、上门试穿、上门送货等。这一服务一直延续至今,为有特殊需要的高端客户或脚型过大、过小或有异样的顾客群体提供了便利。

2. 注重养生和环保

"同升和"鞋品制作讲究"气韵养生",在原料的选择、鞋品的设计制作方面上,处处体现出环保性,比如:获得"2014中华老字号传统工艺手工制作铜奖"的作品——同升和的经典布洛克雕花手工缝绱皮底花头,皮鞋的里外均为优质头层皮,大底采用黄牛皮芯,鞋面采用手工擦色小牛皮+羊反绒皮的独特搭配,注重细节体验与舒适性;"经典手工缝绱皮底系列"鞋品采用植鞣的原材料,相对于其他材质而言,更加绿色、环保。"手工缝绱鞋"可以解决鞋子磨脚、打滑、底硬、笨重、易累等问题,具有美观、耐穿、环保、养脚吸汗的特点。

同升和鞋品的设计与制作结合传统中医中的经络理论,消费者在穿着过程中,以恰当的方式吸取"地气",释放静电,完成人体与大地的物质交换,使得身体维持自我平衡,从而达到调整和修复的养生效果。

3. 中西合璧的产品设计

同升和的手工定制缝绱系列鞋品被誉为"手工雕琢出来的艺术品",每双鞋品都是独一无二的。从设计上看,同升和的鞋品将中西文化结合起来,在传统经典基础上吸纳了现代时尚元素,线条流畅明快、大气稳重。2014年,在中华老字号时尚创意大赛上,同升和"经典手工缝绱皮底系列"获得"中华老字号始创产品时尚创意银奖"(见图4-12)。这两款鞋的鞋面采用整张高档皮胚+手工染色的组合,独特的流线设计使鞋品一气呵成,显得流畅、时尚、质感非凡。"皮胚手工缝绱皮底素头"男款皮鞋获得"2016年度中华老字号十大创意产品"(见图4-13),这是在此次大赛中全国制鞋参赛企业获得的最高奖。同升和2019年上市一款高端商务皮鞋——手工雕花缝绱皮底男靴,鞋头有着精致的花卉钉孔图案，将原本生硬的"三接头"转变成线条优美的侧翼，是绅士身份的象征。该款鞋在设计上把经典的雕花单鞋款式与皮靴结合起来，凸显经典与时尚。

图4-12　擦色皮胚手工缝绱皮底素头（宝蓝、油黄两色）

图4-13　原色植鞣皮胚手工缝绱素头皮鞋

近年来，同升和对手工千层底布鞋也进行了款式拓展和创新。新增了儿童千层底布鞋、婚鞋和胶麻垫系列等款式，并在环保材料应用、工艺设计和鞋面图案设计方面进行了多种创新。其中，胶麻垫系列中有一款鞋，不仅吸汗舒适，且鞋面上看起来像两个人在沟通的"福"和"悟"的象形字图案（见图4-14），体现了"和""孝""礼"的品牌理念。

图4-14　同升和胶麻垫系列之一

（三）销售渠道的拓展与优化

为了扩大市场占有率，同升和拓展了多种经营渠道，包括代理经营、特许经营、分店经营、专柜经营、连锁经营和批发销售等，在王府井大街、前门大街、复兴商业城、西单购物中心的商业有利位置开设销售网点。同升和的实体店铺也处于不断拓展和优化中：南池子店是总店，是企业营业执照登记地点和商标注册地，该店不仅承担了商品销售功能，还强化了非遗技艺展示和体验功能，起到企业文化推广和品牌宣传作用；金源燕莎 Mall 分店为"店中店"，贴近都市时尚人群；宋庄店为"厂中店"，除了负责生产加工外，主要为北京南城消费者服务；东单店是同升和与盛锡福联合开的，悬挂了两家老字号的牌匾。同升和王府井店迁址到南池子后，王府井盛锡福店为同升和开设了专柜。

线上店铺方面：2010 年，同升和在京东和天猫"触网"，并打通线上线下销售渠道，卖家承担运费，提供免费退换货等服务。2014 年后，同升和在当当、苏宁和亚马逊等电商平台也上线了旗舰店。企业在经营中发现，同升和的顾客群体比较固定，平台做多了效果反而不明显，分散精力。因此，同升和近年来逐步撤销一些网上店铺，转为集中经营京东和天猫两个平台。同升和线上的手工皮鞋都是按单定制，顾客付款后需等待 20 天左右。消费者在网上购买几千元的手工皮鞋，是建立在品牌信任的基础上。由于产品质量好、客服响应快、介绍清楚、退换货及时、售后有保障，线上复购率较高，老顾客、回头客较多，线上店铺综合评分均高于平均水平。

2020 年 4 月，同升和在淘宝直播试水直播带货，直播地点选择在同升和东单店内，重点推荐了同升和品牌各式布鞋产品，介绍各个实体门店的位置和营业时间等信息，解答了各种问题，发放直播专属优惠券等，同时介绍了兄弟品牌盛锡福。由于手工皮鞋工艺复杂，经过一段时间的筹备，8 月，同升和在东单店对皮鞋进行直播带货。

（四）注重匠人精神的传承

同升和作为百年老字号得以传承，是几代匠人的匠心与智慧的结晶。同升和手工沿条缝绱技艺创始人宋绍华，在原有制鞋工艺的基础上，制作出适合东方人脚型的楦型，根据人们的穿着习惯，摸索出"京派手工沿条缝绱工艺"。第二代传人宋沛然子承父业，在楦型和款式设计上也有了新的突破。第三代传承人张庆军先生 1982 年进入鞋厂，经 30 余年才修得一手精湛的制鞋技艺，在传承前人技艺的基础上有很多改进，上述获奖鞋品均为张庆军设计制作。

匠人们日复一日枯燥而严格地工作，终其一生精修一门手艺，这对于当今的年轻人来说是很大的挑战。由于公众对手工制鞋工艺本就了解甚少，有制鞋情怀的人少之又少，加之对"京派手工沿条缝绱工艺"及其传承价值也缺乏认识，该技艺的传承陷入了"少人"的境况（高源慧等，2019）。

2019 年初，同升和开展了"众里寻君千百步——寻访老顾客、老职工"活动，被访者以口述的形式为企业留下了珍贵的资料。此次活动的开展丰富了企业文化，也激励着企业以用户至上的匠心精神打造高端产品品质。

（五）品牌传播

同升和微信公众号于 2014 年上线，前期主要推送企业活动、品牌文化和促销活动等信息；升级改版后，可以链接到京东旗舰店。微信推文不多，以促销信息为主，但品牌传播方面的信息内容很少。

同升和主要通过参加各种展览活动开展品牌传播，如王府井国际品牌节老字号技艺展、"京交会"老字号、东方奥天购物节等，展示独特手工技艺和经典鞋款。在 2019 京交会（参见第九章第三节）上，张庆军为全国各地参展嘉宾展示非遗技艺，并接受《新京报》《北京商报》《经济日报》等近十家媒体采访。

四、经营管理启示

（一）适度提升市场活跃度和认知度

高认知度品牌并不一定是强势品牌，但也不是认知度偏低的品牌。李杰（2014）基于回忆和品牌联想两个维度构建了一个"墓地模型"，在这个模型中提到一个特例——利基品牌，通常是指那些顶级奢侈品牌和高专业化但市场狭小的品牌，它们虽品牌认知度偏低，但各自的忠诚群体对其回忆度非常高。此类"低联想度＋高认知度"的品牌会陷入"墓地"困境。如图 4－15 所示：

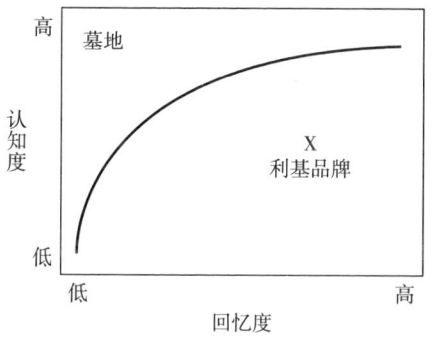

图 4－15　认知度与回忆度：墓地模型①

与同升和类似的小众化手工定制鞋品牌符合"利基品牌"的特点，其品牌传播工作重点不在于盲目扩大认知度，而是提高目标消费群体的忠诚度并强化品牌联想。不过，一些认知度偏低的老字号，可通过产品、服务和经营模式的创新提升市场活跃度，并通过各种专题活动开展品牌传播，适度提升认知度。同时，也要避免频繁推送促销打折信息，防止品牌资产流失。

---

① 李杰. 品牌审美与管理［M］. 北京：机械工业出版社，2014：81.

(二) 做精做细，打造经典奢侈品牌

目标顾客群体相对较窄的品牌不一定要做大，做精才是关键。从其历史可以看到，同升和的鞋品不仅工艺独特，还将尊贵与教养及历史底蕴糅入其中，融合了中西文化设计理念。我国一些老字号，特别是服装鞋帽类品牌，如"同升和"的手工定制皮鞋、"瑞蚨祥"的旗袍、"盛锡福"的帽子等，可以突出独特的手工技艺和民族文化元素，从精品入手，逐步向经典奢侈品品牌转化。这就需要老字号品牌在款式设计、材质和工艺等方面多下功夫，利用现代科技和大数据技术，结合新技术、新材料、新设计与新工艺，将绿色、养生、环保理念和优秀传统文化糅入其中，探索出一条独特的品牌化路径。

(三) 优化销售渠道运营

品牌信任对网上店铺销售提供有力支撑。然而，线上店铺渠道并非越多越好，需要集中力量运营效益好的店铺并优化服务、培育优质顾客，借助口碑提升品牌忠诚度。

服装老字号的线下门店具有展示商品、试穿和质感体验功能，也是形成品牌信任和品牌个性形象的方式。因此，品牌需要根据消费者的审美和服务需求，通过新科技赋能营造新的消费场景，提升线下门店的体验性。进一步优化线下门店。

鞋帽老字号联合经营是值得借鉴的策略。盛锡福和同升和在历史上的渊源，为两家店后期开展合作经营奠定了基础。由于两店规模都不是很大，其联合经营可以发挥规模优势，以节约开店和促销的成本。借助"穿鞋戴帽"在消费上的关联性和互补性，两家可以共享顾客渠道资源。

(四) 开展区隔经营，塑造品牌个性

品牌个性成为消费者识别选择品牌差异化的依据。品牌和人一样，可以拥有独特的个性（蓝燕玲、黄合水，2012）。老字号可将通过品牌延伸拓展出不同定位的产品品类进行区隔经营。法国社会学家布尔迪厄在关于消费社会的研究中强调了趣味对阶层划分的决定性作用，他说："审美配置也是社会空间中的一个特权位置的一种区分表现，而社会空间的区分价值客观上在与众不同条件出发而产生的表现的关系中，确定自身。如同任何一种趣味，审美配置起聚集和分隔的作用。"（布尔迪厄，1979/2019）因此，老字号在品牌传播中，需要区分不同子品牌的目标消费者群，有针对性地塑造品牌个性：一是明确界定品牌个性，使之与目标消费者的个性相契合，达到"品牌如人"或"人如品牌"的境界；二是突出并有效传播那些支撑品牌独特性的内在属性，如制作时间长、选料严格、特殊流程以及独一无二的稀缺性等，让消费者充分感知并认识到产品的独特价值；三是培养小众化社群社区，形成品牌依恋，密切品牌关系。在媒体选择上，既可以利用高端时尚杂志、电影植入，也可以使用社交媒体持续开展品牌个性的塑造和传播。

(五) 挖掘与养育相结合，传承"匠心"精神

匠心精神是老字号核心竞争力的来源。同升和在百年经营的过程中，通过师徒传承的方式培育匠人匠心，不断创新工艺和设计，形成了核心竞争力。品牌和质量的背后凝聚的是百年来对一门手艺、一种品质、一份专注，更是一种态度的匠心坚守。

老字号不仅要挖掘"匠心"中的品牌资产开展市场运营，还要重视匠心文化的培育和传播。对于老字号来说，匠心、技艺和品牌文化虽然是富矿，但也不能只挖掘不养育，那样只能是坐吃山空。老字号要珍视品牌文化资源，将品牌历史印记、工艺创新、品牌故事和匠人传记等实时保存下来，为品牌真实性不断延续提供保障。

当前，老字号匠心传承面临人力资源困境，需要企业通过体制创新，吸引年轻匠人传承老字号独特技艺，从"喜欢学"到"坐得住"并"留下来"，使匠心传承的主体——"匠人"薪火相传。

第五章 北京食品老字号品牌营销创新案例研究

第一节 北京稻香村：舌尖上的生活美学[①]

一、北京稻香村历史与概况

（一）品牌历史

北京稻香村始建于1895年（清光绪二十一年），金陵人郭玉生南菁北迁，落户前门观音寺，南店北开，厂店一家，很有特色，时称"稻香村南货店"，是京城生产经营南味食品的第一家。

1978年，十一届三中全会召开后，我国实施改革开放政策，"振兴老字号"也提到日程上来。1983年4月，中国民主建国会和中华全国工商业联合会在北京召开了关于传统食品咨询工作座谈会，时任北京东城区工商联副主任的刘振英出席并聆听了"要恢复发展名厂、名店、名特产品"的指示，这为北京稻香村的复兴提供了契机。

1984年1月，北京稻香村在东四北大街152号的南味食品店第一营业部整装开业，开业当天虽寒风凛冽，但京城的街头巷尾飘来的久违的糕点香气仍然让百姓们排起了长长的队伍。凭着"老三点"（早来点、晚走点、多干点）的敬业精神，1年之后，北京稻香村不仅有了两个门市部，还改建了使用面积达2000平方米的生产楼，其生产、经营、仓储场地累计超过了4000平方米，并与北京市东城区粮食局实行联合经营，同时

[①] 本节由张景云、何艳、曹思源在相关阶段性成果基础上进行了较大修改：对北京稻香村的历史进行了系统梳理，在跟进企业最新进展的基础上，对北京稻香村的品牌营销策略进行补充完善，并提炼了核心观点。文中图片均由"北京稻香村"官方提供，或为官方提供原图的组合。阶段性成果参见：何艳，张宁. 北京老字号的文化传承与创新——北京稻香村个案分析［J］. 品牌研究，2018，18（6）：43-45.

在山东聊城设立了分店，复业后第一年销售利润就达 24 万元，这在当时是一个非常出色的成绩。

1996 年 4 月 29 日，北京稻香村注册了"三禾"商标。

2005 年，北京稻香村食品有限责任公司成立。

（二）企业概况

复业 30 多年来，北京稻香村发展到 200 多家独立门店，全国 1000 多个经销网点，年销售额数十亿元。生产经营糕点、肉食、速冻食品、月饼、元宵、粽子等特色食品，共十六大类 600 多个品种。2016 年成立北京稻香村（霸州）食品有限公司，工厂占地 454 亩，净用地 333.5 亩，建筑面积 30 万平方米，引进当前最先进的进口全自动生产线，实现京津冀地区连锁门店中央配送，部分车间将于 2020 年建成投产。2019 年销售额 74 亿元（直营+加盟+经销）。

截止到 2020 年 1 月，公司拥有 213 家连锁店，一个物流配送中心。北京市场部分，公司在各大超市系统开设销售专柜 400 多家；外埠市场目前涵盖了 11 个省、3 个自治区，网点共计 489 个，经销专柜 281 个；曾荣获"全国食品工业优秀企业""中国商业名牌企业""北京市著名商标""中国食品工业百强企业""中国食品工业重点行业（糕点）十强企业"等多项荣誉，并连续多年被评为"国饼十佳"和"中国月饼龙头企业"；2008 年成为北京奥运会速冻水饺、馄饨指定供应商；2017 年入选"京式月饼手工制作技艺入选第五批东城区非物质文化遗产名录"。

二、产品结构

北京稻香村糕点口味随着消费者的口味变化而不断调整。在物资匮乏的年代，消费者喜欢高油高糖的糕点。现在讲究健康低糖饮食，北京稻香村的糕点根据现代消费者需求不断调整配方。在产品结构方面，为"服务百姓，成为老百姓的后厨房"，北京稻香村一直供应熟食、主食等老百姓日常生活食品。一些老产品品种，因为工艺、做工和食品安全等都不符合时代要求，从产品结构中被删减。

糕点：混糖糕点、酥皮糕点、西式糕点、蒸炸糕点、糕点礼盒、其他糕点；

熟食：猪肉制品、其他肉制品、袋装肉食、豆制品、小菜等；

廿四节气：立春咬春卷、春分茉莉饼、清明青团、立秋酱肘子、立冬捏耳朵等 24 款适应不同节气的食品；

节令食品：糕点礼盒、熟食礼盒、元宵、汤圆、粽子、月饼等；

速冻食品：速冻饺子、速冻馄饨、速冻汤圆、速冻肉串等；

糖醇糕点：糖醇玫瑰饼、糖醇牛舌饼、糖醇萨其马等；

面包主食：手撕包、老面包、小餐包等；

休闲食品：糖果、小包装食品等。

三、品牌营销创新

(一) 品牌元素和企业经营理念

北京稻香村的品牌标识已经升级了 3 次,有过 4 个不同的 Logo(见图 5-1),最初的两个分别为"稻香村"和"北京稻香村","稻香村"三字是曾任人大常委会副委员长的胡厥文题写的。第三次加入"三禾"商标图样,形成图片+文字组合。现在使用的 Logo(见图 5-1 最下端),是"三禾"与"北京稻香村"整体注册的,其释义如下:

"三禾"以糕点之源——禾苗的"禾"字为主要内容,聚集在一个圆内的三个"禾"字代表了"三禾为众,和谐共生"的理念。古时又有天圆地方之说,圆为天之形,人生天养。整个"三禾"标志,寓意"顺天时,承自然,享人和"。绿、黄、红三色的搭配强调了天然绿色的食材、上等如金的工艺以及中国千百年流传的家人和谐、众人和谐的理念。

北京稻香村在食材选择上有一套严苛的标准:核桃仁必采自山西汾阳孝义;玫瑰花必选自北京妙峰山、山东潍坊;龙眼选自福建莆田;金丝小枣则认准山东乐陵、河北沧州……单是辅料的品种就多达数百种。

对于中国的传统食品来说,工艺是独特的核心竞争力。技艺精湛的老师傅们继承自古流传的对食物的敬畏之情,在揉、捏、擀、包中展现独特的技艺。看起来虽是极简单的事情,但在分毫之间、温度之间、掌力之间处处都有差异。"金"体现了匠人技艺与老字号金字招牌之间的相互依托关系——经百年传承,老字号的金字招牌成就了师傅们如金的工艺;转化千回,一代代师傅们如金的工艺,又成就和流传了老字号的金字招牌。

年节里,满店通透的红色,透着最原始、最传统、最沁人心脾的文化。这是中国人自古就追求的家文化:和谐、共生、美好、团圆……

图 5-1 为北京稻香村品牌标识的变更过程。

图 5-1 北京稻香村 Logo 变更过程

企业愿景：弘扬中华食品文化，把美食、健康和快乐带给所有人。

企业使命：承中华智慧，融现代精神，弘扬中国食品文化，为社会创造价值。

企业目标：打造中国传统食品第一品牌。

企业价值观：诚信做人，认真做事。

经营理念：以"诚信为魂，质量为纲"为准则，在继承"厂店一家，自产自销"传统经营模式精髓基础上，探索出"一体两翼，工商互动"的事业发展模式——以北京稻香村企业为主体，一手抓食品加工业，一手抓商业销售，二者互动，打造品牌，逐步拓展全国市场，并致力于将蕴含中国传统文化的经典食品推向世界。

（二）产品品类创新

北京稻香村在产品创新上，主要是根据消费者生活需要，研发与改良节气、节令、怀旧和口味创新食品。

节气食品。2008年，北京稻香村走访了营养学家和民俗专家，进行了大量研究，着手进行二十四节气产品的恢复。2009年推出符合自然养生及民俗传统的二十四节气系列食品，并发布《二十四节气食品养生手册》，有助于现代都市人群了解中国传统节气文化，并提升北京稻香村品牌的认知度。至今，北京稻香村已相继推出处暑百合鸭、白露甘薯饼、秋分芋饼、霜降兔肉、立冬佛手卷、小雪冬腊菜、大雪红枣糕、冬至捏耳朵、小寒坛焖鹿肉、大寒消寒糕、立春咬春卷、春分茉莉饼、夏至莲子百合饼等共24款产品。节气食品采取提前一周限量推出的形式。

节令食品。北京稻香村恢复了京八件、状元饼、巧果、重阳花糕、五毒饼等多种曾经消失的传统食品。北京稻香村还结合西方节日研制庆典食品，比如在感恩节前后推出火鸡腿，满足国人体验西方节日文化的需求。在端午节，中国人还有吃冰糕等凉性食物的习俗。由于"糕"与"高"同音，端午吃冰糕又有高升、高中等美好寓意。北京稻香村恢复的七夕节食品"巧果"造型精巧而别致，包装还内附《乞巧歌》。巧果的用途也不再局限于情侣之间，把它装进传统梅花纹样的粉色礼盒，就可以将这份甜蜜的礼物送给心中的巧女，传递乞巧的祝愿。

怀旧食品。主要包括传统糕点，如京八件、饽饽匣子等。2008年北京稻香村推出了带有强烈传统文化色彩的京八件（见图5-2），采用原始的小方盒加红门票的包装。在2008年北京奥运会期间，北京稻香村的京八件成为地地道道的北京礼物，是不少外国友人来华必买的特产之一。北京稻香村还恢复多年前的产品，如炸串儿、江米酒、坛子肉等美食，赋予了这些食物不同的文化意义，由此引发人们的怀旧情结。

口味创新食品。年轻群体一般喜欢口味偏甜细腻的西式糕点，北京稻香村增加了红豆抹茶蛋糕、芝士红豆酥等西式糕点。这种传统口味与现代创新相结合、中式与西式相结合的产品组合，让老字号融入现代生活当中。比如，在推出俄式大列巴、糖醇小列巴欧式面包时，将面包人格化，亲切地称呼为"稻香·列巴多果仁斯基"，说他"是一名战斗民族的'柔情壮汉'，即使拥有再多金，也依然不骄不躁……"

图 5-2　北京稻香村传统京八件礼盒

（三）包装设计创新

北京稻香村在保留传统的同时也始终在紧随社会流行点与热点，将中国传统的诗词、传说等用现代科技演绎到包装礼盒上。

2018 年端午前夕，配合黄渤配音的动画《黄逗菌》的上线与热播，北京稻香村推出一款以黄渤二次元形象为主题的黄逗菌冰糕礼盒（见图 5-3），在京东新品首发频道销售。内含有多种口味冰糕，包装上不仅有黄渤二次元"呆萌"形象，还有一些不规则字体的表白："那我要不要打开？""要！""有点紧张""有点激动""突然……""HAhaha-haha""传说巨美味""纠结？"……形成热点话题，在微博、微信、抖音等平台传播，引起年轻消费群体的关注。

图 5-3　北京稻香村"黄逗菌冰糕"礼盒

从 2017 年起，北京稻香村就与故宫淘宝跨界合作，将二十四节气产品进行全新升级，推出"你也晓得朕心的"等创新糕点礼盒。2019 年中秋合作推出"入眼秋光尽是诗"黑皮中式月饼礼盒,以玄墨为基调,图案取材清乾隆御笔题画诗墨,以玄墨色饼皮再现墨之精雅。馅料和饼皮选取青、赤、玄、黄、白五色,诗书画印四合为一。

北京稻香村与《国家宝藏》《你好历史》联合推出"博物馆中秋奇妙夜"月饼礼盒,里面陈列了从殷周时期开始,到明朝直至现代的"月饼文物",装有月饼的每一个"展示柜"上都有精美绘制的人物和故事,犹如一座"中秋博物馆"。消费者在品尝美味的同时,还能了解月饼的历史典故。

(四)传播渠道和传播方式创新

北京稻香村除了在报纸、广播、电视、电影和公交等传统媒体投放广告,日常主要通过官方微信与微博同消费者互动,并进行产品推广与品牌传播。北京稻香村一直很重视门店的信息传播,包括店员的口播和店内海报等,进而维系与新老顾客的联系。

北京稻香村的新浪微博于2009年12月开通,现已拥有"稻米"(粉丝)10万余人,发表微博5000多篇。官微往往利用微博标题和话题功能,推出二十四节气特色美食系列信息。每逢节假日,北京稻香村都会与网友进行微博互动抽奖活动,如"品味团圆"主题活动,微博用户只需关注北京稻香村官微,转发微博说你的中秋美好记忆,就有机会得到北京稻香村的"中秋记忆"月饼礼盒。

北京稻香村官方微信2014年初上线,一般结合时令、节气和节假日等知识,采用当下流行的表达方式,吸引年轻消费群体关注。比如,《青团这个小胖子,一等就是一年呀!》这篇推文阅读量已达到16000余次,在介绍传统饮食"青团"历史时,推送了这一节气食品。2020年"春分"节气前推出茉莉春饼时,还进行了手绘设计(见图5-4),微信推送中的语言也清新优雅:

图5-4 北京稻香村手绘茉莉春饼

无论是早春的新绿，还是茉莉的素洁透出来的都是满心春色，令人沉醉。春燕轻飞，花枝初绽，所有人都爱极了这一抹春色，这一次，我们把它印在了饼上，融进我们的味蕾里。

一枝独秀从来不是春天的作风，在阳光明媚的午后，茉莉花邂逅了酸甜的橘丁，伴随着蜂蜜、奶酪、芝士。花香的清爽、轻灵的饼香，融合在奶香可口的饼中。

北京稻香村还充分利用微信开展消费教育，微信中插入的小视频展示了各种美食的不同做法。

（五）活动创新

北京稻香村按照中国传统节日的顺序，推出烘焙课堂活动、传统食品制作等各种体验活动。比如，元宵节期间，北京稻香村在门店举行"现摇元宵"技艺展示活动；端午节，从网络上征集"稻米"们亲手包制的粽子及家庭版包粽子视频；重阳节，举办为老人制作糕点的活动……这些鲜活的形式不仅营造出浓厚的节日文化氛围，而且促进了传统节日饮食文化的传播。

北京稻香村组建了会员系统，打通线上各个平台的会员信息，并通过开展线下线上会员互动活动，提升消费者的品牌黏度和忠诚度。比如，2017年中秋，北京稻香村邀请吃播博主大胃王密子君做了月饼试吃直播，吸引了几万人关注。早春和五四青年节期间，北京稻香村举办"带着小稻去踏青""与有志青年共享幸福'食'光！"活动，用户晒出北京稻香村任意一款美食与美景的合照即可参与活动，体现了"北京稻香村美食+生活小情怀"，唤起人们对美好生活的热爱。

（六）渠道拓展

北京稻香村借助互联网平台，融合线上与线下资源，拓展经营渠道。2014年8月，北京稻香村旗舰店先后入驻天猫和京东商城。2015年后，北京稻香村先后与百度外卖、京东到家和"饿了么"联合，打通外卖渠道。2016年起，北京稻香村与支付宝旗下的"口碑"APP平台合作，在支付宝开展返券、扫码进店有优惠等活动，结合不同的季节推出新品。在官方微信平台，也有接口连接到"饿了么"等平台，并对接最近的门店进行派送。

四、经营管理启示

（一）节气节令：传统文化元素的活化

中式糕点起源于商周，拥有悠久的历史文化传统，是人们逢年过节、婚丧嫁娶、祭祖敬神、亲友往来都离不开的特殊食品。每遇喜庆、生日、寿辰之际，人们往往要购买或食用福、禄、寿、喜字样的糕饼。我国糕点还带有浓厚的宗教文化色彩，有不少糕点、酥饼原是供佛的珍品摆放在供桌上，称为"人神共喜之品"。

早年老北京把糕点铺称为"饽饽铺"。"饽饽"一词始于元代，饽饽铺里除了常年供应的品种外，还按照季节生产时令饽饽，并供应居民办喜庆事的特需糕点。中式糕点还与时令节气紧密相连，体现了中国人与自然和谐相处、天人合一的哲学理念。

郭店竹简中《太一生水》中有几句结论性的话："是故太一藏于水，行于时。周而复始，以己为万物母。一缺一盈，以己为万物经。"

庞朴（2008）对此进行阐发：

太一不仅生（化）为水，而且还要藏于水中。这种藏不是像鱼儿藏在水里那样，而是如同道之无所不在，是普遍藏于个别之中，或者更准确地说，是抽象藏于具体之中，无藏于有之中。这样的"藏"，实际上就是化生，是变化自己为新的存在，用这种办法"为万物母"。不过要注意的是，这种变化的过程不是无限延伸的，而是周而复始的。

北京稻香村把握了一个亘古不变的、与人们的生活密切相连的时令节气文化元素，将之激活，融入产品和品牌之中，周期性地为人们提供时令美食，在丰富和提升人们生活品位的同时，传播传统美食文化。北京稻香村在多年的经营中，从糕点的品种、造型、口味、包装等方面开展创新，年复一年地不断"化生"，用新的存在方式伴随人们的生活。

（二）品牌元素：从"三"字上做文章

当不少老字号还停留在"字号"经营阶段的时候，北京稻香村已经经历了三次品牌标识变更。由于"字号"经营的特殊性，不少老字号存在多家不同经营主体运营的状况，由此也带来法律纠纷。"稻香村"就有了"苏稻"和"北稻"之争。因此，北京稻香村第一次品牌变更在"稻香村"前面增加了"北京"二字；第二次增加了"三禾"图案标识；第三次简化了"三禾"图案。我们从北京稻香村的品牌Logo释义中可以发现，其对于构图的解释体现了中国文化基础上企业自身的理念表达。北京稻香村从"三"字上做文章，"老三点"——早来点、晚走点、多干点——体现了北京稻香村的企业文化。

"三禾"："三禾为众，和谐共生。"《道德经》曰："道生一，一生二，二生三，三生万物。"根据《淮南子》的解释，"道（曰规）始于一而不生，故分而为阴阳，阴阳合和而万物生"，可见"三"是"阴阳合和"之意。北京稻香村不仅结合中国的节日开展营销，也兼顾西方节日，并将节日营销拓展到国际视野中。

"三色"：绿、黄、红三色，绿色代表食材的选择；黄（金）色代表匠人的技艺；红色代表中国的团圆文化。稻香村使用色彩，从视觉角度进行差异化区隔。色彩不仅是帮助消费者辨别品牌的标识，更是消费者情感的载体（陈立彬、张晓莉、张景云，2016）。在品牌标识中恰当使用色彩，还可以表达品牌理念、个性和核心竞争力。

"三界"：产品、品牌和王牌。周南（2012）认为，企业品牌有三个境界，就像阶梯一样，依次为产品、品牌和王牌。"产品"提供的是实质性的效用；"品牌"富于个性，成功的品牌具有吸引特定顾客群的特色和买点，就是"逗人喜爱""看着顺心""用得开心"，能够给顾客带来非同一般的体验，持久而美好的回忆体现出企业"做好人""办好事"的心意；"王牌"则蕴含了某种文化的内涵，它引导消费者的精神追求与社会需要向至善的方向拓展，体现社会核心价值，使消费者得到心灵升华。

北京稻香村先从"好产品"做起，从选料、工艺上把关，做到精细和极致；接下来是做品牌，从新品研发、包装到各种互动活动做到"逗人喜爱"；最终传承中华优秀民俗文化和美食文化，引导公众追求幸福美好生活，向好向善。

(三) 品牌幸福感：营造舌尖上的生活美学

"世事洞明皆学问，人情练达即文章。"由于传统糕点承载着人们过往的生活记忆，"怀旧"、体验"老味道"也成为一种心理诉求。随着时代的发展，人们生活中的特殊日子有了更多的选择，中式糕点的实用性价值有所减弱，其精神和仪式感价值日益显现。

因此，营造舌尖上的生活美学，开展品牌幸福感营销，可与当今消费升级下人们的需求相适应。Schnebelen 和 Bruhn（2018）将品牌幸福定义为消费者最大的情感满足感，是一种基于诱导不同的品牌联系点（通过购买、消费、广告等）和愉快感知的高低唤起情绪的体验。周志民、陈瑞霞（2019）根据积极心理学的三种幸福感视角，提出了品牌幸福感的三个维度：从品牌中获得的生活满意感、自我实现感和社会贡献感。

(四) 迎合与引导相结合：和年轻人玩在一起

与年轻人玩在一起，品牌就会有持久的生命力。北京稻香村通过举办各种有趣的线上线下活动，随着节气周而复始地推送，不断触达年轻人的兴趣点、焦虑点、兴奋点。北京稻香村是开放的、新潮的。当下流行的直播带货和跨界运营，北京稻香村在 2017 年就"开玩"了。

老字号在迎合消费者的需要和兴趣的同时，也要进行必要的教育和引导。糕点带给国人的不仅是舌尖上的美味，更多的是一种对文化的追寻和传承。北京稻香村在节令节气食品推广的过程中，适时进行消费教育，不仅传达食品消费知识，还传播中国传统文化，有助于引导年轻人热爱国货，增强文化自信，启发他们的"社会贡献感"。

此外，我们从新品的设计中还看到与"茶"和"墨"的关联，这两个领域都有相关的老字号，对于拓宽老字号跨界合作视野，联合推广非遗和传统文化也具有借鉴价值。

第二节 义利：经典口味的百年传承与创新[①]

一、品牌历史和企业概况

(一) 品牌历史

1. 上海初创

"義利"是兼具东西方文化基因的老字号。光绪三十二年（1906 年），一位英国海轮上的私厨——詹姆斯·尼尔（见图 5-5）来到上海，在南京路摆设了一个小摊位，自产自销苏格兰风味的西点面包，深受租界里洋人的喜爱。几年后，詹姆斯依托中国儒家"先义后利"的思想，注册了公司，并命名为"義利洋行"，体现了义利创办者扎根中国文化开展本土化经营的理念。义利早期的标识和注册商标如图 5-8（右下）所示。

---

① 本节由张景云、王倩完成。文中图片拍摄于义利北冰洋园区品牌博物馆，或取自"义利北冰洋"官微。

图 5-5　创办義利洋行的詹姆斯·尼尔

在那个年代，義利就接受早餐预定。清晨 7 时，義利运输车会准时将客人预定的面包西点送上门。渐渐地，義利已成为上海人生活里的一部分。为了扩大规模，詹姆斯进行再融资，并结合中国人口味的需求创新了糖果、饼干等产品系列。

2. 迁至北京

"二战"爆发后，上海沦陷，经营环境恶化。1946 年，民族企业家倪家玺（见图 5-6）用 250 根金条收购了"義利洋行"，"義利"作为外资企业的 40 年历史由此结束。

图 5-6　收购"義利洋行"的民族企业家倪家玺

1950年冬，为满足首都北京发展的需要，义利公司迁移至北京原宣武区广安门内王子坟，更名为"北京市義利食品厂"。1951年，义利公私合营，北京义利食品股份有限公司成立，营业执照如图5-7所示，在王子坟建立新厂。

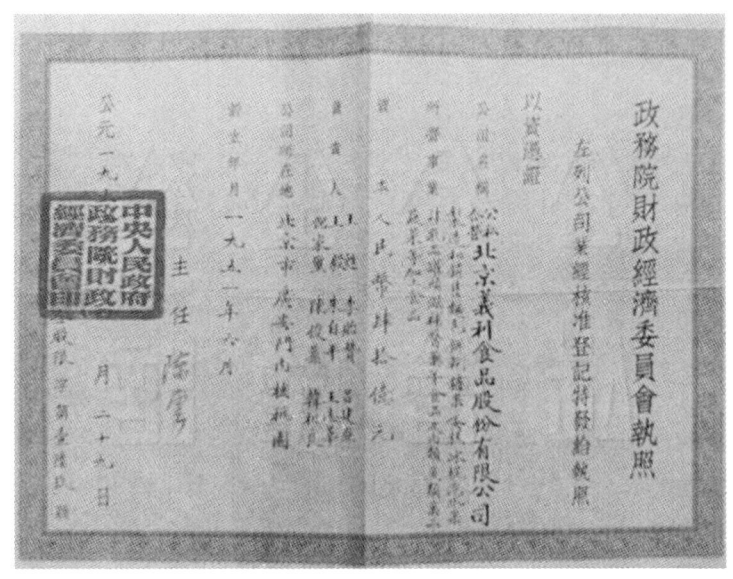

图5-7　经中央人民政府政务院财政经济委员会批准和陈云同志亲笔签署的"義利"营业执照

20世纪50年代北京城的早餐，是"烧饼、火烧、馒头"的天下。义利的西式面包要进入北京市场无疑要付出巨大努力。为了能更好地迎合北京消费者的口味，义利的老技师们以北京果脯作为辅料，做出既具西方特点而又不失本土特色的果子面包，这款果子面包成为陪伴几代北京人的经典款（张景云等，2016）。

义利的到来不仅将面包带入北京消费者的早餐中，还为北京食品企业带来了新的工艺技术和生产设备，提升了北京食品工业的机械化水平。

"文革"期间，义利曾更名为"丰收"牌［见图5-8（右上）］，之前还用过别的标识［见图5-8（左下）］。

为了扩大生产规模，改进和提高生产技术，提高面包质量，义利先后于1974年、1981年、1984年引进一条巧克力生产线、一套白面包生产设备和切片面包的生产线，在国内率先实现巧克力生产现代化，并在此基础上建成中美示范面包厂。1985年，义利率先与美国纳贝斯克国际公司合资成立义利—纳贝斯克饼干食品有限公司，并于1994年与纳贝斯克二期合资成立北京市第100个合资企业——北京纳贝斯克食品有限公司。1985年，义利从香港引进快餐车，经市政府特批在故宫午门前销售快餐（见图5-9）。

图 5-8 不同时期的義利品牌标识

图 5-9 20世纪80年代義利的快餐车

3. 发展遇瓶颈企业新重组

21世纪初，義利最先将代可可脂用于面包制作，在面包口感上做出了较大改进，也大大降低了面包成本。但由于资金缺乏和营销不当等因素，義利的发展受到制约。为了充盈资金以维持正常运营，義利引入外资。2001年，一轻、義利与美国、新加坡等五家法人合资设立中外合资北京義利面包食品有限公司，现品牌标识如图5-8（左上）所示。

4. 走出低谷

2004年，在企业经营状况逐渐好转后，義利在大兴经济开发区建立新厂房并引入新设备，进一步提高了企业生产能力和现代化水平。

（二）企业概况

北京義利面包食品有限公司隶属于北京一轻食品集团有限公司，经营理念为"先义

北京老字号品牌营销创新案例研究

后利，薄利厚义"。自20世纪70年代以来，义利先后有77种产品分别获国家轻工业部金、银质奖和北京市优质产品奖。义利是国内第一个研制并实现面包生产机械化的企业。义利面包曾经为亚运会、国庆节、阅兵式等大型活动提供服务，连续多年被指定为全国人大、全国政协会议专供产品。2008年作为奥运会餐饮供应单位之一，直接为各大运动场馆提供面包，服务于各国运动员。"义利"商标曾多次荣获"北京市著名商标"的称号，2004年、2006年"义利面包"连续被评为北京市名牌产品，2008年被评为"全国食品工业优秀龙头企业"。截止到2019年底，义利专营店有150家左右，分布于北京各大主要城区。

二、近年的经营创新策略

（一）产品创新

义利主要经营面包和西点，兼有糖果、主食和熟食。面包包括大果子、维生素、乳白、葡萄、全麦面包等；中式特色糕点包括鲜花饼、山楂锅盔、香芋罗汉果等；西式小点心包括奶油拿破仑、熔岩蛋糕等；糖果类包括话梅糖、三色糖、大虾酥、儿童棒棒糖及各种巧克力等；主食包括烤馒头、豆沙包、花卷、玉米面窝窝头、酱香饼、葱花饼等；熟食有扒鸡、猪头肉、红肠、猪蹄等。

义利通过技术上不断创新和选料配料上的严格把关来保障面包的质量。义利经典果子面包需要通过五个多小时才可完成，其工艺包括选料、配料、一次搅拌、醒发、二次搅拌、再醒发、成型、装入模具、末次醒发、入炉焙烤、脱模、冷却、金属探测、包装、入库等工序。义利面包馅里的果料，是经过精心挑选的：苹果脯不能有核，葡萄仁要饱满，核桃仁不能带皮……

在产品创新方面，义利一方面对已有产品进行更新，比如，以木糖醇代替蔗糖制作新的酥糖，更符合现代人对低糖饮食的需要；另一方面拓展品类，在已有的面包和糖果基础上，研发新品，延伸到主食和熟食领域。如今，义利包装面包已经发展到几十个新品种，中式糕点开发了200多个品种，新产品投放市场新增销量占到当年总销售收入的15%。

义利还保留了部分手工制作的品类，如手工面包和糖果，其生产数量有限，仅供专卖店销售。

（二）技术创新

义利重视现代化生产设备与ERP系统的应用。2004年，公司引进了一条国际先进、亚洲最大、国内唯一的面包生产设备，在大兴工业开发区建起一座新型的现代化工厂，大大提高了企业的生产能力和现代化水平。2007年，公司在管理上全面使用ERP系统，信息化水平大大提升。2019年，义利北冰洋在生产内容、生产单元方面进行自动化方向的调整，首创了F2B、F2C数据化平台，并获得了国家知识产权局颁发的注册全证书。这一数据化平台的应用可以将消费者需求及时反馈到生产端上，令其迅速组织生产，第一时间把新鲜的产品送到消费者手中。

(三) 品牌传播

1. 注重品牌体验

义利除了设立自营网店进行售卖外，还建设了义利北冰洋园区，增加与消费者的互动。"工厂参观"和"DIY 面包"活动吸引了不少中小学生、社会团体和国外友人。园区共有八大主题区，包括动物园、植物园、百年甜蜜树、花嫁礼堂、甜蜜蛋糕屋、大白熊乐园、冰淇淋森林、义利巧克力足球队。园区内还有 DIY 项目，人们可以亲手制作面包、饼干、牛轧糖、巧克力蛋糕等。DIY 项目中还包含参观工厂活动，历史展厅、面包生产线都有专人进行讲解，人们可以了解义利品牌故事和文化，感受具有百年历史文化企业的发展与变迁。通过参观整个面包生产车间，人们可以了解到义利面包从选料、配料、搅拌、发酵到分割成型、装入模具、烧烤、冷却、包装、入库这一整套的工艺流程，增强体验感。

2020 年 4 月，北冰洋第二生产基地落户昌平。由于北冰洋和义利同隶属于一轻食品集团，因此这条生产线将在生产北冰洋汽水外新增一些非碳酸饮品，并生产一些烘焙品、乳制品等。该基地也设计了开展旅游参观体验的设施，车间内会有移动参观天车供游客乘坐，功能相当于工厂的参观走廊。车间两侧的墙也被设计成文化墙，游客在参观生产线的同时，可充分感受老字号文化的底蕴。

2. 线上线下广告宣传

义利目前采用线上线下相结合的方式开展品牌传播。线上，主要采用微信公众号和视频媒体。2017 年，相声演员郭德纲在电影宣传视频中提到了义利面包："百年传承地道好品质，义利面包口口果粒在心田。" 2020 年 4 月，义利北冰洋与淘宝直播达人张沫凡、北京广播电视台《养生堂》节目主持人悦悦亮相直播间，向全国网友介绍义利产品，讲述老字号产品的特点和文化，吸引更多年轻人的关注。主播重点对义利果子面包的选料和工艺进行了介绍，还推荐了其威化饼干、熔岩面包等产品。

线下，义利主要通过公交平台进行广告传播。2020 年 4 月，义利北冰洋在北京地铁一号线做了车厢广告。专列车身设计采用鲜明的中华民族传统文化元素，展现了义利北冰洋老字号品牌理念和文化传承，将历史文化与现代时尚有机结合。地铁是都市生活的生命线，是消费者特别是年轻消费者经常接触的交通工具。在地铁车厢内外进行传播，会吸引公众的无意注意。乘客们在乘坐这趟专列时，好像进了老字号博物馆，出行的同时还能增长品牌知识。

(四) 店铺升级

2018 年以来，为适应追求便捷化的现代消费需要，用好搞活现有门店资源来满足社区百姓日常生活所需并吸引新的客源，义利决定升级店铺，尝试通过联营方式引进新的项目，全面转型升级店面形象。

新升级的便利店在外观设计上做出了调整。便利店的招牌原是长方形红底，内有"百年义利"四个白字；新升级的便利店在红底白字的基础上，左右两边新增了两对由橘黄、深蓝、浅灰三种颜色组成的小翅膀，右边小翅膀中间有"始于1906"的字样。此外，在细节上，对便利店玻璃窗腰线、展示柜规格、射灯角度和距离等都进行了全新设计，例如降低糕点柜台高度、柜台内采用多层设计、在柜台每层玻璃板四周都放置了白色LED灯带等，都给消费者带来了更好的视觉观感。

店内设有自有品牌区，主要售卖义利主食、熟食和北冰洋产品。除此之外，像鹿角巷奶茶、食族桶装面、网红酸辣粉等网红产品也能在店内找到。义利还增加了包子、面包、咖啡、豆浆等早餐项目，通过联营方式增加了果蔬、生鲜、速食冻品等品类，不仅可以迅速满足消费者购物需求，还可为周边居民带来不少便利。周边居民评价说："义利变年轻时尚了，还能在店内吃上像样的早餐，不再是一个普通糕点店了。"

义利便利店经营秉持"品牌+人工智能+大数据"理念。利用AI人工智能技术，进行数字分析，引进消费者喜欢的潮品，给消费者带来更多的选择。便利店还配备便民桌椅、免费热水、自助微波炉、多功能桌面充电站、自助智能收银系统等一系列贴心便民服务设施。此次店铺升级进一步体现了义利"便利为民"的品牌理念和"先义后利"的经营哲学。

三、经营管理启示

(一) 洞察消费需求，拓展产品品类

义利是一个特殊的北京老字号，从一个外国人开办的"洋行"，到一个立足上海的食品品牌，再成为一个融入北京的老字号品牌，需要从品牌的理念到产品的开发等各方面进行本土化适应，在适应中不断创新。义利曾将具有地域特色的北京果脯作为辅料对西式面包进行工艺和口味创新，成就了经典果子面包。

随着消费升级，人们对食物的要求从先前的"有吃的""好吃的"转变为"吃健康的""吃出健康"。2019年6月，国务院印发了《关于实施健康中国行动的意见》，在健康品质消费的大背景下，人们品牌消费意识也得到进一步强化，开始更加注重消费品质。食品品牌的质量除了工艺外，原料品牌作为"要素品牌"也发挥着很重要的杠杆作用。企业的科技创新不仅应该应用于管理层面，还应该广泛应用于新品研发，提升食品的科技含量。对烘焙企业而言，可以在面包主料（比如富硒面粉）及辅料（添加的果脯、干果、坚果级其他辅料等）方面进行创新，与优质原材料厂家合作，满足消费者高品质生活需求。

人口老龄化速率提升将使老龄人口成为我国的消费市场主力军，因此挖掘我国老年消费市场潜力巨大。然而，现阶段我国老年消费市场存在市场化程度低、产业链条尚未形成、产品服务单一和缺乏创新等问题（杨奕辰，2019）。面包是能辐射老中青三代的产品，其中，老年消费群体受关注较少，烘焙企业在该领域有可作为空间。企业可以基于客户信息收集和数据库管理开展精准营销，根据老年人口群体的基本需求特点提供定制化产品，减油减糖，加强营养和膳食指导；同时，也要提供生活上的便利服务，比如送货上门。

（二）开展包装创新

包装是品牌要素之一，同时也是吸引消费者最直接的方式。因此，企业在产品更新的同时，也要相应地开展包装设计创新。充满活力的色彩、趣味性图片以及特点宣传内容的设计，不仅能抓住消费者奇异求新的心理，还能够引导消费者的生活方式。包装的改进要与产品特点和消费者认知相结合。例如青岛啤酒"超爽型"新产品进入华南市场时，采用以绿色为主调的新包装，以"清爽"为卖点，打破了当地消费者对青岛啤酒口味较重的错觉，从而获得市场的认可（肖一倩，2014）。包装设计还可以结合细分市场特点开展时尚化表达，比如，针对年轻消费群体，可结合文创IP，借助动漫卡通等题材，采取跨界联名等方式。

对于老年消费群体，则可设计为简洁明快便携包装，附带有养生健康小知识等内容。

（三）拓展和优化销售渠道，开展业态转型

一是利用网络平台，开拓线上市场。企业可以根据自身能力采取自建网店、网店授权、加入网购平台等方式，充分利用电商模式开拓市场。

二是优化线下店铺资源，开展业态转型。老字号企业可充分利用现有的门店资源，开展业态转型。例如，将自产自销的自营店铺业态转型升级为社区便利店，店内除了销售自有产品外，还要增加各类便利产品和服务，来满足消费者系统化需求。比如同仁堂新设了零售品牌"知嘛健康"，不仅提供养身食材、药材，消费者还可以在这里品尝"朋克养生"味的中药咖啡、养生药膳和当天出炉的面包。

另外，在新冠疫情防控常态化的背景下，"社区+传统行业"的模式能够弥补不足，助力经济发展。社区商业贴近老百姓，既能保名声促发展，又能满足居民家庭小型化和便利化消费需求，是双赢的选择。义利早期就有移动快餐服务，这种贴近百姓生活、方便消费者的思想延续至今，且线下门店业态转型升级更契合当今社区商业发展趋势。

三是利用好线下其他渠道。企业产品有一定的知名度后，需要得到全方位销售。除了利用自营店铺渠道外，还要与流量多的商超店、街边便利店进行合作，进而带来更多的商机，扩大市场占有率，方便消费者购买。

（四）提升体验营销的参与度

在体验营销过程中，要注重消费者参与度，充分调动消费者的参与积极性，才能与消费者形成良好互动，才有助于培养与顾客之间的关系、建立情感联系。

老字号企业可充分利用现有资源，改造自家生产基地，建设体验乐园。企业向消费者开放产品生产线，可以提高产品感知质量。对于烘焙企业而言，开展DIY项目也是顾客参与体验营销的一方面，顾客在动手制作产品的过程中可以享受乐趣并感受产品文化。

企业应善于运用感官营销。感官营销是通过设计消费者的触觉、视觉、味觉、嗅觉和听觉五种感官体验来影响消费者的感知、判断和行为的营销方式（Krishna，2010）。烘焙企业主要是利用视觉、触觉、味觉和嗅觉营销。在视觉方面，可在产品包装上采用吸引眼

球的色彩组合。色彩还可以根据产品口味、原料等特点加以调整。产品中的有益成分如果能从视觉和味觉上体现出来，就会产生吸引力并提升感知质量。比如消费者可以看到义利果子面包里的果脯、核桃等原料形态，咬到果仁时口感新鲜。在嗅觉方面，产品飘香的味道能刺激消费者嗅觉，激发其购买欲望。

（五）加强品牌传播

不少老字号建立官微后，多推送打折促销信息，少有优质内容产出。主要原因：一是企业创新不足，没有值得提供的有价值的信息；二是不善于将有价值的信息转化为传播内容。而企业开发的新产品、举办或参与的新活动都需要适时进行传播。

线上传播渠道。首先可以利用社交网络资源，进行产品展示和品牌传播。除了企业官方网站、微信和微博，各种平台网站、论坛和视频平台也都是可资利用的资源。企业在网络售卖平台上也可以依托品牌效应进行企业形象与产品和服务的介绍，加强企业与消费者的情感沟通。

线下传播渠道。一方面，可以投放线下广告，线下广告的投放要与人群流动性相结合，提高曝光度，比如地铁、高铁广告等。另一方面，利用自身资源展开宣传。企业可通过举办门店活动吸引消费者，还可以开发工业旅游项目。工业旅游既是一种体验营销，又是品牌传播的方式。企业可将文化内涵注入有形的旅游基础设施和无形的旅游体验中，打造文旅融合发展新业态（王庆生、贺子轩，2020）。老字号企业应该重视文化旅游品牌建设层面的功能，发展工业旅游，把老字号历史文化价值转化为经济价值（白志如、王喜艳，2019）。还可以基于企业产品或文化开发创意旅游纪念品，传播品牌文化。

第三节　北冰洋：重新唤起消费者的热情[①]

一、品牌历史与企业概况

（一）品牌历史

1. 初创与发展阶段

北冰洋（北京）饮料食品有限公司前身是 1936 年成立的北平制冰厂，是一家人工制冰企业。卢沟桥事变后，该厂被充作日军专用仓库。抗战胜利后，制冰厂恢复运转，但是经营不善，1948 年前后倒闭。

1949 年，新中国成立后，制冰厂收归国有，更名为"北京新建制冰厂"。1951 年该

---

① 本节由王倩、张景云完成。文中图片取自"义利北冰洋"官微。

厂开始生产汽水,并注册"北冰洋"商标。

1956年,北京新建制冰厂与8家私营汽水厂、43家小食品厂合并,成立了拥有冷食、饮料的国有企业,更名为"地方国营北京市食品厂"。后来,上海的屈臣氏迁入京城,同北京市食品厂合作经营。

1958年开始生产罐头,更名为"北京北冰洋食品厂"。"文革"期间,曾更名为"北京市人民食品厂"。

2. 快速发展与繁荣阶段

改革开放后,北京市人民食品厂于1985年重新改制成立了北京市北冰洋食品公司。

在20世纪80年代,无论走在北京的大街还是小巷,只要是看见门口摆着一块一米见方,30~50厘米厚的大冰坨子,不用问,准是卖北冰洋汽水的小贩。虽然几毛钱一瓶的价格对当时月收入百元左右的人们来说几近奢侈品,但不论大人还是小孩总喜欢在炎热的夏天买一瓶"北冰洋",拿着冒着冷气的玻璃瓶,一口口沸腾着气泡儿的橙色饮料入喉,打几个爽快的嗝……以此表达夏日的惬意。北冰洋既承载一代人的青春记忆,还记录了一个时代的生活气息(张景云等,2016)。

1985~1988年是北冰洋历史上的辉煌时期,年产值超过了1亿元,利润达到1300多万元,主要生产饮料、罐头、冷食。北冰洋生产汽水达1000万打,是北京市汽水产量最大的厂家,罐头品种有肉、禽、水果、蔬菜等130个品种。其中,"长城"牌罐头分别销往香港、东南亚、中东、日本和东欧近30个国家和地区,年创汇达1000万美元。

3. 外资控股"雪藏"阶段

1990年,伴随着改革开放的大潮,北京市北冰洋食品公司同外商合作分别成立了4家合资公司,即北京百事可乐饮料有限公司、百事—北冰洋饮料有限公司、北京达尔美—北冰洋食品有限公司、长行—北冰洋快餐食品有限公司。当时年产百事可乐5万吨、北冰洋牌系列饮料5万吨、冰淇淋1万吨。

当时在中国市场推出"一瓶北冰洋,搭配一瓶百事可乐"的捆绑式销售,接着百事追加投资成了控股方,北冰洋遭到雪藏,再加上洋快餐的引进,北冰洋的生存空间越来越小。

1996年,北冰洋彻底停产,真正的北冰洋彻底从大众视野消失。

4. 重返市场阶段

2007年,中方以"四年内不以北冰洋品牌生产任何碳酸饮料"为条件,从外资控股方收回了北冰洋商标。

2011年,北冰洋重新上市,以橘汁和橙汁两款口味汽水低调复出。北冰洋食品公司将传统配方一直保留至今,在复出时,根据当今的时尚口味,对配方略做调整,借助义利食品连锁店和社区便利店,将北冰洋汽水覆盖到北京周边及更远的城市。

(二)企业概况

北冰洋(北京)饮料食品有限公司隶属于北京一轻食品集团有限公司,经营范围包括加工、制造饮料、冷饮、食品罐头等。"北冰洋"不仅是一款汽水品牌，还代表了一个独特的品类——果汁型汽水，橘汁汽水和橙汁汽水是北冰洋经典产品。北冰洋汽水曾被指定为国宴饮品，有"第一国饮"的美誉，是北方食品工业龙头企业。北冰洋曾有八种产品获得原轻工业部优质产品奖，三个品种曾获国家银质奖。在北京拥有大兴和昌平两个生产基地，在华东拥有1个生产基地。截止到2018年12月，北冰洋在全国31个省区市设立经销商，其中外埠市级总经销商200余家。

二、品牌营销创新策略

（一）产品创新策略

北冰洋汽水是国内独有的果汁类汽水，其生产过程强调无添加剂、纯天然正宗的健康果汁，同时作为汽水北冰洋还拥有爽口、驱暑气的特点。为增加北冰洋汽水的口感以及香气，北冰洋汽水生产过程中还加入四川红橘中经冷榨提取出来的红橘油，浮在饮料上面，不仅可以将北冰洋的特色直观展现出来，而且一开瓶即有浓浓橘香散发出来。

1. 产品品类拓展

北冰洋复出后，在经典橘汁汽水和橙汁汽水的基础上，推出了枇杷汽水和酸梅汽水，增加产品功能性，比如，枇杷汽水具有清肺胃热、降气化痰的功效，酸梅汽水具有生津止渴、益肝养胃的功效。

近年来，为了满足喜爱低糖饮品人士的需求，北冰洋开发了无蔗糖橘汁汽水、无蔗糖橙汁汽水。此外，还开发了苏打气泡水，口味包括原味、柠檬味、生姜味等多种口味。

除汽水外，北冰洋还有大瓷罐酸奶、纯净水、袋儿淋、双棒等多款产品，进而满足消费者多样化需求。

2. 包装升级

北冰洋汽水复出时的包装仍旧是玻璃瓶。瓶身配有经典的皇冠形金属盖，瓶身下半部分手握处有凹凸质感的盲文"如遇瓶口破损，请小心饮用"，既能帮助盲人识别饮料，提醒他们注意安全，体现人文关怀，也具有防滑作用。

由于玻璃瓶装不便携带，北冰洋相继推出了听装、塑料瓶装和易拉罐装汽水。主要解决瓶装汽水不便携带和启盖的问题，也更适合商超销售。

2020年，北冰洋对塑料瓶装进行了全新升级。升级的塑料瓶装采用了蓝橙双色作为主色调，不仅吸纳了品牌标识中的符号，而且将产品特色中的橙色吸纳进来，凸显品牌和产品的特色。

3. 跨界联名定制

近年来，北冰洋陆续推出几款跨界联名定制产品。以2019年推出的几款联名定制为例：

4月，随着一年一度的玉渊潭赏樱踏春活动的到来，北冰洋与北京玉渊潭公园联手推出"小樱"汽水定制款［见图5-10（左）］，仅限玉渊潭公园内销售。这款定制产品是北冰洋橘汁汽水口味，外包装整体为粉色调，以樱花图案为打底，在瓶身一面印有北冰洋 Logo 和"北冰洋"文字，另一面是"玉渊潭公园"文字。该款汽水借助北京玉渊潭樱花节带来人流量，不仅增加了销售额，也获得了传播机会。

7 月，随着酷暑季节的到来，北冰洋与鲜芋仙跨界联名推出"鲜 Q 北冰洋""柚见草莓冰沙"等产品，其中"鲜 Q 北冰洋"是由北冰洋橘汁汽水作打底，加入柠檬汁、柠檬片、碎冰，再加入只有在鲜芋仙才能尝到的招牌冬瓜冻小料和经典冬瓜茶组合而成。鲜芋仙是受年轻人欢迎的网红品牌，北冰洋与其联名，不仅能创新产品，还能提升市场活跃度，吸引年轻消费群体的关注，并共享客流。

10 月，国家游泳中心（冰立方）和国家速滑馆（冰丝带）作为 2022 年北京冬季奥运会场馆承办冬季冰雪项目赛事这一重要活动，北冰洋与承办方合作开发"冰立方·动起来"和"冰丝带·舞起来"两款纪念款汽水［见图 5-10（右）］。纪念款汽水为北冰洋经典橘汁汽水，外包装以蓝色和橙色为主要色调，蓝色体现了游泳和速滑中水与冰的联想，橙色则代表北冰洋的一贯形象。北冰洋与现代国家标志性场地联名，在品牌联想上有契合度。纪念款汽水与国际体育赛事的合作，不仅可以借助体育赛事这一热点进行传播，还有助于提升品牌国际影响力。

图 5-10 北冰洋的跨界联名产品

（二）品牌传播创新

1. 品牌标识和理念

北冰洋 Logo 由图案 + 文字组成，上半部分是图形，由雪山背景 + 白熊组成，白熊微微抬头，面带微笑，憨态可掬；下半部分是"北冰洋"三个连到一起的文字；Logo 整体色彩为蓝 + 白色调（见图 5-11）。

图 5-11 北冰洋的 Logo

北冰洋的品牌理念包括四个方面,即责任为重、诚信为本、稳健经营、科学管理。"责任为重"是指以社会责任作为经营的衡量标准,以责任心作为丈量员工的尺码;"诚信为本"表明诚信是公司的立足之本,也是发展的核心,是公司长远发展的基础;"稳健经营"是指稳健求发展,积极进取,顺势而变;"科学管理"即建立科学的运行机制,推进管理升级,提高运营效率。

2. 经典广告语

2011 年,北冰洋汽水复出时的广告语是"真橙意够橘气北冰洋"。这句广告语不仅包含了橘(桔)汁汽水和橙汁汽水两款汽水,还体现了品牌的个性特色。"橘气"和"局气"同音,"局气"在北京话的意思是仗义、豪爽,说话办事守规矩,既不怕自己吃亏,也绝不欺负别人。"橘气"不仅直观反映了产品的特点,也表现出北冰洋守规矩、制作考究、真材实料的特征。"真橙意"与"真诚意"同音,一语双关,凸显北冰洋汽水是由橙子、橘子提取制作的真材实料的果汁汽水以及对消费者的"诚意"。

2016 年 5 月,北冰洋推出了一个视频广告"20160522 北冰洋 60 秒",脚本是"对我来说,它是童年的渴望,是自由凉爽的风,是青春的汗水和心跳,是街头的肆意和迷茫,是奋不顾身的勇气,是不计后果的疯狂。没错,你喝的只是汽水,我喝的是北冰洋"。表达了品牌伴随顾客成长过程中的心理体验,体现了品牌与顾客的关联。

3. 品牌文化体验

义利北冰洋乐园是一轻集团在大兴基地建设的品牌体验中心。园区内有 DIY 项目,游客可以自己制作汽水,参观工厂和品牌历史展厅等。北冰洋参观工厂外面有放大的北冰洋汽水瓶和大白熊的塑像,游客可以拍照留念。在弥漫着沁人心脾的浓浓橘香中,游客可以浏览北冰洋汽水制作流程。品牌历史展厅陈列着反映北冰洋工厂历史的各种物件。

北冰洋在昌平的第二基地除了生产功能,还具有食品园区的体验功能。该基地原本是建于1993年的一座生产车轮、工程机械零件的铸造厂。北冰洋将车间内过去用于吊装十几吨重钢材的大设备保留下来，改造成移动式参观"天车"。参观者只需移步到天车，随着天车缓缓移动饱览饮料生产的全过程。游客目光所及的两侧墙面也被设计成"文化墙"，用以展示北冰洋80多年的历史事件，游客参观生产线的同时也可感受老字号的文化底蕴。

4. 品牌传播媒介

北冰洋主要采用冠名赞助、高铁/地铁、影视植入和社交媒体等媒介开展传播，主打"怀旧"情怀。

冠名赞助。2015年5月，北冰洋冠名"来挑战吧"首都大学生户外挑战赛第一季；9月，参加"2015北京国际设计周"；10月，独家冠名打造首都大学生户外运动真人秀节目《来挑战吧》。2017年8月，北冰洋赞助了"2017首届北京篮球联赛"。

高铁/地铁。2018年6月，北冰洋广告投放全国204个高铁站、2800块屏，高铁座椅枕巾上还印有北冰洋产品宣传图，提高全国影响力；2020年4月，义利北冰洋"中华老字号"亮相北京地铁一号线，在繁忙的都市生活空间"刷"出存在感。专列车身设计采用鲜亮的色调，将历史文化与现代时尚有机结合起来，展现了义利和北冰洋两个老字号品牌Logo及主打产品。

影视植入。北冰洋还做了影视剧嵌入广告。在一些怀旧影视剧喝汽水的场景中，都能看到北冰洋的身影，投放的影视剧有《正阳门下》《一仆二主》《生逢灿烂的日子》《致青春》等。

网络直播。直播不仅可以带货，也是品牌推广的形式之一。2020年4月，淘宝直播达人张沫凡、北京广播电视台《养生堂》节目主持人悦悦亮相直播间，以"为家乡带货"为诉求推荐义利和北冰洋产品。直播中，她们讲述企业产品特点和文化，并介绍多种消费方式。关于北冰洋，主播说道："它是撸串+火锅的必备搭配，并且喝法丰富。既可以做沙冰，还可以用作鸡尾酒的甜味添加⋯⋯"

（三）拓展外埠市场，试水国际市场

近年来，北冰洋积极扩大生产基地，为服务全国市场做准备。北冰洋在昌平的第二基地建设玻璃瓶、易拉罐、塑料瓶和热罐装4条生产线，不仅是北冰洋在京的主要生产基地，还是华北地区的重要生产基地。

早在2018年6月，北冰洋华东基地就正式投产。该基地坐落于安徽省马鞍山市郑蒲新港区，以北冰洋品牌和汽水为先导，以北冰洋北京项目开发的产品、创建的运营模式为基础，生产瓶、听和塑料瓶全品系，全方面全渠道覆盖上海、浙江、江苏、安徽等周边市场，面向长三角、南京都市圈、合肥都市圈，提升北冰洋品牌在这些区域的影响力。

由于北冰洋汽水和川渝市场盛行的火锅、串串在消费上具有互补性，北冰洋通过与当地餐饮店联合营销的方式进入川渝市场。像德庄火锅、马路边边串串香火锅、巴奴火锅、小郡肝火锅等火锅店均有北冰洋汽水在售，迄今为止，与北冰洋合作的火锅、串串等餐饮店有300多家。

电商网购是北冰洋拓展全国市场乃至国际市场的重要平台。北冰洋在天猫设了旗舰店，顾客无论何时何地，都能下单购买正宗的北冰洋。目前天猫超市已打开香港市场，北冰洋也随之进入。随着"天猫出海"项目计划拓展到东南亚、澳大利亚乃至欧美，通过天猫"一店卖全球"，"北冰洋"也可随之进入相应的国际市场。

三、经营管理启示

在当今激烈的市场环境下，老字号"坐店等客"的经营模式很难适应市场变革，需要主动出击，才能积极应对各种变化。所谓"做生意"，"做"起来，就是要行动起来；"生"就是求生存；"意"就是想法、创意。为了生存和发展，就需要有战略思想，有创意，去行动。我们从北冰洋80多年的曲折历程中可以看到，这个品牌在艰难的时候没有沉寂，尤其是近年来，面对激烈竞争和移动互联网的双重挑战下，焕发出新的活力，重新活跃在现代消费者视野中，其经验值得饮料快消品老字号借鉴。

（一）拓展产品系列，改进商品包装

许多老字号企业只固守产品的传统特色，对消费者需求喜好和消费观念的变化不能随时跟进，使得产品陈旧、品种单一（倪海郡，2019）。因此，老字号企业需要在传承经典的基础上，通过品牌延伸推出创新产品。

企业跨界合作是延伸新产品的途径之一。通过跨界合作，不仅可以拓展产品品类，还可以将产品与公众的爱好、运动规律、消费场景等关联起来。例如：在特定的节日或时令季节，会有周期性公众消费，企业可借此推出符合主题的限定产品；与大型体育赛事和活跃的网红品牌跨界联名，不但可以引起顾客的关注，活化品牌，还能共享顾客和渠道。

对于饮料品牌企业而言，商品包装不仅具有保护商品的作用和审美价值，还存在不同销售渠道、消费情境和消费群体的适应性问题。例如，在商超或便利店，饮品包装更安全便携，PET塑料瓶装较为适合；在餐馆内，听装和玻璃瓶装更受欢迎。年轻消费群体则较喜欢外包装美观，有"潮范"的塑料瓶装。

（二）注重体验营销

企业除了向顾客提供好产品外，还要注重顾客的体验。企业可通过打造产品体验中心，让顾客参与体验产品的生产过程，其间可以通过讲述品牌故事让顾客感受品牌文化价值。

另外，感官营销也是体验营销重要的一部分，企业越来越注重以听觉、视觉、触觉、嗅觉、味觉五大感官进行体验营销。

在视觉方面，企业通过视觉冲击和审美视觉感受，提高顾客对商品的兴趣，激发顾客的潜在购买欲望（黄静等，2020）。企业一般通过品牌标志、包装色彩等视觉展示向顾客传达产品信息和服务。比如，品牌标识的视觉形象使得消费者产生对产品或品牌的联想，所以标识设计要与产品自身想要传达的形象和理念保持一致（王兰，2017）。在触觉方面，像饮料企业，瓶身直接与消费者产生肢体接触，所以，在瓶身设计上要合理便携，并体现质感。在嗅觉和味觉方面，突出产品特点，让消费者在"闻"和"喝"的过程中能联想到产品特性。

(三) 优化品牌传播渠道和传播方式

由于传播具有普遍性的特点，企业不仅可以采用网络社交媒体、影视、戏剧、图书等媒介，还可以充分利用公交地铁等户外媒体以及厂房、墙壁和包装等实物媒介，展示品牌文化和产品信息。此外，企业还可以通过跨界联合，与旅游点和大型活动结合开发定制产品，参与各种展会和文化节等活动进行传播，提升品牌的活跃度和影响力。

结合营销创新开展话题传播，提升互动性。企业经营会有许多营销创新活动，对此展开话题，利用新媒体与消费者进行线上互动，使消费者了解到最新的企业信息，吸引线上线下消费者，提升企业的曝光度和客流量。

(四) 打造全国性品牌，逐步进入国际市场

开拓外埠市场是打造全国性品牌所必需的。鉴于北冰洋拓展外埠市场的经验，为企业提出以下建议：

第一，拓展生产基地及其功能。建设外埠基地不仅能够确保原材料在原产地的长期就近稳定的供应，还可以将最终产品就近供应外埠市场，降低物流仓储成本。尤其对于原材料在外埠的企业而言，这一做法更适合。生产基地还可以发展工业旅游，扩大消费者辐射范围，并有助于增进顾客体验，提升品牌认知度。

第二，开展联合经营。企业进入外埠市场时，通过与当地相关企业达成战略联盟开展合作经营，不仅可以共享顾客流，还有助于减少本土不适问题。北冰洋与当地的餐饮企业互补合作就是很好的例子。

第三，围绕全国品牌思维进行网络营销。网络营销具有跨越时空特点，对打造全国性品牌，服务全国市场甚至国外市场很有帮助。企业需要注意的是，在开展网络营销时，需要围绕全国品牌思维开展，使用的媒体渠道、品牌广告、推文内容及包装等都要进行相应的调整。

第六章　北京茶叶类老字号品牌营销创新案例研究

唐代陆羽《茶经》:"茶之为饮,发乎神农氏。"饮茶在我国有悠久的历史,源自远古,流传至今,具有深厚的历史文化底蕴。

清朝末年,在资本主义生产方式进入中国的同时,中国城市化重现苗头,由宗祠庙宇功能进化而来的茶园会馆在清代出现,使得全封闭的公众观看演出的文化空间取代了以往半开放的空间(廖奔,2012)。由于科举应试和商务沟通的需要,北京地区出现了不少茶园会馆。京式茶园会馆在一楼和二楼分别设立散座和包厢,在观看演出的同时还提供零食饮品,推动了戏曲这一文化表现形式的流行(马琳、邹国力,2017)。这一传统经过传承延续至今,不仅使北京餐饮老字号和戏曲结下不解之缘,还促进了北京茶叶市场的繁荣,由此催生了不少茶叶老字号,同时,它们也兼办了茶馆。

北京有很多茶叶老字号,在京城茶叶流通中发挥着重要作用。1951年,北京京华茶业有限公司接收了洪裕茂和荣昌两大茶庄;公私合营时期又有庆林春、森泰等40余家茶庄并入。1984年,京华茶叶马连道店开业。随后,各地茶商纷纷在马连道开店,形成京城茶业流通中心——"马连道茶叶街"。目前,北京茶叶老字号有八家,包括张一元、吴裕泰、京华、元长厚、启元、馥郁、庆林春、正兴德。鉴于张一元(国内茶叶销量第一)和吴裕泰(茶叶品牌排名第一)近年来的创新性和影响力,本章重点对这两个茶叶老字号进行研究。

第一节　吴裕泰:从传统"茶栈"到现代茶品牌[①]

一、品牌历史与企业概况

(一)品牌历史

"吴裕泰"创建于清光绪十三年(1887年),由吴裕泰茶栈、吴裕泰茶庄演变发展而

[①] 本节由张景云、何艳在阶段性成果基础上进行了较大修改:对吴裕泰历史及品牌战略演进做了系统梳理,在跟进企业最新进展的基础上,对吴裕泰的品牌营销策略进行补充完善,并提炼了核心观点。阶段性成果参见:何艳,董昭溦.吴裕泰的品牌年轻化探索[J].公关世界,2017(13):78-82.

来。据说是来自"大门洞"的字号。

清末,徽州歙县的吴老先生随从一位举人进京会试,出门时带了些茶叶。到了北京,举人忙着应试,吴先生空闲时就在北新桥大街路东的一个大门洞里摆起了茶摊,没几天茶叶便销售一空。吴先生发现,在满汉居住最密集的内城,无论贫富贵贱,人们有事没事都喜欢喝茶。举人落榜后要继续留在北京苦读,等待下科再考,于是派吴先生回歙县老家取些银两。吴先生返回京城时,还带回了大量的茶叶,开始做起茶叶生意。

吴家经过数年积累,把这个"大门洞"买下来,经过修缮,建成店铺门面。1887年(光绪十三年),茶栈正式悬匾开张(见图6-1),以自拼茉莉花茶在京城叫响了字号。当时吴裕泰茶栈以仓储、运输、批售为主。为了扩大经营,吴家把这个大门洞后面相连的荒芜府第(约十五亩)全部买了下来,重新修建整个院落,在院落南端(骆驼胡同路北)还修建了宽大的门楼,京人称为"吴裕泰大院"。

图6-1 吴裕泰茶栈①

吴先生去世前,将所有产业分成五份,分别写了五张字条,让五个儿子抓阄,谁抓到哪份就分到哪份产业,五个儿子由大到小顺序抓到了"仁""义""礼""智""信"。后

---

① 吴裕泰邀请画师根据吴裕泰茶栈开张悬匾时的情景绘制,该图由"吴裕泰"官方提供。

来，抓到"礼""智""信"的三兄弟商议将各自分得的财产重新合并，并组建了"礼智信兄弟公司"对茶庄进行运营管理。

1955年12月10日，吴裕泰被定为北京茶叶系统私营企业步入社会主义阵营的试点单位，随后不久，吴裕泰茶栈完成了公私合营，更名为"吴裕泰茶庄"。

"文化大革命"开始后，北新桥大街更名为"红日路"，"吴裕泰茶庄"牌匾也被摘了下来，"红日茶店"出现在店外的墙上。改革开放以后，恢复了字号和旧牌匾，开始了在有计划的市场经济下运营的新阶段。

1997年1月，北京市东城区奥之光实业总公司为弘扬和发展老字号决定成立北京吴裕泰茶叶公司，从此吴裕泰以连锁经营发展连锁店，在京城拓展市场。

1999年6月，通过了ISO 9002国际质量体系认证。

2001年，吴裕泰与联想集团合作，搭建信息化营销管理网络，确保统一管理、统一标识、统一进货、统一质量、统一价格、统一核算之"六统一"管理模式的顺利实施。

2005年，北京吴裕泰茶叶公司进一步改制为北京吴裕泰茶业股份有限公司，并建立起现代化的经营制度与管理体系。通过此次股份改制，吴裕泰总资产达到1亿元人民币。在股份构成中，44%为国有和集体股，其余为社会资本，其中，香港富华国际集团有限公司董事长注资1200万元，成为公司第二大股东和最大的自然人股东。

2008年，吴裕泰作为茶行业代表，为北京奥运会独家提供150万袋袋泡茶，并在奥运媒体村建立"中国茶艺室"，为各国官员、运动员、新闻记者提供服务。

2009年，吴裕泰与中国南方航空公司合作，设立"空中茶苑"。

2010年，吴裕泰专门研发了17款世博产品，并成为上海世博会上茶叶类特许生产商及零售商。

2012年，吴裕泰"茉莉花茶窨制技艺"被列入国家非物质文化遗产名录。

2014年，吴裕泰成为了亚太经合组织第二十二次领导人非正式会议的指定经销商。

2015年，吴裕泰作为中国花茶的代表出席米兰世博会中国茶文化周，并获得"金骆驼奖"。

(二) 企业概述

吴裕泰茶业股份公司主营茶叶、茶制品、茶衍生品的生产、加工、拼配、分装、配送、批发与零售等。以销售自拼茉莉花茶为主要特色，其特点是"香气鲜灵持久，滋味醇厚回甘，汤色清澈明亮，耐泡"，被消费者亲切地称为"裕泰香"。为了保障茶叶的品质，吴裕泰已先后在浙江、云南、湖南、福建、海南、贵州、安徽等茶叶产地建立了自己的茶叶基地，并从茶园到茶杯，建立了一整套完善的食品可追溯体系。

吴裕泰每5年提升一次品牌战略，2006年以来的品牌战略概述如下：

1. 2006~2010年品牌战略

品牌目标：

· 成为中国名牌产品、驰名商标；

·成为中国茶业特许连锁经营最优秀、最成功的品牌;
·成为中国茶行业具有主导地位的专业品牌。

品牌定位:

·专业:吴裕泰是国内经营茶叶最专业、最权威的民族品牌,这也是吴裕泰品牌的核心,是实现吴裕泰品牌差异化的关键点;

·健康:吴裕泰是苛求产品品质的、绿色的、有机的、放心的品牌;

·时尚:吴裕泰是与时俱进的、代表高品位的品牌;

·亲情:吴裕泰与顾客的亲情铸就了百年吴裕泰品牌,吴裕泰是大众的品牌。

品牌内涵:

·是历史悠久、具有浓厚中国文化底蕴的中华老字号品牌;

·是中国乃至世界茶叶市场最专业、品质最上乘的民族品牌;

·是与时俱进、值得消费者信赖的大众品牌;是代表亲情、成就、关怀的人文品牌。

企业使命:

·振兴中国茶行业、弘扬中国茶文化。

企业愿景:

·全面提升吴裕泰品牌价值,使其成为中国茶行业的代表、中国茶文化的代表和中华老字号文明的代表;

·稳步扩大吴裕泰企业规模,使其成为中国最大的茶业集团之一。

品牌广告语:

·跨越三个世纪,好茶始终如一。

图6-2 吴裕泰120周年推出的"花茶1887"纪念款

2. 2011~2015年品牌战略

品牌定位:定义好茶标准、传承好茶文化、创造好茶生活。

品牌形象设计：2012年，吴裕泰推出了崭新的品牌Logo，以茉莉花茶窨制技艺为创意灵感，以或含苞待放或初露花蕊或开放完全的茉莉鲜花与茶芽，通过裕泰绿、茉莉白两种颜色的交织，彰显年轻与活力的崭新茶品牌形象（见图6-3）。

图6-3 吴裕泰的品牌Logo①

品牌广告语：好茶为您，始终如一。

3. 2016~2020年品牌战略

品牌定位：花茶文化、健康产品、时尚消费。

品牌价值观：立足传统，锐意进取，开拓创新。

服务理念：宁肯自己千难万难，不让客户一时为难。

品牌广告语："卖老百姓喝得起的放心茶。"

近年来，吴裕泰品牌影响力不断提升，获得北京十大商业品牌、"2018年度北京十大商业品牌"奖、"2018年度最令消费者放心茶叶品牌"奖、"2019年度诚信北京"奖、金芽奖、"2019年度中国花茶（茉莉花）标志性品牌"……在2019年和2020年《中国茶叶企业产品品牌价值评估报告》中，吴裕泰分别以16.11亿元和16.52亿元的品牌价值，位于中国茶叶品牌价值榜首。

二、吴裕泰品牌化经营策略

（一）拓展产品品类，不断研发新品

茶叶行业是古老的传统行业，百年历史给予吴裕泰的，除了良好的品牌信誉和深厚的文化底蕴外，也有严重的品牌老化问题。随着产品结构与目标消费者的年龄日益老化，吴裕泰原有的产品类别已不合时宜。

吴裕泰延伸了原有的产品线，研发符合年轻人口味的新产品。早在2009年，吴裕泰研

---

① 图片取自"吴裕泰"官网。

发并推出了用天然茶粉制成的抹茶冰淇淋,成为名列王府井的"网红小吃"(见图6-4);2011年,吴裕泰研发了袋泡茶、茶粉、茶口味月饼、茶爽无胶口香糖等茶叶深加工产品。后来相继开发了太妃奶茶、蜜桃菠萝果茶、抹茶年轮蛋糕、抹茶饼干等。

吴裕泰在提升已有的茉莉花茶品质的基础上,结合消费者需求开发多种花茶品种。早在2014年,吴裕泰便提出了"大花茶"概念,经过多次尝试,吴裕泰开发出兰花花茶、珠兰花茶、桂花乌龙茶、玳玳红茶等多种口味,得到年轻消费者的喜爱。

图6-4 吴裕泰的抹茶冰淇淋①

利用吴裕泰的窨制技艺和独特的口味标准重新调整搭配,单独为网络商城推出8款全新窨制的花香茶。吴裕泰还用四川雅安兰花窨制成的全新兰花香绿茶,在线上线下同时销售。将"大花茶"做成符合年轻人习惯和口味的袋装茶进行销售。这些新品获得了年轻消费者的青睐,不但提升了品牌在市场上的活跃度,还增加了业务增长点。

吴裕泰销售的老北京四季茶京味十足,备受外地游客喜爱。该产品升级为"吴裕泰四季茶"后,在产品设计及包装上展现了民俗文化和茶文化两大元素,使之更有文化韵味。设计上采用著名漫画家李滨声专门为吴裕泰创作的《四季饮茶图》,展现了四种喝茶的场景。

吴裕泰还针对年轻人推出了主打时尚路线的子品牌"裕泰东方"茶饮店,在王府井、雍和宫、前门、东单等商圈运营,销售一系列时尚堂饮产品并进行茶文化传播。在茶饮店,消费者能够喝到正宗的茉莉花茶、玫瑰绿茶等,既有冷泡茶、热泡茶,又有茶食品、茶冰淇淋及路易波士奶茶等。

---

① 图片取自"吴裕泰"官网。

（二）坚持品质，开发绿色时尚新品

提起吴裕泰便会让消费者想起一个以质量为核心的老字号品牌。"制之唯恐不精，采之唯恐不尽"是吴裕泰不变的质量信条，其坚持以质量为本求精、求细、求实。因此，吴裕泰的顾客多是老顾客、回头客，有的家庭几代人都喝吴裕泰的茶。

吴裕泰能够发展至今，得益于其"三自、三关、六统一"的经营策略："三自"即茉莉花茶的自采、自窨、自拼，吴裕泰亲自派人把福建、安徽、云南等地的茶叶采购回来，将茶叶运至广西横县进行加工窨制，然后将茶叶运回北京进行拼配，经过多次拼样审评，以求达到茶叶色、香、味俱佳的品质；"三关"即进货关、拼配关、销售关，吴裕泰严把"三关"，从茶叶的生产到销售都要进行过程标准严格的检测，尤其是对茶叶产地的重视奠定了吴裕泰茶叶高质量的基础；"六统一"即统一进货、统一管理、统一标志、统一质量、统一价格、统一服务质量。

吴裕泰派遣了一个由采购、质检专业人员组成的监督小组，在福建、杭州、苏州等地现场把控春茶产品质量。第一，保证对茶园的全方位监督；第二，依据感官审评标准制定样品、评定成品；第三，依据国家标准，委托第三方机构进行卫生和理化指标检测；第四，出厂之前对产品进行检验，并在生产加工和仓储过程中进行抽检；第五，在门店销售过程中也会对产品进行抽检。经过这一系列的过程，确保茶叶达到色、香、味、形、气俱佳的高品质。为提升产品质量，吴裕泰是茶行业率先实现质量、食品安全、环境、职业健康安全、HACCP管理体系认证的企业。

在消费升级的时代下，人们对绿色、生态、环保有了更高的要求。2019年，吴裕泰推出高品质天然有机茶，对采摘到销售的每一个环节都严格把关。目前，吴裕泰有机茶产品分为有机铁观音茶、有机白茶、有机红茶、有机绿茶、有机普洱茶五大类，19款单品，年销售额已经突破千万元。吴裕泰也因此成为全国茶叶行业唯一一家销售多品类有机茶的企业。2019年"吴裕泰贡毫"一上市就成为当年爆款明星产品。吴裕泰特级有机正韵清香型铁观音在"2019年全国茶叶品质评价活动"中，荣获了五星名茶评价；"茉莉花茶王"在全国茉莉花茶质量推选活动中，荣获特别金奖，"贡毫茉莉花茶"获得了金奖。2019年，吴裕泰承接了庆祝新中国成立70周年阅兵服务供应保障任务，成为北京地区唯一一家"重要活动、重大会议供应保障茶叶企业"。在这一活动中，提供的就是吴裕泰的茉莉花茶、有机茶等优质产品。

吴裕泰还十分注重茶品的品位与文化内涵。2020年元旦春节期间，吴裕泰推出贡毫"一品多包装"系列产品，单罐装贡毫、双罐装贡毫、四星贡毫、七星贡毫，不仅茶叶具有较高品质，包装设计更具有文化内涵，满足了消费者绿色环保与审美品位需求。2020年3月，又推出了传统工艺精制西湖龙井茶，这款茶由于采用传统技艺加工出来，还具有传承"茶文化"的深意。

（三）品牌传播：年轻化、个性化、人性化

老舍先生的话剧《茶馆》讲述了裕泰茶馆的故事，据说裕泰茶馆的原型就参考了老

字号"吴裕泰"。不少公众对北京茶叶老字号的关注和兴趣起源于这个话剧。目前,传统的大众传播媒体,如报纸、广播、电视、杂志等依然是吴裕泰品牌传播的渠道。报纸渠道主要是《北京晚报》《北京商报》等地方媒体;广播电视媒体有中央人民广播电台和北京广播电视台等。

吴裕泰充分利用社交媒体开展品牌传播活动,重塑年轻化的品牌形象。2011年,吴裕泰官方微博上线。相继诞生的吴裕泰茶业官方微信、全新改版的吴裕泰官方网站、立足电子杂志APP的《茗鉴》电子刊,四大传播平台形成合力,多元化地开展品牌传播。2015年吴裕泰春茶节上,吴裕泰推出一款手机游戏"全民采春茶"活动,成为首家推出手游的茶叶品牌。

吴裕泰还设计了漫画卡通形象"老吴"作为虚拟代言人,将吴裕泰的品牌形象人格化,通过"老吴说茶""老吴直播""老吴福利""老吴送福"等形式与公众进行对话交流,还开发了"老吴"微信表情包。在吴裕泰官方微信标识中,包含了非常丰富的内容:微信二维码、吴裕泰Logo、店铺、创立时间、传统包装和品牌广告语"卖老百姓喝得起的放心茶"。

吴裕泰官微非常注重春茶方面的内容推送。除了虚拟人物,还通过员工(现实人物)与公众进行对话。他们给员工赋予了春茶"守护者""传递者""讲述者"等角色,图文中有直接引语,短视频中全息展现,亲切可感。伴随推送,兼有直播带货。

在官微传播中,吴裕泰还善于"讲故事"。比如,在2020年4月10日的推文《论"带货",爱茶的皇帝是前辈》中,从当下直播带货这一热点话题谈到乾隆和康熙两个皇帝与西湖龙井和碧螺春的故事,接下来推荐了吴裕泰春茶龙井与碧螺春。

(四)营销渠道:新消费和体验营销的融合

2017年以来,吴裕泰不断探索实体店升级方式,从顾客动线设计、店内布局、商品陈列、价签设计等方面关照感官体验和精神体验,将之打造成沉浸式的茶文化体验空间。

前门旗舰店外装饰古色古香,凝聚了端庄大气和古朴典雅的特色。店内环境经过专业团队的设计与规划,富有时尚气息。门店一楼展示着百余种茶叶、茶具,还有火爆京城的茶冰淇淋和各种新式茶饮;二楼则是新型营销模式的展示示范区,设立了甜点售卖区和抹茶体验区。在甜点售卖区,有茶年轮蛋糕、茶布丁、奶油冻等各式甜品供应;在抹茶体验区,顾客可以了解抹茶与绿茶的区别,体验亲手制作抹茶的乐趣。

王府井店二楼茶馆,不仅可以喝茶,还可以体验非遗技艺。吴裕泰定期邀请非遗传人来到门店,开设"京绣""皮影""茶艺"等体验课程。消费者可以通过"吴裕泰茶业"官方微信,通过网上预约参与其中。

吴裕泰还积极拥抱互联网,开展网络销售。2013年,吴裕泰先后在天猫商城、亚马逊、京东、1号店、当当网等平台设立旗舰店。2018年元旦,吴裕泰微信商城正式上线。公众进入"吴裕泰茶生活"的微信商城,通过手机定位选择附近门店点击进入,再点击"分类"可查看全部商品列表,选择自己心仪的商品下单,吴裕泰即可将顾客需要的商品就近派送到相关门店。

在开展网络销售中,吴裕泰也发现了一些问题。为了平衡网店与加盟商的利益,避免因为网店销售引发加盟商的不满,网店的产品和线下的产品在产品质量、口感、名称和包装上有差异。网购的年轻人并不了解传统口味,长期下去会影响消费者对传统茶品的体验与认识。由于线下门店经营依然是主打的、保持传统品质的主力方向,因此,吴裕泰开始对电子商务模式进行调整和转型。

2019年下半年,吴裕泰探索短视频营销,先后在快手、抖音、小红书等平台开通了企业账号,开始试水直播。2019年底,吴裕泰微信商城正式推出2.0版,不仅各项功能更加优化,还将全国500多家连锁店全部上线。吴裕泰微商城以门店为"仓",提供24小时不打烊服务,2020年一季度微商城销售额同比增长超1倍。当下,尽管O2O不是一个新鲜的模式,但是,吴裕泰通过线上引流到线下门店购买,可以说是对年轻消费群体正确认知、体验和消费"中国茶"的一种引导。

三、经营管理启示

(一) 坚守品质,凸显核心定位

品牌质量是品牌成功的基石。无论时代如何变迁,消费者对茶叶品质的追求没有改变。可以说,随着消费升级,只能是更高。老字号王福成(2000)认为,老字号保持生命力的第一个法宝是"选料考究,工精艺高"。所谓"选料考究",就是要做好生产上的物的要素(即生产资料)的文章;"工精艺高",就是要做好生产上的人的要素(即劳动力)的文章。这两篇文章做好了,这个老字号也就把住了保持其产品特色的第一道关口。吴裕泰从茶园到茶杯过程进行严格管控,通过"三自"做到选料考究,通过"三关"和"六统一"对生产和流通过程进行管控,从茶园到茶杯保障茶品的品质。

(二) 品牌战略升级

中国幅员辽阔,有19个省份产茶叶,茶叶种类多。"西湖龙井""福建铁观音""云南普洱茶"……这些茶品多是区域性农产品品牌,我国还缺乏强势的茶叶品牌运营商。在国际市场上,我国茶叶品牌被认为是加工不足的初级农产品,还存在农药残留大的诟病,影响了中国茶在海外的推广。茶叶作为特殊的品类,消费者在品质辨别方面存在不少困难,因而品牌的声誉、信誉非常重要。吴裕泰从2005年起制定了明确的品牌发展战略,每5年提升一次,这在茶叶企业中还是很可贵的。在多年的品牌经营中,吴裕泰在国内外获得多种奖项,成为重要标志性活动的服务商,这不仅是其多年来品牌经营成果的回报,也为品牌的信誉和影响力提供了有力支撑。

一流的企业做品牌,二流的企业做标准,三流的企业做产品。吴裕泰可以说三者都做,三者相互支撑。在产品方面,注重发挥花茶和拼茶特色,不断打造核心竞争力;在标准方面,不仅把控茶品品质,还使之成为茶叶"包买商"的经营基础;在品牌方面,从2006年以来开展品牌战略描述看,品牌目标、定位、愿景、品牌广告语等有一定的承接

性，也有一些不连贯的地方。比如，2006~2010年的品牌广告语"跨越三个世纪，好茶始终如一"和2011~2015年的品牌广告语"好茶为您，始终如一"有承接；而2016~2020年的品牌广告语"卖老百姓喝得起的放心茶"，与上述两个品牌广告语差异比较大。品牌广告语需要在承接已有品牌广告语的基础上有所推进。在消费升级背景下，吴裕泰致力于满足消费者对茶叶品质、品位、环保和个性化需求，还有茶饮店并提升了线下门店的设计感和体验性，品牌广告语的表述可与之相适应。

（三）品牌延伸与产品系列化开发

在年轻化、时尚化战略的引领下，吴裕泰通过品牌延伸进行产品系列化开发，不仅拓宽了业务领域，也获得了年轻消费群体的青睐。吴裕泰的品牌战略具有阶段性特点，在2009~2016年，除了部分利用茉莉花工艺的茶品研发，还开发了一些茶叶衍生品。2017年后，吴裕泰从品质、品种和品位入手，打造多品类有机茶品和茉莉贡毫等特色茶品。

在品牌时尚化年轻化方面，还可借鉴新兴茶叶品牌"喜茶"的经验。喜茶的发源地广东有独特的茶文化，人们都习惯喝早茶。喜茶赋予了传统茶文化以时尚与活力，俘获了年轻消费者的心。品牌口号为"一杯好茶，激发一份灵感"。"灵感之茶 中国制造"，强调"灵感"的定位。喜茶的Logo是一个拿着杯子喝茶的可爱的小人——"阿喜"的侧面，辨识度高，出现在包装和随行杯、购物袋、手机壳、雨伞等周边，配合新品推出，在"喜茶百货公司"出售。店铺设计也更多迎合年轻消费者的个性化需求，比如Pink店是粉红的少女心风格，黑金店是深色为主的酷炫风格，Go店是通过小程序在线点单的智慧门店风格等。喜茶将消费需求当作一个系统，关照消费者生活的每一个细节，提供社交性的"第三空间"，打造生活方式品牌。

吴裕泰在品牌延伸中，一是在已有的经营范围内开发新品类；二是向食品领域拓展；三是开展跨界运营，设立子品牌进入餐饮领域。在开展品牌延伸时，需要巩固主营业务，以免过度延伸冲击主营业务并稀释品牌资产。对于不同品类可考虑延伸出不同子品牌经营，开展品牌组合管理。

（四）适应新人群、新消费、新场景开展特色传播

大众传播和人际传播相结合，可以调节心理距离。故事化、对话感和人格化都是可以借助的人际传播元素。吴裕泰在品牌传播中比较注重传播者的角色，"老吴"代表企业；"传递人"代表服务人员；"守护人"代表质量检测人员……这些人物或赋予生命人格，或从幕后走向前台，与公众进行交流对话，富有亲和力，有助于拉近彼此的心理距离。

抹茶冰淇淋推出后，吴裕泰实现了传统茶庄与冰淇淋店的结合。线下门店还开展体验式设计，营造了封闭的公共文化空间，且具有仪式感。对于文化和体验性比较强的产品和品牌，可以考虑通过各种意见领袖开展网红直播，以免"自说自话"。由于茶叶老字号品牌有自己独特的文化，其产品有故事，消费有仪式，所以，应该更多地融入到新时代、新消费、新人群，尤其是新的场景中，通过网红直播，将沉浸式体验场景传达出去。

（五）渠道重塑与经营模式转型

在开展品牌年轻化的过程中，针对年轻消费者的口味研发了适合网上销售的品类。为了引导年轻人现场感受和体验正宗的茶品，利用新版微商城将年轻消费者重新带回到实体店。

不同的门店在标准化的基础上可以突出不同个性，打造生活方式品牌。比如，前门、王府井等商业街区可以突出文化仪式感；在贴近工作场所或居住的区域，可考虑为消费者提供休闲交谈或者阅读学习的空间，密切消费者关系。

线上销售有多种方式，虽然可能有一种方式各家企业都在使用，但是如何发挥其效能，需要深入细致的工作。

随着5G和北斗导航等新技术的应用，商业模式必将发生进一步变革。大数据的抓取和对顾客的精准定位，在消费者个性化需求的满足方面提供了技术条件。如何在新技术、新媒介环境下提升适应性，考验着每个经营者的应变能力和想象力。

第二节　张一元：三个"亿元"的"神话"[①]

一、品牌历史与概述

（一）品牌历史沿革

张一元茶庄的创始人姓张，名昌翼，字文卿，安徽省歙县定潭村人，1884年（清光绪十年），在北京崇文门外磁器口荣泰茶行学徒，1896年（光绪二十二年），开始在花市大街摆茶摊。1900年（光绪二十六年），他在花市大街开办了"张玉元茶庄"，定下了"诚信为本"的古训，因其拼配的茶叶质优价廉，故在东南城小有名气，取名"张玉元"。在古汉语里"玉"又通"茗"，代表"好茶"，"元"是第一的意思。光绪三十四年（1908年）他在前门外观音寺路南又开办了"张一元茶庄"，取名"张一元"（见图6-5）。比起"张玉元"，"张一元"更好记、更有寓意。

民国元年（1912年），张昌翼在前门大栅栏街开设了第三家店，亦称"张一元"，为区别前一个店，该店称"张一元文记"茶庄。1925年，张昌翼在福建开办了茶场，自制小叶花茶。张一元茶叶逐渐走俏，不仅行销京城，而且远销华北、东北各地。

---

① 本节由张景云、何艳在阶段性成果基础上进行了较大修改：对张一元的历史进行了系统梳理，在跟进企业最新进展的基础上对张一元的品牌营销策略进行补充完善，并提炼出核心观点。文中图片除了特别标注的以外，均由"张一元"官方提供。阶段性成果参见：何艳，姚梦珊．"张一元"的品牌文化传承和创新传播［J］．公关世界，2017（11）：78-82．

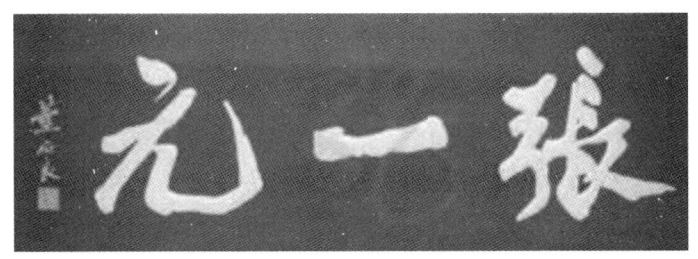

图 6-5　张一元老字号牌匾

1947 年，大栅栏张一元文记后楼失火，只剩门脸，店员只得在门前摆茶摊。1951 年开始重建店堂，1952 年观音寺张一元茶庄停业，并入大栅栏，正式改名"张一元"。1956 年公私合营后，花市大街张玉元茶庄撤点，"张玉元"的字号取消，统一使用"张一元"这个字号。张一元茶庄大栅栏总店外景如图 6-6 所示。

图 6-6　张一元大栅栏总店（1962 年）

关于"张一元"字号的命名，有不同的说法。比较通行的说法是："张一元"取"一"和"元"两个第一的意思，有"一元复始、万象更新"之意，寓意茶庄"开业大吉，不断发展创新"，由于店主姓张，因而得名。其他说法，一是因为张一元的茶叶有"一元一包"的销售方法；二是张一元的店主把茶庄做大之后了就大肆挥霍，最后口袋里只剩下一元钱，于是幡然醒悟，从头再来。

张一元在创立初期，就开始在报纸、广播上做广告来招引顾客，走在当时商铺宣传的前沿；张一元也是最早使用留声机放戏曲、歌曲和曲艺唱片，以高音喇叭播放以招徕顾客的老字号。据说，当时张一元茶庄播放彭素海演唱的西河大鼓《三下南唐》，每次播放时,门前总是围着一群人。大栅栏最早的霓虹灯也是张一元茶庄竖起来的。这些宣传手段大大提高了张一元茶庄的知名度,全市诸多茶馆、澡堂、旅店、戏园都购买张一元的茶叶,许多杂货摊铺也都爱代卖他们的零包茶叶(章永俊,2016)。

在 20 世纪初的北京,无论是达官显贵、梨园名家,还是布衣百姓,壶里杯中都少不了张一元的茉莉花茶,尤其是张一元自制的"小叶花茶",至今仍是很多老茶客生活待客的首选。

老字号张一元的发展并不是一帆风顺的。在解放初期,老字号一度遇到商业危机,因服务态度差、产品单一等,受到消费者的质疑。张一元始终秉承"人品如茶品,好的人如好的茶一样,至清至纯"。由于老字号的传统特点,张一元跟很多大企业相比还是有很多局限的,但是张一元始终坚持把茶产品做好,以诚信立足,在茶产业中获得了声誉。改革开放为张一元的发展带来了新的生机,张一元在茶品和服务质量上下功夫,不断提升市场影响力。

1990 年,在北京召开第十一届亚运会期间,亚奥理事会官员和各国运动员慕名来张一元购买茶叶,提升了张一元的知名度。

1991 年,"张一元"商标正式注册(见图 6-7)。

图 6-7 张一元的 Logo

1992 年,张一元正式注册成立了"北京市张一元茶叶公司"。

1993 年,张一元被国内贸易部认定为"中华老字号"。

1994 年,张一元在福建闽东建立了第一个生产基地——闽东张一元茶叶有限公司。

1999 年,公司按照现代企业制度的要求,进行股份制转制,更名为"北京张一元茶叶有限责任公司"。

2003 年,北京张一元饮品有限责任公司成立,制定了"以品牌定位,以质量创效益,服务促经营"的发展战略。

2004年5月，投资建立了张一元亚运村旗舰店。同年10月，金源新燕莎MALL张一元旗舰店开业。

2006年，博元舫茶楼以及天桥茶馆相继开业。

2007年，"张一元茉莉花茶制作技艺"被列入国家级非物质文化遗产保护名录。

2008年，张一元成为北京奥运村中国茶艺室的独立运营商。同年，张一元在天津设立了分公司并开设多家分店，标志着张一元已将经营触角延伸到外埠市场。

2009年，张一元茉莉花茶入选"中国世博十大名茶"，并成为2010年"上海世博会联合国馆指定用茶"。

2014年，广西横县北京张一元茶业有限责任公司成立。

2016年，广西横县张一元中国茉莉花茶标准化产业园落成投产。

2019年11月，《国家级非物质文化遗产代表性项目保护单位名单》公布，北京张一元茶叶有限责任公司获得"花茶制作技艺（张一元茉莉花茶制作技艺）项目"保护单位资格。

(二) 企业概况

张一元茶叶有限责任公司一直秉承着"诚信为本"的古训，以"金般品质、百年承诺"为经营理念，以"打造中国茶叶第一品牌、弘扬国饮"为目标。

张一元茉莉花茶以精制春茶茶坯为原料，加之上等的伏天晴天3日以上采摘的茉莉鲜花，严格按照张一元流传百年的加工工艺窨制而成，不仅香气纯正持久，更可达鲜、灵、醇、爽的境界，形成"汤清、味浓，入口芳香，回味无穷"的特色，素有"窨得茉莉无上味，列作人间第一香"的美誉。

"不怕人没买，就怕人买缺"是张一元一直以来奉行的经营宗旨，做到"货卖齐全"，满足人们的各种消费需求。从市场营销学的观点看，就是聚焦茶叶市场开展差异化营销。

迄今为止，张一元已实现产、供、销、研一体化目标，在福建、浙江、安徽、云南、四川等省建立了31个生产基地，生产加工绿、红、白、青（乌龙茶）、黄、黑、花茶等茶类，经营茶叶花色品种逾300种。为做精、做专、做强、做名、做大张一元品牌，张一元茶叶有限责任公司不断延伸茶产业链，先后开设了茶楼、茶馆，涉及休闲、娱乐、文化创意产业发展，拥有连锁经营店300多家，已先后在美国、法国、日本、韩国、中国香港、中国台湾等十余个国家和地区进行海外商标注册，销售网络覆盖我国以及美国、日本、马来西亚等多个国家，年销售收入逾10亿元，多年来稳居全国茶叶行业销售榜首。

二、品牌营销创新策略

(一) 把控产品品质，坚守专业路线

与新时代产生的很多新品牌相比，张一元的优势就在于专业和传统。在产品和市场进行权衡时，张一元选择了产品，"专业"一直是它坚守的准则。就一个行业，尤其是茶企来说，每个品牌之间差距并不大，其中差别也很难做出判断。因此张一元不断地提炼相对于其他品牌来说更专业的品质。

目前茶叶市场中产品琳琅满目,针对市场状况,张一元也在不断地进行改善,更加重视市场反馈。在品质方面坚持做到最好,发现不足并及时做出调整。根据行业内部的判断标准以及消费者的反馈信息,来调整自身的"专业"。从张一元目前的战略来讲,就是90%的精力都用来做花茶,提升花茶的影响力。

当下,花茶是一个危机产业,其独特的生产工艺需要付出更大的成本才能维护花茶的持续生产和增长。这主要涉及花茶的成本和市场之间的杠杆。花茶的采集工人大部分是老年人,对企业来说无疑是增加了人力物力成本。在这样的现实情况下,张一元从终端去改变,提升花茶的销量,提高单品的势能,从而减轻茶农的压力,更好地保持花茶的品质。张一元在配制茶叶过程中运用"窨制工艺",遵循复杂而严格的流程,从采茶时间的选择到挑花、养花、掺花、起花的每一步都有规范。对产品质量的高度重视,也使张一元在茶叶市场一直占据着主导地位。

张一元对茉莉花茶进行组合包装销售,为包装茶逐步替代散茶积累了经验。2018年,张一元先后推出了新春特别版龙毫礼盒、纪念改革开放四十周年限量版茉莉花茶礼盒以及4款"250克袋装"茉莉花茶新品(茉莉毛尖、茉莉雪毫、茉莉玉芽、茉莉莲花香雪)等9个系列15款包装茶新品,深受消费者的喜爱与认可,包装茶年销售量同比增长24.97%。2019年,张一元在国庆节前夕特别推出茉莉花茶"建国70周年华诞礼品",成为市场热销品种。

(二)借助基地优势,打造核心创新产品

北京不是茶叶原产地,张一元起先主要是通过商贸,经销外地茶品获得利润。通过基地建设,不仅从上游支撑了张一元的茶产业链,提升了茶叶品质,还为新品研发拓展了空间。张一元将先进科技应用到产品创新中,陆续开发新产品300余种,并多次在全国茶叶评比中获奖。比如,研制成功已绝迹30余年的"柚子花茶""仙岩雪峰"被国家茶叶博物馆收藏等。

2014年,广西横县北京张一元茶业有限责任公司成立,广西横县茶产业园奠基动工后,张一元将茉莉花资源作为公司的重要战略,2016年园区落成并投产。该园区在设计、施工、生产工艺、设备安装、质量控制及自动化程度方面融入最新的科技,实现品种、工艺、技术方面全面创新,加快产业结构优化,进一步探索"规模化开发、基地化建设、产业化经营、标准化生产、外向型发展"新思路,以推动茉莉花茶标准化进程及产业升级。

张一元在广西横县还设立了茉莉花博物馆。横县种植茉莉花已有六七百年历史,明朝嘉靖年间横州州判王济在《君子堂日询手镜》中记述,横县"茉莉甚广,有以之编篱者,四时常花"。现在,横县拥有10.8万亩茉莉园,33万名花农,年产9万吨茉莉鲜花,7万吨茉莉花茶。横县茉莉花(茶)一、二、三产业综合年产值近105亿元,综合品牌价值达202.97亿元。由于横县不是茶的主产区,横县茉莉花茶80%的份额主要是代茶加工,广西横县茉莉花成为国家级农产品区域公用品牌,其主视觉如图6-8所示。

图6-8 广西横县茉莉花区域农产品品牌主视觉①

  2015年底,张一元决定打造一款有代表性的产品,从茶坯的选择、制作到窨花的次数和下花量,每一个环节都要做到精益求精,作为张一元品牌的核心产品,这就是龙毫。

  张一元茉莉龙毫以精制春茶茶坯为原料,在每年春分之前严格遵循"一芽一叶初展"的标准采摘。花茶通常是以烘青绿茶为茶坯的,因为烘青绿茶相对含水量低,叶片细胞间有多而密集的孔洞,花的香气分子以此为载体,在窨制过程中很容易吸附在这些孔洞中,这样茶叶就能留住茉莉鲜花的香气。

  茉莉龙毫的茶坯最终选用福建霞浦名山"葛洪山"的明前绿茶。因为那里的茶内质好、嫩度高、内含物丰富,更容易吸收花的香气,这些经过标准化茶园管理培育出来的茶叶外形肥壮、香气持久、色泽鲜润,沏出来的茶汤是清的、透亮的。

  茉莉龙毫的原料选取,除了茶坯,还有茉莉鲜花。这些鲜花都精选自茉莉花之都——广西横县的"伏花"和"秋花",严格按照流传百年的传统工艺,"八窨"而成。

  张一元广西茉莉花茶产业园生产车间的数据显示,龙毫整体下花量与茶坯的比例可以达到6∶1,也就是说,每制作100斤茶叶,要配600斤鲜花。足够大的下花量,以及高频的窨次,确保了张一元茉莉龙毫的茉莉花香鲜灵悠长又持久。制作花茶一般选用晴天采摘、洁白饱满的茉莉鲜花。其中,三伏天的茉莉鲜花,花粉浓度比夏初的时候要浓很多,在同样窨次、同样下花量的情况下,伏花窨制出来的茉莉花茶香气更浓厚。茉莉花茶即将成品之时,选用秋花来完成最后一到两次窨制。采用秋花窨制的张一元龙毫,香气会更加沉稳和持久。鉴于如此明显的优势和特点,张一元龙毫蝉联2016年、2017年北京国际茶业展"特别金奖"。

  张一元"金奖系列"茉莉花茶产品,特别是"茉莉龙毫"给张一元带来丰厚的回报。

---

① 该图取自"神农岛"微信公众号。

2019年上半年,张一元实现了销售业绩的持续稳定增长。张一元总店(大栅栏店)半年实现销售破亿,战略产品"茉莉龙毫"成为销售过亿的单品,电商销售高速增长,销售过亿元,实现了"亿元店、亿元单品、亿元电商"三个"亿元",这在茶行业里面是鲜有的突破。

(三)不断提升服务品质

作为老字号,张一元的消费者大部分是回头客、老主顾,有的家庭几代人都喝张一元的茶叶,可谓"半生喝茶,一世情缘"。王福成(2000)认为,坚持老字号的传承——"质的规定性",才能实现马克思所言的"惊险的跳跃"。

"张一元"茶庄从20世纪80年代开始,在文明服务上提出了新的、更高的要求,按照"文明待客,服务周到,方便购买"的方针,制定了"三声五一样"的服务规范("三声"是客来有迎声,客问有答声,客走有送声;"五一样"是买与不买一样,买多买少一样,业务忙闲一样,生人熟人一样,外地顾客与本地顾客一样)。这种规范化服务为"张一元"创造了一种宾至如归的崭新商业氛围。多年来,"张一元"还不断地扩大服务项目,多达20余项,如代客邮寄茶叶、代客转邮送礼、代客泡茶、特需登记、为老弱病残送货上门、设便民车便民椅等。这是"张一元"常年生意红火、客流不断的重要因素(王福成,2000)。

随后,张一元又推行了"微笑服务"、"挂牌服务"、"自荐等级"上岗、"服务之星"、"情感服务"即"五感"(亲切感、诚实感、温暖感、信任感、留恋感)服务,完善了承诺的程序和内容,建立了顾客投诉机制,制定了提供规范服务流程图及服务提供规范标准,推出了代客办理邮寄、免费加工小包茶、孤老病残送茶上门、电话订货、特需登记等17项服务项目,赢得了广大消费者的赞誉。制定了顾客满意率要达到98%,服务质量达标率要达到99%,顾客投诉解决率要达到100%,监督抽查合格率要达到100%的服务标准。

(四)弘扬中国茶文化,开展文化营销

茶文化与品牌文化的一脉相承可以为品牌带来巨大的价值。作为老字号茶庄,张一元的最大优势也是茶文化的传承。如何将传统与创新相结合?张一元一直在探寻其自身内在的传统文化及其所带来的无形资产。

2012年8月22日,张一元在前门外观音寺街隆重举行诞生地落成典礼暨"清味儿"老茶庄开业仪式。作为张一元的诞生地,专家学者反复论证、考量,秉承着恢复原始风貌的宗旨,再现了清朝时期老茶庄的古风遗韵:外是飞檐斗一拱、砖木结构、小青瓦、设门相,内饰供案、方桌、条凳,悬挂点缀的宫灯隐伏在木椽之内,旧时的茶具、器物一一展现;桌上的老式算盘、马口的帖茶叶桶都向我们展示着张一元的历史轨迹,仿旧制作的水牌,让人感受到早些年间,人们拿着"茶票"换茶的情形,水牌上的茶叶名称,"高沫""香片"映入眼帘,仿佛可以闻到胡同中挨家挨户飘出的茶香。

"高沫"本来是老北京的胡同里穷人喝的一种茶。其实就是茶叶卖完了以后剩下的碎茶叶，北京俗话也称"茶土子"，价格很便宜，味道也很浓郁。与"好茶叶"不同的是，这种"茶土子"只能沏一回，而不能像"好茶叶"那样，喝完了再沏。因为它是茶叶的碎片，沏一回就泡透了。旧时茶馆里的掌柜会问一句"给您沏碗高的?"这个"高的"指的就是这种茶。

张一元将这种廉价茶叶的典故用到一款特殊花茶的营销上，"搭配销售"，产生了饥饿营销的效果。有的顾客还在公众号里面表达了购买"高沫"的体验：

高沫，于它有种可遇不可求的微妙感觉。第一次知道高沫，是从小时候看老舍作品里晓得的，后来有机会喝起，觉得很好喝。只是觉得，高沫，似乎慢慢地尊贵了起来，超出了它本来的价值。比如这次进到店里，就发现，想买高沫，得先在其他茶叶上消费满120元，才能购置一斤。愣了一下，有些小不爽，但也接受了，店里有个比我和同学先进去的女人，貌似在磨价，想讲价又想能直接只买高沫。见我们进来，住了嘴，看着我们，话风变为帮店家助销了……①

顾客在这个过程中，增加了在店铺中逗留的时间，还可以了解并购买其他的茶品，对于茶叶促销有一定效果。不过，由于"搭售"这种方式让顾客内心产生"纠结"，需要慎重使用。

张一元通过开展一些主题活动，不仅给消费者创造接触和体验张一元的机会，也给自身创造了开展文化营销的机会。比如，定期举办社区、学校的茶艺体验活动。张一元还举办过工业游活动，邀请群众进厂参观。由于是无菌的环境，参观者需要经过消毒，全副武装。在参观的过程中，公众可以近距离感受茶叶的拼配与加工过程。春节、清明节、端午节、中秋节等以中国传统节日为主题的茶文化活动，形成了具有茶文化特色的张一元四大民俗风情节，向世界传播中国茶文化。张一元官微会常常推出"微茶会"之类的活动，邀请线上报名人员进行品茶、论茶的活动，在加强与网友的互动中传播茶文化。

（五）利用新营销模式，促进品牌推广

体验营销。伯德·施密特（2001）认为，体验式营销站在消费者的感官、情感、思考、行动、关联五个方面，重新定义、设计营销的思考方式。

    鲜嫩芽叶通过时间的转化

    味道和营养得到升华

    在花茶的法则里

    味道重于一切

    这是时间的味道

    也是品质的味道②

在张一元官方公众号中，有不少推送突出了茶叶的味道与视觉效果，也介绍了茶叶的

---

① 摘自"九不说话"微信公众号文章《买了张一元的高沫》，2019年3月22日。
② 摘选自"承德店张一元茶楼"微信公众号文章《张一元茶楼》，2018年12月24日。

不同冲泡器皿和方法,让公众在网络空间中感受到茶的质感、味道及优雅的氛围。

跨界合作。2013年,全聚德和平门店和张一元茶叶公司大栅栏总店共同合作签署了《餐茶文化经营项目合作意向书》。本着为广大消费者提供更加体贴、周到的服务,专注于提升"餐"和"饮"的品质,两个老字号品牌联手打造京城品牌,让"游长城,逛故宫,吃全聚德烤鸭,喝张一元花茶"成为来京游客体验京味儿文化的选择。通过联合营销,双方在茶饮供应、新产品开发、茶餐研发、茶艺服务、外卖服务、合作专柜、市场推广等方面全方位合作,共享资源,实现优势互补。除此之外,张一元还与北京珐琅厂开发了联名款茶具等。

三、经营管理启示

(一)注重"专业",打造核心产品

作为北京南城的著名茶叶老字号,张一元将品牌文化的传承和创新作为企业可持续发展的重要理念,继承传统经营服务理念,保持一直以来的品质要求,在激烈的市场竞争中调整经营策略,以"茉莉花茶"为经营核心,在茉莉花茶市场上进行深度开掘,树立市场品牌形象,并取得一定成效。可以说,张一元的特色是在"一"上做文章。

第一个"一"是"恒一":恒久坚持。张一元一直坚守"诚信为本"的祖训,历来在同行业中以上乘的茶叶、低廉的价格、优质的服务和优雅的购物环境,招揽了八方来客。

第二个"一"是"专一":专业立足。一直以"茉莉花茶"为经营核心,将茉莉花茶的制作技艺发扬光大。

第三个"一"是"一品":重点打造核心产品——茉莉龙毫,给消费者独特清晰的品质联想与认知。

(二)处理好"质"与"量"的关系

张一元"诚信为本"的理念,"专业"专注茶叶品质,通过体验营销密切与顾客的沟通,建立交情,在"质"的基础上达成"量"的回报。2019年上半年便实现三个"亿",这一"量"的信息,实际上是对其"质"的回报。在本书第二章涉及食品加工类老字号的调查中,去张一元消费过的占33.22%,说明张一元的市场接受度比较高。

企业与顾客的关系质量,决定品牌的价值。周南(2012)按"交易"与"交情"将企业与顾客的关系分为四种基本类型:第一类交易少,交情浅(过客);第二类交易多,交情浅(熟客,商场好友);第三类交易少,交情深(捧场友);第四类交易多,交情深(铁哥们儿)。情在理先,礼让三先。熟饭煮自生米,只要努力,素不相识的客人也可以成为"铁哥们儿"。情由质来,义/意由量来。质量,顾名思义,"质"在先(企业提供),量在后(顾客提供)。质为因量为果,如果质无法保证,量便无从谈起。

"质"既指产品的品质,也包括服务的品质。张一元在产品品质方面,从茶园基地的建立到选料和加工,严格按照专业水准,将传统工艺和现代科技结合起来,不断地提升茶品的质量水准。张一元在致力于提升服务质量、提升标准化服务水平、有效解决顾客投诉等方面，尤其是推行"情感服务"即"五感"（亲切感、诚实感、温暖感、信任感、留恋感）服务，与顾客交朋友，通过情感交流达到"交心"境界。

（三）品牌文化，形成民族记忆

品牌文化是文化特质在品牌中的沉积和品牌经营活动中的一切文化现象，以及它们所代表的利益认知、情感属性、文化传统和个性形象等价值观念的总和（陈幼红，2015）。一个品牌与其他品牌区分开，首先是字号不同，其次是风格不同，老字号品牌在展现出民族特色、形成民族记忆方面具有自身的优势。

茶叶品牌不仅是一种商品品牌，还是一种独特的文化品牌。借助茶文化及相关领域开展产品研发和品牌传播，还有很大的创新空间。有一款大学生创业茶品牌，品名为"每日一签：沁心速溶茶"，其实就是一款便于携带和冲泡的茶粉，配料在普洱茶基础上加入了中医药养生成分葛根和酸枣。每盒30袋装，每袋为"一签"，有红、黄、青、绿、紫等颜色，印有"胸有成竹，水到渠成""文明有节，仁者爱人"等字样。这种"微创新"也给我们一点启发，一款茶品如何在消费者的生活和心态磨砺中扮演一个角色，如何与消费者互动，如何利用包装来传播茶文化等，有很多方式与途径可供选择。

IP跨界运营为茶文化传播和茶品牌推广拓宽了思路。比如，茶品牌的文化营销和体验营销不仅可以借助中国传统节日和工业旅游等方式开展，不仅可以和医药、餐饮、文化、旅游等相关行业联合运作，还可以做一些持续的文化传播项目，比如，在中外学校建立茶艺体验室，与一届又一届的学生进行交流，也可以联合打造校庆合作款等。

（四）探索了一条品牌+基地+加工的产业链模式

北京不是茶叶产地，却是重要的茶叶流通和集散地。在茶叶品牌经营中，常常要依托产茶基地作为品质保证，这些基地也作为"要素品牌"支撑着茶叶品牌的信誉。张一元在多年经营中，注重诚信经营，建立了31个茶叶基地。吴裕泰也有多个茶叶基地。一般的茶叶基地基本是战略联盟合作模式，茶叶品牌主要通过建立标准来控制茶叶质量。张一元在基地建设中进行了深度运营，在当地投资成立了子公司进行管控，并取得了成效。比如：在福建闽东建立生产基地的同时，成立了闽东张一元茶叶有限公司；在建立广西横县茉莉花标准花茶园时，成立广西横县北京张一元茶业有限责任公司进行运营。我们看到，这两个基地不仅是"茉莉龙毫"原料的来源地，也是茶的加工和制作地。这不仅保障了茶品品质和加工质量，还带动了当地茶产业的稳定有序和健康发展。可以说，张一元探索了一条"品牌+基地+加工"的全产业链模式，为其品牌战略提供了重要支撑。

总之，吴裕泰和张一元在打造茶叶品牌方面的探索，为我国茶叶品牌做大做强、带动茶产业发展和茶文化传播发挥了作用。各地的茶叶老字号在多年经营中坚守品质和优质服务，不仅营造了商誉，也培育了渠道。通过做强茶叶品牌，并融合线上线下渠道运营，可以打通供应链和消费链两端，是在茶行业经营中取得竞争优势的源泉，值得茶叶老字号借鉴。

第七章 文化工艺品类老字号营销创新案例研究

第一节 一得阁：自主品牌的维护与提升策略[①]

一、品牌历史和企业概况

(一) 品牌历史

清同治四年（1865 年），谢崧岱在先人制墨方法的基础上，经过"屡试屡误，屡误屡悟，渐知收瓶入盒之法，遂无忽浅忽深之弊"[②]，研制出了墨汁，而后决定毕生专门从事墨汁的制作和经营。这一年，他在琉璃厂开办了墨汁店，并在堂前书写了"一得阁"牌匾（见图 7-1）。店名取自他的一副楹联"一艺足供天下用，得法多自古人书"的首字。首家一得阁的店铺坐落于东琉璃厂中部北侧。店铺分为上下二层，前有游廊，东靠"东北园胡同"，西依"双鱼胡同"，与其他商店互不衔接，两个胡同像个轿杠挑着墨汁店，具有"阁"载文苑之意境。

每当逢年过节，"一得阁"店员都要上香敬贡，先拜"墨圣"，再拜掌柜。一得阁敬拜的三个"墨圣"中，第一位是苏东坡，谢崧岱从他那里学到取烟的方法。据说苏东坡的诗"书窗拾轻煤，佛帐扫余馥。辛勤破千夜，收此一寸金"说的就是扫灯烟制墨。第二位是晁季一，他是《墨经》的作者，宋代的制墨名家，谢崧岱从他那里得到和胶的启发。第三位是明代的沈继孙，他编著的《墨法集要》保存了古法制墨的 21 幅插图，是历史上第一部关于制墨工艺的著作，谢崧岱称这部书为"集墨家大成，为造墨家空前绝后之书"。

[①] 本节由张景云执笔，张颖璐参加了现场观察与访谈调研，聂景云进行了资料收集、访谈录音整理并参与初稿的部分撰写。文中图片均由"一得阁"官方提供，或为官方提供原图的组合。

[②] 资料来源：《一得阁传承史》（内部资料）。

图7-1 谢崧岱书写的"一得阁"牌匾

20世纪初叶,一得阁第一代传人徐洁滨执掌了一得阁。他在广安门大街124号设制烟作坊,烧制油烟和松烟。他不忘始祖,由于自己名字带水字边,墨汁离不开水,与龙王爷打交道,并继承古人制墨技法,遂给那副对联加了横批"龙滨古法"。他将轻烟末制成"云烟",开创了名牌"惜如金"。随后,徐洁滨扩大了一得阁的业务,除本店销售外,并在郑州、天津开店直销,在上海、西安建立了联营店"一文阁",进行委托销售。一得阁业务日渐兴旺,所用原材料也从国内拓展到国外,如黑烟就是用了美国黑、德国黑等国外材料。

当时,市场上出现了假冒一得阁的产品。徐洁滨随即呈请民国农商部商标局注册了商标,依据商法特制定本阁主人小像,并于1925年5月发布公报、发表声明维护墨汁商标权(见图7-2)。徐洁滨是依据法律维护一得阁知识产权的第一人。

日军侵华期间,郑州分厂被炸弹炸毁。日军占领北平期间,日本商人多次找徐洁滨购买一得阁的配方,被其断然拒绝,保住了一得阁配方这一珍贵的中华文化遗产。

新中国成立后,一得阁发展得到了党和政府的高度重视,先后有习仲勋、华国锋、王平、荣高棠、廖汉生、彭冲、陈再道、李真等国家领导人莅临一得阁指导工作。

1953年,一得阁墨汁店由前门区琉璃厂44号迁至南新华街5号(现注册地址)。

1956年,公私合营,一得阁墨汁店与17个相关企业和投资者成立北京一得阁墨汁厂。产品由原来的2种增加到9种。

"文革"期间,一得阁曾一度更名为"文化用品厂",1980年恢复为"北京一得阁墨汁厂"。

20世纪八九十年代,一得阁注册了"金鱼"和"大雁"两个商标,分别用于彩墨和印泥。

2000年,一得阁改制为北京一得阁工贸中心。

2002年,北京一得阁工贸中心注册了"一得阁"商标。

图 7-2 一得阁 1925 年打假布告

2004 年,一得阁改制为北京一得阁墨业有限责任公司。

2015 年,一得阁墨业制定了"振兴民族品牌、创中华墨业之王"的企业愿景,企业发展步入快车道。

(二)企业概况

"一得阁"由北京一得阁墨业有限责任公司运营,主要经营墨汁、墨块、印泥等产品,拥有 40 多个墨类产品,以及科研、检验机构和新产品研发部门,在北京长阳镇拥有一个生产基地。据中国文房四宝协会统计,一得阁生产的墨汁占全国墨汁产量的 76%,是全国最大的墨汁生产厂家。2005 年,"一得阁墨汁制作技艺"被列入北京市级非物质文化遗产项目名录。2006 年,一得阁被商务部认定为"中华老字号"。2014 年,"一得阁墨汁制作技艺"被列入国家级非物质文化遗产代表性项目名录。"一得阁墨汁""中华墨汁""特制八宝印泥"被国家科委、国家保密局认定、核准为国家秘密技术项目。一得阁的"中华墨汁""一得阁墨汁"先后被评为国家银质奖产品、轻工部优质产品,并连续三次被评为中国文房四宝"国之宝"产品。迄今为止,一得阁产品获得荣誉 300 余项,其产品遍及全国各地,并远销日本、东南亚、欧洲及其他华人、亚裔集中地区。

二、一得阁制墨技艺

中国古代十分重视制墨,出现了不少制墨名家、名墨,多是文人自制其墨,使用材料多用名贵的古松烟和鹿麝胶汁,制作精良,购于善价。一得阁墨汁的出现使得墨汁可以批量商业化供应,大大降低了成本。从此,墨汁成为文房四宝的重要一员,一得阁品牌也因此成为中华墨文化的名片。《中国大百科全书》中说:"液体墨汁不能完全取代块墨,但取用方便,是中国传统书画用品的一次革新。"

谢崧岱认为,墨块演变到墨汁是必然趋势。他将制墨过程总结为取烟、研烟、和胶、去渣、收瓶、入盒、入麝、成条的"制墨八法",在制墨的方法中经过不断的探索,并反复试验,终于研究出了墨汁,是中国数千年来书画工具的一次重大突破,也是对民族文化做出的重大贡献。在历经155年后,一得阁第四代传承人在总结前辈制墨的基础上,经提炼融合,提出了新的墨汁制作八法,主要包括取烟、配料、煮胶、二段配料、研磨、三段配料、搅拌和沉淀检测八个环节。

取烟。古时是先用松树的枝干进行燃烧,取顶层的烟灰作为原材料,现在由于工艺的改进和环保的要求,改为油烟炭黑。

一段配料。由专门的配料师傅,根据配方的要求,关门独立操作,把所有的物料配好然后融合在一起备用。

煮胶。一般使用骨胶,内含大量动物蛋白质,在特制的容器中进行反复熬制,需要技艺传承人一丝不苟不断调整火候,必须恰到好处才能达到要求。

二段配料。由配料师傅根据配方独立操作,配好后融合在一起备用。

研磨。之前是用石磨,现在用三辊机代替,通过反复的研磨,让物料中的色泽和香味都能够展示出来,达到膏状。

三段配料。由专门的配料师傅操作。

搅拌。把配好的物料和研磨好的墨膏等放在搅拌池中,加入一定温度的热水,并进行反复的搅拌,直到物料和水充分融合。

沉淀检测。把搅拌好的墨汁半成品放置在特定的墨池中,沉淀一定的时间,按照国家标准对各项指标进行检测,符合标准才能出厂。

一得阁至今还沿用古法制墨技艺,配方属于国家级保密项目。其墨汁采用四川高色素炭黑、骨胶、冰片、麝香、苯酚等作为原材料,运用传统工艺精细加工而成,具有墨迹光亮、耐水性强、书写流利、写后易干、不洇纸、永不褪色、适宜拓裱、浓度适中、香味浓厚、四季适用十大特点。由于防腐和质感的需要,一得阁配方中有多种中药材,因此,一得阁墨汁是"药墨"。

一得阁墨汁技艺除了配方和工艺,重要的是匠人传承。目前,一得阁的传承人是第四代,共有4个传承人。传承人的选择非常严格,需要经过多年的考察,而后经过学校的学习和多方面的训练。

三、品牌营销创新的策略

(一)品牌标识及品牌战略

品牌标识及释义:"一得阁"品牌Logo以红色为主色调,采用图案和文字结合的构图方式，红色的圆形构成闭环。文字沿用了谢崧岱题写的"一得阁"三个字竖行排列，两侧分别有龙纹环绕，寓有水中求财、吉祥财富之意（见图7-3）。

图7-3 一得阁 Logo

品牌愿景：一得阁始终以保护传统墨汁制作技艺为己任，秉持振兴民族品牌，创中华墨业之王的战略目标，围绕传承与创新的发展格局，立足本土，拓展国际，以强烈的使命感和追求卓越的进取精神，致力于中华墨文化的弘扬与传播。

品牌战略：匠心为本，坚守传统核心技艺，通过研发创新，以高品质的墨汁产品打造行业标杆，不断拓展老字号品牌，为中华传统文化发展做出新的贡献。

(二) 产品创新

在品牌战略执行层面，一得阁首先狠抓质量，因为质量是生命，通过不断地创新产品、原料并改进工艺技术，提升产品质量；其次是人才培养，因为非遗技艺需要传承人；最后是市场营销，更好地把握市场动态，满足顾客需求。

1. 产品系列及其拓展

一得阁致力于研究精细产品的更新换代，形成以"优级、中档墨汁"为主，"普及型墨汁"为辅的产品构架。目前，一得阁的墨汁主要有三大系列，四十余种规格（见图7-4）。

优级系列：吉福墨汁、上品云头艳墨汁、庚子年鼠年纪念墨、云头艳墨汁、老墨汁、特制浓墨精品、特制浓墨珍品、书法专用墨、国画专用墨、禅墨、道墨等；

中档系列：高级一得阁墨汁、高级浓墨、精制中华墨汁、中华墨汁、精制一得阁墨汁、高级童墨等；

普及系列：书画墨汁、学生专用墨汁、北京墨汁、练习墨汁和机构专用墨汁等。

图 7-4 一得阁研制的部分产品

一得阁墨汁产品的创新主要包括以下几个方面：

恢复经典产品。在借鉴历史资料基础上，一得阁研发恢复了"云头艳"[上品"云头艳"见图 7-5（左上）]和金鱼牌彩墨等经典产品。

创新产品。在一得阁 140 周年之际，推出了"中国书画液"（俗称"白墨汁"），填补了中国画颜料的空白。接着又研发出能随身携带的墨片和便于乘机携带的 99 毫升装墨汁等墨类产品。

定制墨汁。根据美术家、书法家、宗教人士等有需要的人的特殊要求定制，价格略高。禅墨[见图 7-5（左下）]和道墨也属于定制款，采用植物胶代替动物骨胶，主要用于经书抄写。

联名款。2020 年六一儿童节前夕，一得阁和某广告公司合作推出了"熊猫"墨汁，该款墨汁包装采用了一只憨态可掬的熊猫形象。一得阁有关负责人说：

熊猫墨汁是结合当前的文化时尚，征求不同年龄阶段的人群，综合考虑不同人群的特点，为了适应广大消费者而推出的产品。该产品具备植物和动物胶的特点，有书写流畅、色泽纯美、易出五色、墨香浓郁、宜书宜画等特点，目前主要用户以年轻人居多。

珍藏纪念款。庚子鼠年纪念墨、毛主席诞辰 120 周年珍藏墨等。庚子鼠年纪念墨是一得阁第三、四代传承人为纪念一得阁创建 155 周年共同设计推出的一款墨汁，胶质适中，墨迹黑亮，含紫玉之光，墨迹分明，香味浓郁。

除了经营墨汁，一得阁墨业还经营印泥、墨块、毛笔、砚台、纸张、古玩、字画等产品。

2. 基于感官体验的产品设计

在一得阁产品创新中，基于消费者视觉、嗅觉和触觉等感官体验开展产品设计创新。

一得阁将中国传统文化融入产品及包装设计中。墨汁本身和道家文化有很多相通之处：八卦图的黑白变化讲究的是哲学文化，和墨汁在宣纸上的黑白色彩相映，道墨包装即采用了八卦图设计［见图7-5（右下）］。一得阁"吉福墨"瓶身设计为倾斜状的葫芦型，方便手握取墨；整体瓶身呈白青色，在动感中富有灵性，似有隐居居士的感觉；底部较平，稳定性较强；搭配木质盒装包装上面配有深金色的手提绳，方便手握与馈赠［见图7-5（右上）］。

图7-5 一得阁研制的部分优级产品

一得阁的墨汁由于含有中药和动植物胶等元素，不仅环保，还具有清香之气。一得阁墨汁的质量鉴定中，将嗅觉标准作为其鉴定标准之一。例如，专为道观或其俗家弟子提供的禅墨、道墨，其味道有提神醒脑、净化心灵的功能。

一得阁在触觉方面的设计也十分巧妙。为了方便顾客使用，一得阁改进了瓶口的部位，将原先朝上的开口调整到了右上方，墨汁倒出时更容易控制。

一得阁墨汁墨色丰富，焦、浓、重、淡、清五色分明，这里就有视觉和触觉的因素。书画家称赞一得阁墨汁"浓破淡立得住，淡破浓不走形"。焦墨：墨浓之极之干即为焦，笔墨深沉而浓黑；浓墨：墨多水少，黑而不亮，墨色凝重沉稳；重墨：相对于淡墨而言，比浓墨水分略多，比淡墨稍黑；淡墨：水多墨少，呈灰色；清墨：在墨彩上仅有一些灰色的影子；破墨：就是打破原有的墨迹而产生的墨色浓淡，相互渗透掩映，滋润苍翠的艺术效果。破墨的方法有浓破淡和淡破浓，一般都是趁湿破或半干半湿破，干了就无法破墨。一得阁墨汁取用方便，浓淡可以调节。墨汁太浓，运笔时容易滞笔；墨汁太淡，则会洇墨。这需要根据使用者的需求及表现的艺术效果而调节。

市场上有很多品牌的墨汁化学成分比较高，虽然书写流畅，颜色较黑，但是调墨效果不稳定，而且"五色"不明显。用墨、调墨有一定的技巧，一般消费者不擅长，因此并不影响其市场销售。有的品牌宣传上力度比较大，往往使用有形广告，如采用大型广告牌进行推广。

一得阁相关负责人说：

有一个"惜墨如金"的故事。1984年，一个日本书道（书法）代表团拜访末代皇帝的弟弟溥杰，一阵寒暄之后，客人们正要展纸挥毫，不料一瓶"一得阁中华墨汁"被无意碰倒，随着溢出浓黑墨液，一股翰墨清香飘满客厅。只见一位日本朋友口中念着"美味！美味！"就要俯身去吮，还是溥杰夫人嵯峨浩眼疾手快，一把把他拽住，说："你要喝，这里有好几瓶精装一得阁送你，保你喝个够！"

一得阁的墨汁中均有中药成分，例如冰片，可消肿、降火、驱邪、提神、醒脑。虽然一得阁墨汁具有一定的药用价值，但不建议直接食用。

很多书画老师进入一得阁参观时，闻到一得阁特有的墨汁香气，自然就产生了创作灵感，一得阁于是常备毡子、墨汁、毛笔等物，很多书画名家在这里留下墨宝。

2019年，一得阁赴德国参加文化节时，令我很感动的一个细节是：很多华人看到一得阁，轻闻一下墨汁都能热泪盈眶！这将让一得阁的全球化变成一种使命与责任。

3. 防伪设计

由于前期管理中的遗留问题及市场渠道的管控不足，导致市场上一得阁假货泛滥。自2015年以来，一得阁一方面处理诉讼案件，另一方面着手打假。过去，一得阁曾权授一得阁文化公司生产经营产品，由于没有严格按照产品要求生产，致使出现了"臭墨"，严重影响了一得阁的形象。该公司作为原来一得阁的子公司，脱离一得阁的掌控后仍使用品牌的名称，还建立了微信公众号、淘宝店等网店，让公众难辨真假。2017年国家工商总局为保护中国的传统工艺技术，单独为一得阁下发文件，协助其打假。目前，一得阁主要依靠自身防伪技术和渠道管控来抵御假货。

在一得阁的产品中，除墨汁和墨块外，其他均为委托监制，一得阁会定期检查其产品质量，严格把控并不断创新优化。

为了保障消费者购买到正品，一得阁在包装上加入了防伪标。一得阁在包装上新增了二维码。客户可刮开包装上的防伪标，扫描二维码，获得一得阁墨汁信息；或打开墨汁后，把瓶子上的金属线撕开抽出来，通过上层的小字辨别真伪。消费者也可通过登录www.yidege.com.cn或者拨打4007071865，输入防伪验证码鉴别真伪。

（三）渠道拓展

2015年之前，一得阁主要通过电话订购销售，墨汁也只有三四个品种。2016年后，一得阁开启了线上销售渠道。网店从最开始的营业额月入200元左右增长到如今的日收入5万~7万元，运营团队成员也从3人增长到20多人。目前，一得阁共有6家自营网店，包括京东3家（一得阁官方旗舰店、一得阁自营旗舰店、一得阁旗舰店）；天猫1家（一得阁文具旗舰店）；拼多多1家（一得阁官方旗舰店）。一得阁的官方网站也具有销售功能。上述网上渠道直接与房山生产基地对接，可以确保正品供应。线上，一得阁在京东等网站、APP上经常参与各大节庆和购物节活动开展打折促销。在2020年，一得阁在天猫、京东、抖音等平台上开展直播带货，直播内容包括墨汁文化、产品介绍，或是书画老师作品展示等。政府还帮助老字号开展后台引流，一得阁在2020年"6·13"（文化和自然遗产日）的活动中，受众达到30万人。

线下渠道方面，一得阁拥有自营的"一得阁旗舰店"销售本企业生产的墨汁、印泥、印台、墨锭等产品，并开始经营字画展示运作、古玩、文房四宝等。一得阁在全国20多个省区市开设了省代业务及专卖店，其产品在部分新华书店、中国书店及地区的文化市场也有销售。2018年开始，一得阁结合销售区域省代处理假货和维护市场。目前，市场的管控主要由一得阁销售部及省级代理商经营。

（四）品牌传播

一得阁美术馆集展厅、笔会、拍卖、洽谈商务等功能于一体，是一个兼具商业价值的艺术馆，开展相关活动时，会邀请社会名流和书画大家等出席并有新闻媒体跟进报道。曾到一得阁试墨的大师有启功、舒同、李苦禅、黄胄、王成喜、娄师白等。国家领导人和社会名流也为一得阁题字，提升了一得阁的品牌影响力。

一得阁的非遗体验馆建立在长阳生产基地，是根据制墨八法创立的体验室，制墨八法的每个环节都能够在体验室完成，而且各环节展示制墨的关键环节，通俗易懂、可操作性强，很多学生慕名而来，体验制墨工艺，通过动手操作对制墨文化有了更深刻的了解。在这里，参观者可以印拓书画作品。一得阁还通过打造"一得阁文化长廊"和"一得阁博物馆"来提升品牌文化体验，传承非遗。

视频宣传。一得阁在抖音和快手等视频软件上发布了宣传视频，其视频中也介绍了一得阁的产品、起源等，一些书画网红在录制视频的时候也会将一得阁墨汁加入其中，发挥了促销作用。

公司外交。2019年中秋佳节之际，一得阁随北京市商务局赴德国科隆参加中德文化节活动，一得阁的非遗技艺展示受到科隆市民及海外华人高度认可和赞誉。

联名合作。一得阁还与中国邮集总公司合作了《紫金翰墨》邮票珍藏册，包括书法、绘画、篆刻三个篇章，并将著名的书法作品印于邮票上，提升了品牌的影响力。

四、经营管理启示

"少则得，多则惑。是以圣人抱一为天下式。"（《道德经》第二十二章）一得阁以墨汁这个单一品种起家，以传统制墨技艺为核心竞争力，在聚焦的基础上研发多款产品。一得阁有非常优秀的品牌基因，其楹联中就含有企业经营中把握"少"与"多"的辩证法：上联谈的是"聚焦"；下联讲的是在吸纳前人智慧的基础上进行创新，也就是"传承创新"问题。一得阁历经150多年的风雨，在制墨行业依然立于不败之地，有很多值得借鉴的东西。

（一）传统手工艺和现代工业的对接

"遵古不泥古、创新不离宗"，在遵循和恢复经典的基础上不断推陈出新。迈克尔·波特（Michael P.，1990）曾把"创新"宽泛地定义为技术改进和更好地做事的方式与方法。由于现在原材料与古法使用的原材料性质发生了很大变化，一得阁一直围绕着传承和创新两大主题，在保持以匠心为本，坚守传统核心技艺的基础上，在工艺和科技上不断改进。制墨八法也在前人基础上根据现代技术和流程进行改进。传统手工艺是手艺人活态传承和发扬中华民族传统文化的手段。推进传统手工艺的现代化成为了中国在现代化建设中不容忽视的环节（吴歆悦、李雪艳，2020）。一得阁在产品与技术创新方面，很好地解决了传统手工艺和现代工业之间的对接问题。

（二）开展体验营销，提升感知质量

作为文化艺术类老字号，需要发挥好国家级非遗项目的文化传承作用，将艺术设计与媒体技术结合起来，将传统模型和工艺设施进行沉浸式展示，提升其对公众的吸引力和感染力。同时，消费者希望购买的不仅是一个产品本身，他还需要感受到产品带给他的价值感。价值感来源于品牌质量。一得阁通过感官营销进行产品及其包装设计创新，通过视觉、嗅觉、触觉等一系列举措，有助于顾客感受品牌价值，提升感知质量。随着公众对健康安全的意识和要求越来越高，文化艺术品老字号也要在绿色、健康、环保方面开展社会营销。企业不能仅将顾客当作购买者，更重要的是要把他们当作消费者。企业还需要加强消费教育，并通过与消费者互动，让消费者了解产品使用和保养知识，在消费过程中不断感知产品价值。

（三）加强自主品牌的管理

自主品牌是指企业对品牌商标拥有排他性的所有权，以自己专属的品牌名和商标在市场上出售产品和服务。自主品牌的特点包括：其一，自主品牌商必须直接面对用户；其二，自主品牌商必须直接面对顾客传播自身形象；其三，自主品牌商必须亲自管理品牌渠道（王海忠，2014）。我们从一得阁的发展过程中可以看出，前期由于在经营管理和渠道控制方面自主经营的弱化，产生了一系列问题。2015年后，一得阁从上述三个方面提升自主品牌运营能力，取得了明显的效果。文化用品类老字号在自主经营、保护知识产权的基础上，一方面要优化和管控渠道，另一方面要加强品牌传播。除了文化体验、社交媒体传播等现有的传播方式，还需要增强广告传播，比如大型广告牌和公交广告，以增强品牌的存在感和立体感，提升品牌影响力。

（四）恢复声誉，营造良好的口碑形象

产品的品质是决定一个品牌能否获得良好口碑的基石，也是一个企业是否可以长期生存的标杆。一个好的口碑可能需要几十年或者几百年来塑造，但是一个不好的评论有可能摧毁一个品牌几百年来的苦心经营。假冒产品泛滥，曾使一得阁蒙受不良口碑。一得阁近年来在开展自主品牌管理方面的一系列举措，对于恢复声誉、营造良好的品牌形象具有支撑作用。声誉资本是企业的无形资产,老字号应当重视自身的声誉管理。尤其是在当今新媒体环境下,口碑形成的舆情对声誉的影响非常迅速。因此,老字号要基于大数据技术做好舆情监控和声誉管理。

第二节　北京市珐琅厂:皇家艺术走进现代生活①

一、品牌历史和企业概况

(一) 品牌历史

北京市珐琅厂成立于 1956 年 1 月,由 42 家私营珐琅厂和专为皇宫制作的造办处合并组成。

1963 年,北京市珐琅厂编制了《景泰蓝工艺操作规程》和《工序质量标准》,使景泰蓝行业第一次有了规范的标准文本。在计划经济时代,产品在国家的统一安排之下全部用于出口。

改革开放后转向国内市场,很长时间都是采取商场代销模式,经济效益一直不佳。

1996 年 3 月,北京工美集团、北京市珐琅厂等企业联合起草《中华人民共和国景泰蓝工艺品行业标准》,并于同年 6 月由中国轻工总会发布实施。从此,景泰蓝行业有了统一的产品质量标准,使景泰蓝生产可以进行科学管理。

20 世纪 90 年代,面对国外市场逐渐萎缩、国内经济由计划向市场的转变,北京市珐琅厂开发出华夏文明、欧美文化、伊斯兰文化三大系列产品,使一度遭遇生存危机的企业起死回生。

2002 年 11 月,改制为北京市珐琅厂有限责任公司。改制后,北京市珐琅厂采取一系列的营销创新,企业逐步有了新的发展。

(二) 企业概况

北京市珐琅厂有限责任公司是全国生产经营景泰蓝规模最大的专业企业,集景泰蓝产品研发制作、工艺展示、参观购物于一体,是全国唯一一家生产经营景泰蓝的中华老字号,曾被评为"全国信誉度百佳企业"。该公司主导产品——"京珐"牌景泰蓝拥有世代传承的景泰蓝产品和手工制作技艺,具有鲜明的中华民族传统文化背景和深厚的历史文化底蕴,数十次荣获国家、部、市级大奖,多次荣获"北京市好产品""北京市名牌产品"

---

① 本节由张景云、严欢、陈欣完成,在相关阶段性成果基础上进行了较大修改:一是对北京市珐琅厂的历史和工艺进行了阐述;二是研究视角发生变化;三是在跟进企业最新进展的基础上提炼了核心观点。北京市珐琅厂为本研究提供了文中图片和部分企业原始资料。阶段性成果参见:严欢,胡洋. 中华老字号品牌激活中的营销创新——以北京珐琅厂为例 [J]. 青年记者, 2016 (6): 93-94。

称号,连续十多年获得"北京市著名商标"。2006年景泰蓝制作技艺入选首批国家级非物质文化遗产项目名录,2011年11月,北京市珐琅厂被文化部评定为国家级非物质文化遗产生产性保护示范基地。

二、景泰蓝及其制作技艺简介

北京市珐琅厂的产品"铜胎掐丝珐琅",起源于元朝,盛行于明朝景泰年间,色彩以蓝色为主,故又称为"景泰蓝"。而在清代,景泰蓝以乾隆时期为代表,制作技巧得到了更大的发展,风格多样,还出现了许多实用的生活用品,直到清朝末年,景泰蓝才走向民间。

"景泰"本来是明代的一个年号。"珐琅"是将一种玻璃似的釉附着在金属器表面所成的工艺品,其制作技法最初是从国外传入。珐琅在明清时期有各种不同的名称,现代则以制作技法分为掐丝、内填与画珐琅三类。掐丝珐琅是三类技法中最早发明的。掐丝珐琅于元代晚期传入我国。1378年《格古要论》中已经有略述及制法。1456年《增补格古要论》则对明朝景泰时期内府所作的掐丝珐琅给予了"细润可爱"的评价,但迟至晚明,景泰年间制作的珐琅才真正引起文人的重视与宦官商贾的喜爱、争购和珍藏,所以"景泰蓝"便成为掐丝珐琅的代名词(胡敏、马学强,2005)。

景泰蓝在相当长的一段历史时期内一直是宫廷独享,其用料名贵、造型典雅、色彩华丽、工艺繁复,具有很高的艺术价值。但在20世纪40年代,由于社会动荡,珐琅从业人员锐减。新中国成立后,为保护这一传统技艺,国家对其采取了抢救和扶持政策。林徽因等人带领学生成立了抢救景泰蓝的工艺美术小组,成员之一钱美华主动到北京市珐琅厂工作。在老一辈工艺师的努力下,濒临消失的景泰蓝工艺被成功挽救。经过多年经营北京市珐琅厂成为全国最大的景泰蓝生产经营专业企业,在景泰蓝制作技艺的保护传承方面做出了很多努力,并打造了"京珐"品牌。

景泰蓝制作技艺综合了青铜和珐琅工艺,兼具传统绘画和金属錾刻工艺。一套完整的制作工艺包括制胎、掐丝、点蓝、烧蓝、打磨、镀金这六道主要制作工序。具体来说,首先,在手工打造的铜质胎型上,要先用柔软的扁铜丝掐成各种花纹焊上,再把珐琅质的色釉填充在花纹内烧制,最后经过打磨和镀金而成最终的器物。技师需要手工在胎体上执行描图、掐丝、粘丝、焊丝,手工点润珐琅彩3~4遍,经8次600~800度的高温烧制,手工打磨光等环节。景泰蓝制作采用金银铜及多种天然矿物质等原材料,集美术、工艺、雕刻、镶嵌、玻璃熔炼、冶金等专业技术为一体,古朴典雅、精美华贵,具有鲜明的民族风格和文化内涵。评判一件景泰蓝艺术品的优劣,看的是它的器型和艺术性,以及做工、颜色和质地等。

景泰蓝制作技艺具有集体传承的特点。由于分工精细,每个技师只熟练一个环节的工作。北京市珐琅厂一直以来致力于景泰蓝工艺的传承与创新。一方面加强人才队伍建设,使景泰蓝制作技艺传承有序、后继有人;另一方面也十分注重对文献资料的挖掘整理,不但整理了老一辈工艺大师的图纸、手稿以及创新产品等,还复制了元明清时期的一些珐琅器物，建立了中国首座景泰蓝艺术博物馆、景泰蓝制作技艺研发中心、档案室以及景泰蓝制作技艺体验室。

三、品牌营销创新策略

（一）品牌标识、定位与传播

"北京市珐琅厂"的品牌由企业品牌（字号）和产品品牌（京珐）构成。

"北京市珐琅厂"属于老字号名称，也是"北京市珐琅厂有限责任公司"的企业品牌。其Logo标识为黑、蓝两色的图文组合。左侧为景泰蓝花瓶造型，蓝色线条半封闭型勾勒成瓶状，瓶内写"泰蓝"二字；右侧主视觉部分为郭沫若先生书写的"北京市珐琅厂"（采用繁体）及其落款，下面两行分别为"有限责任公司"和英文"BEIJING ENAMEL FACTORY CO., LTD."。中英文文字用蓝线隔开（见图7-6）。

图7-6 "北京市珐琅厂"企业Logo

"京珐"是北京市珐琅厂的产品品牌。其Logo同为图文组合，以红、黄两色为主色调。图形整体背景为红色，内环由两个黄色圆形构成，黄红相间形成闭环。中间圆形内的文字为上下结构，横排的英文"JINGFA"居中，将"京"和"珐"两字上、下隔开（见图7-7）。

图7-7 "京珐"品牌Logo

北京市珐琅厂将宫廷陈列品为主的产品生产转型为高端工艺品、具有收藏价值、配备收藏证书的收藏品。由于珐琅原属宫廷文化，普通老百姓难得一见，京外民众更是对其感到陌生，甚至将之与景德镇瓷器混为一谈，因此，旅游市场上一度充斥着粗制滥造的景泰蓝产品，破坏了景泰蓝产品在消费者心中的形象。

北京市珐琅厂将"京珐"品牌定位于"精品景泰蓝"。"京珐"代表景泰蓝文化，代表景泰蓝制作工艺的专业水准，以及打造"真正的景泰蓝"这一最终目标。这种定位不仅有助于与低端品牌的珐琅产品相区别，而且能吸引高端消费群体，提升品牌的溢价能力。围绕这一定位，首先是在设计环节上，北京市珐琅厂为景泰蓝作品申请外观专利，从根本上保护大师、企业和收藏者的利益。

在品牌传播中，北京市珐琅厂善于利用一些重要场合展示景泰蓝精湛的工艺。例如：在 2010 年的上海世博会会场和新闻发布厅的装饰设计上融入景泰蓝的元素；2014 年 APEC 会议地址——雁栖湖国际会都的 18 个 2 米见方的大斗拱、48 个小斗拱、门口壁饰 324 根、各国首脑圆桌会议上的寻呼问答器，都是北京市珐琅厂的作品；"京珐"产品还成为亚投行、"一带一路"等国际会议的会议用品，并曾被赠送给联合国总部和世界经济论坛等国际组织。这些获得大量媒体关注的事件，提升了"京珐"品牌在国内外公众心目中的影响力，确立了其在消费者心中的高端位置。

（二）拓宽应用领域，开展产品品类创新

北京市珐琅厂将自身发展融入到社会生活之中，结合品牌定位，既融入寻常百姓生活，又记录时代发展旋律。从产品的类型、尺寸、使用场合等方面，不断地丰富消费者的产品选择。

拓展产品用途。从产品类型上看，传统景泰蓝产品主要是陈设品摆放，如瓶子、罐子、笔洗和一些盘盏。在此基础上，北京市珐琅厂通过技术研发创新，以实用性为基调，开发和人们生活息息相关的展品，如保温杯、纸巾盒、果盘等，将古雅的传统工艺品与现代生活相结合，提升了消费者的生活趣味。

适用多种场景。北京市珐琅厂拓宽景泰蓝工艺应用领域，使产品尽可能兼容多种场景。传统景泰蓝产品受烧制技术限制，在尺寸上不能太大。而现在，北京市珐琅厂能够生产小到几厘米的耳钉、手机吊坠，大到十几米高的大型陈设品、室外景观，大大突破了原有景泰蓝的产品限制（图 7-8 为景泰蓝衍生品）。

跨界定制。北京市珐琅厂通过跨界开发，与建筑、装饰、城市景观等相结合，走个性化定制、高端定制路线。目前，室内建筑、城市景观等环境艺术装饰类产品已经占到了总销售额的 30% 以上。北京市珐琅厂曾为国内五六个城市作喷水景观设计、为 APEC 会场做室内装饰灯。例如，景泰蓝喷水池"花开富贵"和"生命的旋律"、首都机场专机楼内装饰工程、新加坡佛牙寺藏传佛教用品大型景泰蓝"转经轮藏"工程、江苏省江阴市华西村龙希国际大酒店等室内景泰蓝工艺装饰工程等。北京市珐琅厂还尝试通过研发无铅釉料，与大品牌联合，把景泰蓝工艺用在产品的外包装上，不仅为张一元提供茶叶盒，为五

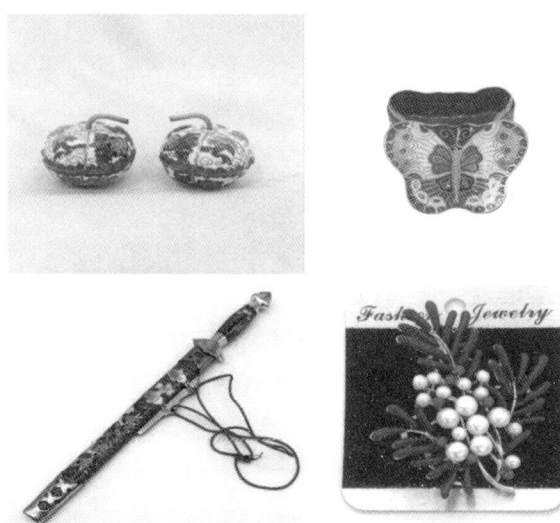

图 7-8 "京珐"景泰蓝衍生品

粮液、水井坊提供酒瓶包装,还为东来顺定制景泰蓝火锅。

结合宏大历史主题研发作品。景泰蓝作为定位高端、具有收藏价值的工艺品,本身就具有见证时代发展的属性。北京市珐琅厂抓住了这一产品属性,结合历史宏大主题,研制创作经典作品。例如:在庆祝香港回归20周年之际,邀请三位景泰蓝工艺大师再造经典"普天同庆"景泰蓝对瓶;在纪念改革开放40周年之际,由北京市珐琅厂中国工艺美术大师钟连盛、北京市工艺美术大师李静联袂打造景泰蓝"中国牛",致敬时代发展[见图7-9(右)];2019年,北京市珐琅厂多位大师又精心设计打造了"盛世宝鼎"作品,献礼祖国母亲70周岁生日,以艺术语言展现中华民族伟大复兴的宏大主题[见图7-9(左)]。2020年"五一"期间,北京市珐琅厂适时推出景泰蓝"天使之翼"系列作品,展现了中华民族在抗击疫情中坚韧不拔的民族精神,塑造了企业与时代同呼吸、共命运,积极承担社会责任的形象。

图 7-9 "京珐"景泰蓝部分历史宏大主题作品

（三）拓展线下线上销售渠道

营销渠道除了作为销售通道之用，还是向消费者传递信息的渠道，是连接生产者与消费者的纽带。为了与市场上其他景泰蓝产品区分，北京市珐琅厂取消了所有的销售专柜，坚持前店后厂，实行以生产企业为销售基地的经营模式。

为了让消费者详细地了解景泰蓝及其产品，北京市珐琅厂开放生产车间，配备讲解员，让顾客观看景泰蓝制作的繁复工艺。2012年6月，北京市珐琅厂建起了中国首座景泰蓝博物馆，其中设有1000多平方米的景泰蓝精品销售厅，供顾客充分了解、欣赏、比较、挑选和购买。这种销售方式满足了消费者的认知需求，从而促进产品的销售。

"互联网+老字号"为老字号品牌带来了新平台、新玩法，吸引了网络消费群体。北京市珐琅厂在淘宝、京东平台都有旗舰店，拓展了销售渠道。2020年，北京市珐琅厂开展了淘宝直播销售。1小时的直播中，钟连盛的3件作品——花插、繁花似锦瓶、鼠首财运罐都被网友"秒杀"，在网友的要求下，鼠首财运罐又临时增加了一件。直播不仅促进了销售，还增进了公众对景泰蓝工艺和品牌文化的了解。在6月13日"文化和自然遗产日"到来之际，北京市珐琅厂又参加了北京非物质文化遗产保护中心与京东电商平台合作开展的"非遗伴您'逛京城，游京郊'暨京城非遗老字号购物节"活动。

（四）丰富沟通与体验

大众对北京市珐琅厂及其景泰蓝艺术品不熟悉，是直接阻碍企业拓展市场的根本因素。北京市珐琅厂利用一切可能的方式加强与消费者的沟通：

双向交流。除了依靠传统的电视、报纸等单向的宣传方式，新媒体也是老字号品牌重要的宣传媒介，且具有双向沟通的优势。当消费者在各大搜索引擎输入"北京市珐琅厂"，便可在首页位置找到企业品牌详细的介绍、官方网站链接、第三方网站博文、视频和图片。北京市珐琅厂还拥有粉丝过万的微博认证账号，与消费者探讨产品专业问题和社会文化现象。在"北京市珐琅厂"微信公众号上，能找到企业的各种活动预告信息；"景泰蓝艺术博物馆"公众号也不断在线上向公众普及各种景泰蓝的知识，还提供博物馆参观预约服务。

重视现场体验。面对面的沟通方式有助于双方通过互动加深彼此了解。当参观者走进珐琅厂的大楼，随处可见对企业发展概况、景泰蓝历史、不同时期艺术大师生平事迹及景泰蓝传承保护状况等内容的介绍，内容翔实、浅显易懂。景泰蓝博物馆还专门配备老职工进行讲解，他们不仅熟悉产品的制作过程，还能讲出不少"老黄历"，令参观者大开眼界。每件展品旁都有与之对应的标签，标明作品名称、创作时间、创作者、主要工艺手法、用途以及艺术价值等信息；企业还专门编写了内容丰富的小册子，供参观者随意翻阅、拿取。生产线上的工人也扮演了"讲解员"的角色，参观者可随时向他们询问操作方法，请大师指点，亲手体验一下掐丝、点蓝技法，做一回"宫廷匠人"。

举办文化活动。北京市珐琅厂通过建立景泰蓝艺术体验馆来主要培养中小学生（以小学生为主）的消费习惯和艺术审美，先后举办了"景泰蓝体验日""首届钱氏景泰蓝作品展""追本溯源——仿宫廷景泰蓝艺术展""景泰蓝文化体验庙会""景泰蓝淘宝大集""景泰蓝设计大赛""文化夜市"等景泰蓝主题文化活动。其中"景泰蓝老物件淘宝大集"每年10月1日开始,为期10天左右;"景泰蓝皇家艺术庙会"则是每年的大年初二到初七举行,该活动已经成为北京文化活动的重要品牌。此外,企业也积极参加各种交流活动,分别于2018年、2019年亮相北京文博会、京交会等重要场合,展现非遗魅力,加强与公众的沟通交流。

四、经营管理启示

(一)全方位落实品牌定位

企业的品牌定位是战略层面的问题。战略方向一旦确立,后续的一系列产品设计、营销活动都要与之相匹配,从而实现企业的战略目标。Kapferer(1992)提出将品牌比作一个三层的金字塔模型,金字塔的底层是产品、传播主题和细分市场。对于老字号品牌而言,其品牌所蕴含的历史文化价值是不会轻易变化的,但品牌定位、产品品类和传播方式等需因时而变。北京市珐琅厂在保护与传承景泰蓝技艺方面做了很多扎实的工作,同时也在不断坚持创新、精进景泰蓝技艺。基于自身产品的历史文化属性及独特的传统技艺,确定了品牌的高端定位。企业在产品设计制作、营销宣传和沟通方式上的创新,无不围绕着高端定位的核心来展开,展示产品的艺术文化价值。但在定位高端的基础上,需要让更多的人知道这一品牌,了解企业的产品。因此企业同时也采取了一些受众更多、传播面更广的沟通方式,以在更多消费者心目中占据有利地位。

(二)艺术走进生活,并非"曲高和寡"

创新就是把一种从未有过的关于生产要素和生产条件的新组合引入生产体系,具体包括开发或改进新产品、引进新技术、开辟新市场、挖掘原材料的新供应来源以及进行组织创新(熊彼特,1911/2012)。原来的珐琅产品主要为高贵典雅的艺术收藏品,而北京市珐琅厂从产品创新的角度出发,从各个方面不断地拓宽产品用途。迈克·费瑟斯通(1990/2000)认为,现代消费社会的魔力在于它可以将一切事物改造为商品,从而使商品逻辑成为社会的主导逻辑。从经济的文化角度看,文化的符号化过程与物质化过程不仅体现了其使用价值,还扮演着作为沟通者的媒介角色。艺术源于生活,又回归于生活。为了贴近寻常百姓,北京市珐琅厂也设计了很多包括生活用品在内的景泰蓝衍生品,还和其他品牌合作,在外包装中融入景泰蓝元素。老字号只有与现代生活紧密贴合,找到新的市场并活跃其中,才能最终实现技艺的传承。

(三)重视品牌体验和品牌文化传承

营销创新不是企业单向的行为,还需要考虑营销策略是否符合消费者心理认知,以及是否能得到消费者认可。品牌体验消费者在与品牌接触的全过程中,品牌会带给消费者感官刺激和精神享受,最后在消费者心里留下难以磨灭的印记。景泰蓝技艺虽然是国家级非物质文化遗产,但社会大众对其了解显然不足。要使景泰蓝艺术品进入百姓的生活,首先就要让人们了解它的艺术价值。因此，北京市珐琅厂在营销创新的各方面，都围绕如何让消费者接近景泰蓝、了解景泰蓝、认同景泰蓝展开，同时注重对潜在消费者的培养，以景泰蓝艺术体验馆为依托，举办了很多针对中小学生的文化体验活动，让年轻一辈也了解这一非物质文化遗产。这不只是着眼于对企业产品的宣传，更是进行品牌文化传承，也是文化自信的表现。

（四）用公众喜闻乐见的方式开展品牌传播

消费者在评估艺术品时，不仅有审美需求，也有认知需求。企业通过营销沟通，可以改变消费者头脑中的品牌知识、拓展品牌意识、塑造品牌形象（Keller，1999）。老字号要积极拥抱时代变化，采取新的、可触可达的、公众喜闻乐见的传播方式。要想使产品进入百姓的生活，首先就要使用容易被接触、接受的方式来触达消费者。北京市珐琅厂在坚守传统技艺的同时，积极探索并践行新的营销模式，邀请非遗传承人、工艺美术大师们用他们的专业知识和技艺开展直播带货，"大师"和"直播"这样两个看起来没有联系的事物碰撞在一起，引发了公众的关注；"文化夜市""定制体验""大师签售"等其他营销形式也取得了比较好的效果。

（五）品牌形象塑造与知识产权保护

Kapferer（1992）认为品牌金字塔的顶端为永恒的品牌核心价值与灵魂。对任何想要长远发展的企业来说，打造独特、持续的品牌形象尤为重要。北京市珐琅厂在技艺传承保护、产品创新、营销沟通方面的做法值得借鉴，尤其是将产品品牌与艺术品的外观专利一起进行知识产权保护的做法，对艺术品老字号品牌经营具有直接借鉴价值。但还有很多需要拓展的地方。目前，京珐品牌只有 Logo 标识，品牌要素还不够完善，其品牌形象不够鲜明，这些在一定程度上制约了其渠道的拓展和市场的覆盖。文化艺术品老字号品牌有其特殊的规律，在开展品牌经营时，可以借鉴其他相关品牌的经验，打造出易识别、个性鲜明又富有文化内涵的品牌形象。

（六）创新艺术品经营业态

艺术品企业要根据消费者对文化艺术品独特的需求创新消费场景，通过新业态拓展新的消费模式。近年来，金融机构、平台、拍卖行等机构开展"艺术品银行"，在将艺术品从收藏型市场向投资型市场转型的同时，不断拓展新的业务，引导并创造新的消费需求。如何借助社会各方力量创新艺术品经营业态和消费模式，进而拉动艺术品消费增长，是艺术品企业面临的新课题。

第八章 北京中医药老字号品牌营销创新案例研究

中医药老字号品牌蕴含浓郁中国传统文化元素,不仅是中国民族品牌中富有特色的组成部分,还是中国中医药文化传承的主体和重要载体。由于中西方医药文化差异较大,加之严格的政府管制,这类品牌的国际化进展受到极大制约,需要开展有效的跨文化传播去化解。本章第一节采用传播心理距离为理论框架,对北京同仁堂跨文化传播策略进行单案例研究;第二节以公司外交为理论框架,对北京同仁堂和全聚德的公司外交渠道进行双案例研究,以期对中医药老字号及餐饮老字号的跨文化传播提供借鉴。

第一节 中医药老字号品牌跨文化传播中的心理距离策略
——北京同仁堂案例研究[①]

一、问题的提出

由于中西方文化的差异,中医药在国际市场的推广受到很大限制。特别是在欧美等西方国家,中药还不能以药品身份而是以食品添加剂身份出口。目前,北京同仁堂以药品身份出口欧洲的只有出口到荷兰的愈风宁心片。从全球中医药市场份额来看,日本、韩国所占份额高达80%~90%,我国仅占5%。

中医药老字号品牌不仅是我国中医药文化传承的主体,还蕴含着浓郁的中国文化元素,是中国民族品牌的组成部分。鹤年堂、同仁堂、云南白药、两面针等都是知名的中华老字号中医药品牌。在全球化过程中,由于中西方医药文化差异较大,加之严格的政府管制,中医药的国际化经营面临着很多阻力。从国际营销观点看,由于文化相通是任何沟通

---

① 本节由张景云执笔完成,张颖璐进行了部分海外门店调研和访谈记录整理;何昕、陈碧莹做了部分文献梳理和企业调研资料整理工作。文中图片除了特别标注,均由"北京同仁堂"官方提供。

的基础，文化渗透力弱的产品或品牌开展国际化经营时本就不具有优势；如果无法开展有效的沟通，产品或品牌就很难被东道国消费者认知、了解和接受。中医药文化及相应的产品和服务是中华民族的瑰宝，不仅应服务于华人群体，也应当服务于全球人类的健康和福祉。因此，中医药品牌的跨文化传播成为很困难又很有意义的事情。

在品牌跨文化传播过程中，企业不仅需要跨越地理（空间）距离，更多的是要进行心理的调整与适应，即心理距离的调适问题。然而，在这一领域，学者们多关注文化差异，鲜少从心理距离视角开展研究。在中医药品牌跨文化传播过程中，如何处理文化差异和心理距离的关系？北京同仁堂在这一领域深耕多年，在化解中西方医药文化差异及政府壁垒方面开展了多种尝试与探索。笔者拟从传播心理距离的视角切入，对北京同仁堂跨文化传播实践进行单案例研究，以期为其他中医药老字号品牌跨文化传播提供借鉴。

二、相关研究述评

（一）心理距离相关研究

作为学术概念，"心理距离"由英国美学家布洛（Bullough, 1912）提出，强调美感直觉在艺术欣赏中的核心地位，艺术作品的魅力在于善于调节心理距离，解决"距离的矛盾"。在国际贸易与投资领域，"心理距离"的概念最早由 Beckerman（1956）提出，认为心理距离对贸易成本有一定的影响。Johanson（1977）提出"国际化进程模型"（International Process Model），研究了心理距离和国际直接投资之间的关系，将心理距离定义为"阻碍市场信息流动的因素的总和"。这一观点提出后，心理距离成为国际贸易及国际投资领域研究的热点，如国外市场的选择（Benito and Gripsrud, 1992）、外国市场进入模式（Kogut and Singh, 1988）、能力转移（Bjorklan, et al., 2007）、海外分公司市场表现（Desislava Dikova, 2009）等。Håkanson 和 Ambos（2010）根据世界上最大的 25 个经济体的原始数据，调查了感知心理距离的潜在驱动因素，认为孤立地使用 Kogut 和 Singh（1988）的"文化距离"指数并不能很好地测量心理距离。Nebus 和 Chai（2014）指出前人关于心理距离的研究更多侧重于"距离"，即国家之间的差异，而非"心理"。他们从知觉、感知和理解三个维度构建了心理距离的定义。

认知心理学领域，解释水平理论（Construal Level Theory, CLT）具有代表性。可以说，解释水平理论为心理距离研究构建了一个完整的概念框架。心理距离包括通常所说的时间距离、空间距离、社会距离和假设性四个维度（Trope, Liberman and Wakslak, 2007）。解释水平理论被运用于教育、政治选举、消费者决策及品牌管理等广泛的研究领域。在品牌研究领域，学者主要关注解释水平对品牌延伸（Kim and D. R. John, 2008）、品牌偏好（Choi and Winterich, 2012）、原产地联结（王骏旸等，2011）等问题。

在传播学领域，有学者对传播心理距离理论进行构建和应用。传播心理距离由认知距离、情感距离和态度距离三个维度构成，并受到空间距离、时间距离、社会距离与心理距离的影响。正确认识和把握心理距离是形成和谐传播关系，是实现理想传播效果的条件

(张景云,2009)。传播心理距离理论可应用于跨国并购沟通和品牌跨文化传播之中(张景云等,2012;张景云、庞毅,2013;张景云、刘畅等,2013)。也有学者从"媒介距离""媒介尺度"等概念出发,对媒介心理距离及其在媒体中的应用进行研究,并对全球化视角下传播的本土性与全球性、民族性与世界性、特殊性与普适性的二元对立矛盾进行考量(邵培仁、杨丽萍,2012;邵培仁、夏源,2010;邵培仁、沈珺,2017)。

(二)跨文化传播领域的相关研究

跨文化传播是触及人的心灵、表现人的文化心理的社会行为。将心理学导入跨文化传播研究,旨在寻求感知人类各种文化精神的表现形式,发现各种文化心理之间的微妙关系,找到文化对话的可能性(单波,2008)。在"一带一路"背景下,需要关注陌生人理论调用和身份问题、跨文化文本翻译中的"本土化"与"使外国人化"等跨文化传播策略(陈力丹,2016)。跨文化传播意识、文化冲突的强度、文化融合的主动性、消费者认知、不可控因素和文化选择的前瞻性等范畴对国际品牌跨文化传播产生影响,可以采用"意识—行为—理念"作用机制模型进行考量(姚曦、王佳,2014)。

(三)中医药文化及品牌国际化传播相关研究

一些学者聚焦于中医药文化国际化进程中的文化营销和跨文化传播问题。生物医学术语不应代表中医传统医学概念,否则会破坏中国医学概念的完整性和独立性。中医理论和整体思想只有得到国际社会的普遍认同,才能真正带动中医药的发展(Wiseman,2006)。性别、教育、民族、中医使用情况对于人们的中医认识有显著影响(Kumar,et al.,2015)。文化差异及中医药文化传播制约了中医药国际化,需要找到突破中医药跨文化传播困境,才能解决这一问题(李金良,2008;赵海滨,2013;刘新鸥、申俊龙等,2016)。在"一带一路"倡议背景下,针对不同文化类型的国家和地区进行路径选择,构建政府营销、行业营销、企业营销"三位一体"的国际整合营销战略框架(张诗钰等,2017;王辉等,2017)。

在中医药老字号国际化经营和品牌跨文化传播方面也有一些成果。从同仁堂和天士力的国际化经验看,中医药国际化不能光靠化学药的一套标准,而是要走一条差异化的路线(秦祐鹏等,2008)。同仁堂的海外传播策略有:以传承中医药文化为先导开展品牌跨文化传播、"名店、名药、名医"三位一体、充分利用公共外交渠道以及"推"和"拉"相结合等(张景云、张颖璐,2016)。

(四)研究评述

在国际贸易及国际投资领域有一些关于心理距离的研究成果,但主要是指文化距离,即阻碍国际化的文化因素;在认知心理学领域,解释水平理论从空间距离、社会距离和时间距离角度分析心理距离的维度并开展了大量研究,其中也有一些品牌领域的应用研究,由于侧重个体的"内在"认知,不适用于跨文化交往的特性。在传播心理学领域,已有研究基本构建了传播心理距离的体系并在品牌跨文化传播中有一些应用研究成果,然而尚未应用于中医药文化或中医药品牌的跨文化传播。在跨文化传播领域,已有学者将心理学概念介入跨文化传播，并关注到文化与心理的差异、心理路径对于解决跨文化问题的作用与路径，但是尚缺乏心理距离与文化差异转化的研究成果。中医药文化和中医药品牌国际化及跨文化传播领域的研究，侧重关注了不同文化背景下中医药的认知、中医药国际化营销及传播方式问题，对于中医药跨文化传播中如何从心理距离角度来解决文化差异问题的研究还很匮乏。

三、案例研究设计

（一）主要理论依据

本案例所使用的理论分析框架为传播心理距离理论。主要涉及空间距离、时间距离和社会距离与心理距离的关系、心理距离的维度与构成及适度心理距离策略（张景云，2009）。

空间距离、社会距离和时间距离与心理距离有密切的关系。空间距离不仅直接影响心理距离，也通过社会距离对心理距离产生影响。空间距离有时与心理距离呈现正相关的关系。首先，空间距离的接近性可以引发传播者和受众的现场参与感，其次，信息的"接近性"可以拉近传受双方的社会距离，进而拉近心理距离。有时，空间距离与心理距离也会呈现负相关的关系。社会距离与心理距离一般而言呈现正相关的关系，同质性较强的个体之间的社会距离较近，心理距离也较近，反之则较远。在一般情况下，时间距离与心理距离呈现正相关的关系。有时时间距离的拉开也可以拉近传受之间的心理距离，"潜移默化"就是时间长的因素在起作用。一些怀旧的题材由于与受众的怀旧心理相吻合，可以拉近双方的心理距离。

在传播心理距离的三个维度中，认知距离、情感距离和态度距离既有层级递进的关系，也有相互影响的关系。从这三个维度出发，适度心理距离理论主要在于把握传播者和受众在认知、情感和态度距离方面的"度"——在认知距离上体现为：将受众"已知"内容与"未知"内容进行适度搭配，贴近受众的同时使受众产生兴趣，处理好"预知"与"应知"的需要，满足受众认知需要的同时起到引导作用；在情感距离上体现为：与受众建立平等的关系，做到"迎合"而不"媚俗"，"参与"而不过分"涉入"；在态度距离上体现为：从拉近认知距离入手促成态度"同化"，以"求同"为切入点实现引导目的，给受众留有选择余地等。

（二）样本选择

为了确保案例包含充足的研究所需的数据以及数据的可得性，本书确定以北京同仁堂作为案例研究对象，主要有以下几点考虑：第一，北京同仁堂既是中医药老字号品牌的代表，又是中医药行业的领军企业，是难得的独特样本；第二，同仁堂所进入的国际市场基本涵盖了不同文化区域国家，在不同区域的国际化经营或跨文化传播中有大量的故事，为本书提供充足的、多样化的第一手数据；第三，作为上市公司，企业治理结构完善，透明度高，第二手数据也容易获得；第四，同仁堂在中医药品牌跨文化传播有多年的实践，策略路径基本完整、清晰，其经验值得同行借鉴。因此，同仁堂符合案例研究样本典型性、可操作性的要求。

（三）资料来源

为了提高案例研究的效度和信度，笔者在案例研究的过程中采用了第一手资料与第二手资料相结合的方法，第一手资料主要来源于访谈调研和海外门店实地调研。

访谈调研。研究团队最初分别于2013年12月和2014年1月两次赴同仁堂博物馆进行访谈调研，参与访谈的企业方人员有时任中国北京同仁堂（集团）有限责任公司副书记、宣传部部长、文化传承中心和对外经济工作办公室等中高层管理者，这两次访谈录音整理最终得到近3万字的访谈资料。同仁堂还提供了相关书籍和内部资料。在访谈调研后，对同仁堂跟踪调研主要通过第二手资料了解新的进展，从搜索引擎查找有关同仁堂的新闻报道及上市公司的信息披露等。2018年初，又与同仁堂对接，核实相关细节，并就同仁堂最新进展进行讨论。

海外门店实地调研。2017年7月，笔者赴同仁堂马来西亚吉隆坡店和槟城店进行实地调研与观察，访谈店内有关人员，了解海外门店的相关情况。笔者还对美国、马来西亚和加拿大的普通民众进行随访，了解其对同仁堂的认知与态度。

四、同仁堂及其国际化历史阶段

（一）同仁堂概况

"同仁堂"于1669年（清康熙八年）创建。这一年，乐显扬辞去清太医院御药房医官吏目职务，在自家创办同仁堂药室。他说："'同仁'二字可以命堂名，吾喜其公而雅，需志之。"他在药室一方面为患者诊病施药，另一方面系统整理了宫廷秘方、民间验方和祖传秘方，为日后同仁堂的发展打下了很好的基础。乐显扬还为药室定下了"济世养生"的理念，"可以养生，可以济人者，唯医药为最"。因此，乐显扬被乐家认为是"同仁堂"肇始之祖。（边东子，2010）乐显扬的儿子乐凤鸣继承父业，完成了《乐氏世代祖传丸散膏丹下料配方》和《同仁堂药目》，并在《同仁堂药目》的序言中提出："遵肘后，辨地产，炮制虽繁必不敢省人工，品味虽贵必不敢减物力"，成为历代同仁堂人的制药准则。

由于同仁堂药品的显著疗效赢得清宫廷的赏识，1723年（清雍正元年）皇帝钦定同仁堂为供奉御药，历经八代皇帝188年之久，直至清王朝灭亡。同仁堂供奉御药以身家性命为药品质量作担保，否则就有杀头的风险。在同仁堂自家的祖先堂里曾有一个少了半个头的小泥人（也有说是"无头布衣"），据说是一个新来的徒弟抓错了药，导致了杀身之祸。此后同仁堂再也不招徒弟，只招有一技之长的伙计，并给予高工资、好待遇。在长期的诚信经营中，同仁堂在中医药市场获得业界和消费者的信赖，成为中医药行业的金字招牌。目前是我国中医药行业的领军企业。

北京同仁堂早在20世纪80年代就注册了"同仁堂"商标（见图8-1）。北京同仁堂的品牌标识由文字+图片构成双圆闭环，启功先生撰写的"同仁堂"三个汉字竖排列于图片中央，两边由似龙似草的图案环绕，正上方一个圆点。"龙"代表中国文化，也代表同仁堂曾供奉御药；"草"代表中草药；圆点代表中药传统剂型丸剂，又有"二龙戏珠"

之意。同仁堂商标注册后,也成为第一个中国驰名商标。1992年前,由于没有进出口经营权,该商标仅在国内市场使用。

图8-1 北京同仁堂在国内使用的"双龙"商标

1992年前,北京同仁堂出口的产品使用"李时珍"商标,所有权是中国土畜产进出口公司的医药保健品进出口公司。1992年,中国北京同仁堂集团成立后,有了进出口经营权,出口产品改用"同仁堂"海外商标拓展国际市场。同仁堂在海外的品牌标识是在国内标识下方增加"TONG REN TANG",体现了国际化元素,如图8-2所示。

图8-2 北京同仁堂在海外的品牌标识

(二)同仁堂国际化历史阶段

同仁堂是我国中医药国际化的先行者。在清末年间,同仁堂药工很早就开展过零星的国际交往和贸易往来活动,比如在印度尼西亚、缅甸和泰国等南洋地区,早有当地华侨销售同仁堂的药(边东子,2010)。新中国成立后,作为中医药行业的老字号和驰名企业,同仁堂探索出"循序渐进,稳扎稳打;以医带药,医药结合;文化营销,铸造品牌;严格管理,保证效益"的海外发展战略,形成了先贸易、后办店,先经营、后生产,先亚洲、后欧美;产品与文化相融,生产与经营并举,进口与出口互补;经济与文化双轮驱动的海外发展格局。

同仁堂国际化或品牌海外传播大致可分为以下四个阶段:

第一阶段：贸易代理阶段（1950~1992年）。这一阶段，同仁堂隶属于北京市药材公司，生产完交给出口公司经营，在对外经营方面没有自主权。20世纪50年代，同仁堂产品由专业外贸公司代理出口，生产完成后，交给隶属于中国土畜产进出口公司的医药保健品进出口公司，主要销往港澳地区和东南亚。在香港有个黄家，作为同仁堂一个代理商，20世纪50年代就通过进出口公司在香港销售同仁堂产品。现在黄家仍然和同仁堂有合作，一是代销，二是与同仁堂合资在北京大兴建立"同仁堂制药有限公司"。

第二阶段：海外投资经营开启阶段（1993~2002年）。这一阶段，同仁堂以香港为突破口，打开海外投资与经营之路。1993年，响应国家"走出去"的号召，同仁堂选择香港作为"出海口"，在香港开办海外第一家同仁堂药店。因为当时同仁堂产品在香港已经有50年的销售历史，中医药文化深入人心，同时，香港是重要的国际转口贸易港，经过多年的实践，同仁堂在香港逐渐站稳脚跟。1995年同仁堂与香港合作伙伴在英国开设了一家门店。随后，同仁堂陆续以合资方式在泰国（2001）、马来西亚（2002）、加拿大（2002）开设了门店。

第三阶段：东南亚市场拓展阶段（2003~2012年）。同仁堂重点发力，实现"有华人的地方就有同仁堂"的目标。2003年，同仁堂在香港成立了同仁堂集团全资子公司——北京同仁堂国际有限公司，负责同仁堂海外市场的整体规划布局管理和发展。2004年3月，同仁堂在香港建立了北京同仁堂国药有限公司。2006年，建立了香港大埔生产研发基地。这一阶段，同仁堂从香港出发，辐射华人聚集的国家和地区，陆续在以下国家和地区开设了门店：中国澳门（2003）、中国台湾（2004）、韩国（2004）、印度尼西亚（2004）、新加坡（2004）、澳大利亚（2005）、柬埔寨（2006）、菲律宾（2006）、越南（2007）、文莱（2009）和迪拜（2011）等。这一时期，同仁堂以东南亚市场为突破口拓展市场，同时也进入包容性比较强的西方国家。

第四阶段：西方主流市场突破阶段（2013年至今）。进军欧美市场，进而实现西方主流市场的突破。2013年，北京同仁堂国药有限公司在香港成功上市，为同仁堂海外发展搭建了更高的平台。这一阶段，同仁堂提出"有健康需求的地方就有同仁堂"的品牌口号，加快推进中医药的国际化进程，重点实现对西方主流市场的突破。这一阶段，同仁堂陆续在以下国家和地区开设了门店：英国（2013）、波兰（2013~2014）、新西兰（2014）、荷兰（2015）、捷克（2015）、瑞典（2015）、美国（2016）、瑞士（2017）等。同仁堂在欧美市场拓展中，从华人密集居住区向以欧美当地人群为主的区域推进，努力获得西方主流人群的认可和接受。

截止到2019年12月底，北京同仁堂产品已远销海外40多个国家和地区，并在近30个国家和地区设立分店140多家，是"中国企业国际化50强"中仅有的两家医药企业之一。目前，同仁堂的国际化正在进行三个重要转型：从东南亚为主的华人聚集地区，扩展到欧美西方主流群体；从单纯的中医药产品、文化和服务走出去，升级到建立养生中心、合作办学等全方位的文化推广；从单一的中国制造产品升级到研发、生产世界各地制造的同仁堂健康产品，以实现"创造健康，全球共享"的发展目标。

五、北京同仁堂跨文化传播中心理距离策略分析

(一)区位选择:从空间距离和社会距离较近的国家或地区入手开展传播

中医、中药是不是科学,要不要发展,能不能走向世界?这个争论长期以来虽然时起时伏,但一直没有停止过。作为中国民族品牌与中医药文化的代表,同仁堂必须有所回应。为了发展中药,让世界了解中药、接受中药,同仁堂做了许多创新性工作(边东子,2010),中医药的国际化经营过程中需要解决的是文化认同和产品/服务接纳问题。北京同仁堂海外传播的实践,可以说是从"心理认知"到"文化认同"最后达到"产品/服务接纳"的过程。地缘关系是文化差异形成的因素之一。空间上临近中国的国家或地区,对中医药文化的接受度一般较高。比如,中医药早就随着华人和往来经商、文化交流等漂洋过海来到东南亚,因此东南亚国家对中医药的认知距离较小。因此,在进入国际市场区位选择的过程中,同仁堂从空间距离和社会距离较小的国家或地区入手,逐渐向社会距离较大的国家或地区渗透。回看同仁堂的国际化进程,我们能发现其首先选择进入的是中国港澳台地区、东南亚、日本、韩国等文化趋近的亚洲国家或地区为前站开店,再进入澳大利亚、加拿大等文化包容性较强的国家或地区,最后进入欧美国家,逐步获得西方主流公众的认可(见图8-3)。

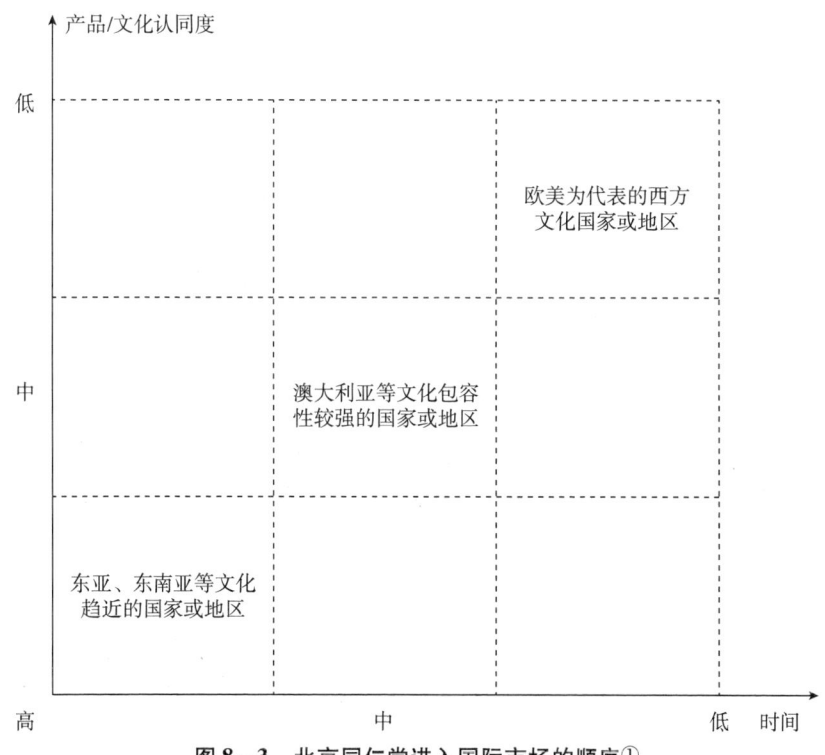

图8-3 北京同仁堂进入国际市场的顺序①

---

① 该图由笔者自绘。

(二) 空间距离、社会距离和心理距离的调适

1. 从空间距离入手,拉近心理距离

同仁堂国际化早期提出"有华人的地方就有同仁堂"的定位。这句话反映了空间距离与心理距离的相互作用关系。改革开放后,不少海外华侨回国后总要到前门大栅栏同仁堂门店去购买中药,还要给国外的亲友携带。1993 年后,同仁堂开启了海外创业之路,提出"有华人的地方就有同仁堂"的定位。不管华人在"哪里"(地理位置),只要他们对中医药有"需求"(心理愿望),同仁堂就会把店铺开设到那里(空间距离的贴近)。在北京同仁堂菲律宾有限公司的刘国医生初到菲律宾时,曾问一位当地病人:"为什么会选择到同仁堂就诊?"得到的回答是:"I have Chinese blood!"在海外的华人,由于有中国血脉,深受中国文化濡染,对中医药文化有认同,因而与同仁堂心理距离近。

同仁堂海外店铺在空间位置上贴近服务人群的不同形态,不仅反映了同仁堂海外经营的本土化程度,也反映了同仁堂跨文化传播的成效。以新加坡门店的拓展为例。

北京同仁堂在新加坡的门店是由北京同仁堂与科艺(新)公司合资经营,各占 51% 和 49% 股份。自从 2004 年在新加坡牛车水设立第一家诊所之后,2006 年,同仁堂新加坡店通过竞标方式,获准在亚历山大医院开设了中医诊所,这是同仁堂第一次在海外跨入国家级西医医院的门槛。其后,同仁堂陆续在心理卫生学院、克罗士路上段和仁慈市区医院设立了诊所,五家诊所中三家位于政府医院,提升了同仁堂的品牌影响力。这五家诊所基本上为患者提供相同的服务——中医内科、推拿、针灸、拔罐等服务。这不仅是中医药在海外进入西医领域的一大历史突破,也是同仁堂开展"中西合璧"经营的里程碑(见图 8-4)。

图 8-4 进驻新加坡亚历山大医院的同仁堂诊所

牛车水是唐人街,与当地华人心理距离较近,这里还拥有当地较为集中的中药销售一条街,减缓了同仁堂初来乍到的"水土不服"。第二家门店将中医诊疗中心开进了当地的国立西医院——亚历山大医院,提升了同仁堂在当地的权威性和影响力。第三家门店开在了当地的心理卫生学院,帮助心理疾病患者及压力过大的人群舒缓身心。第四家门店又开在了牛车水,但落地在首店隔壁的街道帮助分流顾客群,体现了心理距离对空间距离的反作用。第五家门店则开进了大型社区,主要服务于那些依靠西医无确切疗效的病患,比如中风偏瘫、糖尿病晚期等,通过空间距离的拉近,为顾客提供贴近的服务,更好地融入当地社会。

同仁堂在贴近地理空间距离时,一方面采用"推"的策略,通过开设店铺,在孔子学院进行宣讲、义诊等方式积极主动贴近海外受众;另一方面采取"拉"的策略,通过接待并吸引旅游者、各种政府和非政府团体等来国内同仁堂博物馆、门店和生产车间实地参观,实现"第一现场"空间距离的"逆向"贴近,拉近双方的心理距离。

2. 通过社会距离的调适,拉近心理距离

"有华人的地方就有同仁堂",华人不仅是中医药产品和服务的主要消费者,还是中医药文化传播的使者。同仁堂在国际化过程中,首先考虑服务"华人"这一因素,进入海外市场首先选择华人比较密集的地方开设店铺,通过服务当地华人向外国朋友推荐。由于华人与当地人的社会距离较小,随着交往的频繁,更容易拉近心理距离。有些当地人通过华人介绍来到同仁堂,在体验了把脉、针灸等治疗过程后,口口相传,越来越多的人愿意相信同仁堂和中医治疗理念,并将同仁堂宣传推荐给身边其他有需要的人。

在华的外国人作为"意见领袖",可以消解"文化折扣",在中国品牌跨文化传播中起到关键作用(赵云泽等,2015)。借助"桥梁人群"进行传播,是通过拉近社会距离进而拉近心理距离的方式。美国奥古斯塔大学孔子学院外方院长纽曼曾带领美国中医专业学生走进社区介绍中医药文化,可以说他们都是"桥梁人群",通过他们来传播中医药文化,比同仁堂或华人自身去传播,社会距离更小,传播效果也更好。

同仁堂的国际化经营在争取西方主流公众认可的同时,也需要赢得政府的认可。中医药的国际化拓展受到许多管制,为了获得市场的准入和持续经营,同仁堂需要开展大量的政府公关工作。其一,海外门店开业时,邀请当地政府官员和驻外中国大使馆人员参加庆典,获得中外政府的支持;其二,中药的入境许可审查、登记手续和相关准入等方面需要大量的政府公关与协调;其三,中医药从业人员在主流市场和人群中的合法身份获取,需要与当地相关监管部门开展大量的公关沟通说服工作。

保卫红花行动[①]

红花,无论是西红花还是草红花,都是特效常用中药,在中药制剂成药配方中使用相

[①] 来自北京同仁堂内部资料:北京同仁堂国药(香港)公司编《春华二十载——北京同仁堂海外创业纪事》第158-160页。笔者在遵循原文的基础上做了必要的修改。

当广泛。

2009年9月初，澳大利亚药管局从辅助药评估委员会给出的关于红花评估报告中得知，经小白鼠实验，草红花可能会导致流产或胎儿畸形，因而红花对人类健康有不良影响。澳大利亚药管局向本国中医药进口商发出一封信，内容是：经辅助药评估委员会的评估，认定红花不安全。澳大利亚药管局准备将红花的风险级别从"低级"升为"高级"，准备召回所有含有红花成分的中成药。这意味着，包括同仁堂生产的皮肤病血毒丸在内的一大批中成药品将要从澳大利亚列册药名药品名册上被删除，不得继续使用。

一接到这封信，北京同仁堂澳大利亚有限公司执行董事长兼总经理，澳大利亚全国中药行业联合会会长马安阳马上意识到了问题的严重性。他意识到这是部分人对传统中医药的曲解和误解造成的，而这有可能影响到中医药在澳洲的声誉，按照此标准，所有"活血化瘀"的中药都必将面临同样命运，这将使澳洲中医药彻底失去疗效、失去市场，更重要的是澳洲需要红花的大批病人就不能再享受到中医药应有的防病治病的专业服务了。于是，马安阳牵头组织澳大利亚各大中药进口商开展了一场保卫红花行动。

9月16日，由同仁堂澳大利亚有限公司组织的说客团坐到了澳大利亚药管局的办公室里。马安阳说，红花是活血化瘀类重要常用药，"孕妇禁用"是中医药常识，并当场拿出同仁堂"皮肤病血毒丸"包装给他们看，虽然澳洲当时没有强制性警告要求，但我们早已在标签上标明"孕妇禁用"，经过一番摆事实讲道理，澳洲药管局给有关商家发函，将"召回"红花工作推迟。

与此同时，同仁堂澳大利亚公司以行业协会为平台，组织澳大利亚皇家理工大学、维多利亚大学、悉尼大学等知名学府的中药专家会同中药行业协会起草了一份《红花立场书》，提交到澳大利亚药管局，这份"立场书"以北京同仁堂集团收集的红花研究资料为依据，有理有据地陈述了红花的安全性，由此，澳大利亚药管局未采纳旗下辅助药评估委员会的专业意见，将之打回重新评估。

由于辅助药评估委员会具有权威发布的职能，而委员会内大多数是不熟悉中医中药的西医西药方面的专业人士，习惯按西医的标准审视中药，对中医中药是不公平的。于是同仁堂提议，为了保证评估结果的公正性和使用的合理性，必须按中医理论来审视中药，让懂中医中药的业内人士进入该委员会。

"保卫红花行动"为中医中药在海外进一步发展打下了良好的基础。澳洲从2012年7月起对全国中医进行注册，这意味着中医师、针灸师、中药药剂师都成为注册执业者，中医得以纳入澳大利亚医疗保障体系，可以合法进入澳大利亚普通医院和主流医学体系。由中国作为秘书长国的"国际标准组织中医药标准化技术委员"（ISO/TC 249），同仁堂澳大利亚公司马安阳代表澳大利亚全国中医药行业协会行业联合会参与了"澳洲对应委员会"中医药标准的制定，为推动中医中药国际化做出了贡献。

在保卫红花行动中，首先，作为一个中医药企业的海外管理者，北京同仁堂澳大利亚有限公司执行董事长兼总经理马安阳淡化自身企业身份，以"澳大利亚全国中药行业联合会会长"名义将当地中医药进口商联合起来组成"说客团",从保护中医药行业及患者利益角度进行游说获得初步进展;接下来,联合当地高校专家会同中药行业协会起草《红花立场书》,利用专家的权威性与公正性,说服政府当局将之前的"意见"退回重新评估;随后,变被动为主动,一是提议让懂中医中药的业内人士进入"辅助药评估委员会",二是借助中国作为"国际标准组织中医药标准化技术委员"(ISO/TC 249)秘书长国的身份,参与了"澳洲对应委员会"中医药标准的制定。

3. 通过时间距离的调适,拉近心理距离

一方面,北京同仁堂的品牌跨文化传播采取了渐进、缓慢、温和的策略:其一,首先从文化接近的国家和地区入手,再进入文化包容性较强的"桥梁"国家或地区,最后进入文化差异大的欧美国家的过程不仅是空间距离和社会距离在起作用,时间距离也在发挥作用;其二,以传播中华传统文化与中医药文化为先导,使海外受众在此过程中逐渐增进对同仁堂品牌的认知,并利用时间距离的累积效应来逐步拉近心理距离的策略;其三,同仁堂还利用传统中医药历史久远的时间距离,营造了"审美距离",使海外受众产生了对同仁堂的认知兴趣,他们通过各种文艺作品了解中医药文化,进而拉近双方的心理距离。

另一方面,通过缩短时间距离进而拉近心理距离,例如"以医带药""名医坐堂"等活动通过一对一的问诊和医疗服务与消费者即时沟通互动,中医药推拿、针灸、拔罐等对症施医很快产生疗效,以及及时满足顾客需求等,都是通过缩短时间距离拉近心理距离的举措。在越南的药店有一个"半小时的故事"。一位患有严重的神经衰弱的女士,在同仁堂治病期间,每次都早早赶到,争取排到第一个,但上班总要迟到一会儿。考虑到顾客的特殊需求,店里决定每周一次提前半小时开门,给她留出充分的时间看病取药。每周一次提前半小时营业的习惯在这个越南药店也沿用下来。

郑兴东(2014)在谈到传播中引导受众的方式中认为,"议程设置"和"潜移默化"是两种反差比较大的传播方法。

潜移默化的传播方式有如下几个特点:一是它并不要求受众在心理上做过大的调试,受众较少会产生心理上的失衡。二是传播者引导的意图比较隐蔽,采用的往往是暗示的方法,如通过事实说话,文艺欣赏等传递传播者意图,因此不易引起对传播者的心理防御或抗拒。三是潜移默化往往是一个比较长的传播过程,是通过传播的累积心理效应对受众产生影响的,受众接受传播的引导比较自然。因此,潜移默化对于改变受众的态度往往具有较好的效果。唐朝诗人的诗句"好雨知时节,当春乃发生。随风潜入夜,润物细无声"能比喻潜移默化传播方式的特点和效果(郑兴东,2014)。

同仁堂上述利用时间距离调适心理距离的做法,用事实说话、文艺欣赏和心理累积效应等,可以视作采用了潜移默化的传播方式。

(三)认知距离、情感距离和态度距离的调适

在很多国家,中药尚未进入公费医疗体系中,自费找中医治疗也是不小的开支。由于文化差异的存在,患者不了解中国中医药文化,也不太敢尝试其疗法。有些外国人还会把

中药神秘化。在新西兰奥克兰店，有一个外国顾客很认真地说，想买一种能让自己返老还童、花发变黑的"China tea"。医生给把脉后告诉他：这需要有一个不短的疗程，每次多种药材配在一起熬汤喝，中药并不是"万能的仙丹"。在英国还出现了一位顾客回家熬药时，由于中药"奇怪的味道"被邻居告上法庭的事例。由此可见，让外国人了解和接受中医道阻且长。

在认知距离的调适方面，同仁堂在海外传播的过程中由浅入深，使国际公众历经从"认知""认同"到"同化"的认知过程。首先，以传播中国文化特别是中医药文化为出发点开展品牌跨文化传播，迎合西方公众对中华传统文化的认知需求。

同仁堂的后代乐崇熙在20世纪80年代初赴美国哈佛大学进行国际交流时，与美国学者Steven Foster合作翻译了乐崇熙所著的小册子——《中药的故事》，该书把人参、当归、金银花等52种名贵中草药材人性化，通过民间传说小故事的方式呈现。该书英文名为：*Herbal Pearls—Traditional Chinese Folk Wisdom*，2008年出版（乐崇熙，2013）。这是早期同仁堂在贴近海外公众认知习惯传播中医药文化方面所做的探索。

类似的做法是：2013年，北京同仁堂国药有限公司参加了在韩国举办的世界传统医学博览会，借此推广同仁堂的品牌。他们制作了一本名为《学中国语》的小册子，通过学习中文来提升品牌的认知度。他们把上山采药的全过程以图文并茂的形式展现出来，引导读者在辨别药材当中学习颜色，从采集中学习动词，从环境中学习基本天气的描述等，并编撰了一组去中国旅游到同仁堂购物的环节。这样不但教会了韩国朋友购物用语，也让他们了解了同仁堂的品牌和产品。他们还以清代医馆的形象为蓝本，设计了一个卡通形象代言人——"同仁堂小医馆"，通过故事化的形式，寓教于乐，使公众在潜移默化中认知中医药文化，并了解同仁堂。

同仁堂在产品说明书等环节进行"文本转化"，拉近与海外公众的认知距离。由于文化差异的存在，很多在国内习以为常的事情，在海外经营中就变成了"问题"。北京同仁堂尖东店曾接待了一位满脸狐疑而又极其愤怒的顾客，他一到店里，就很气愤地质问店里的员工，为什么同仁堂出品的药根本不能消化？问了以后才得知他把蜡丸整体吞服了。在这之后，同仁堂的丸药包装上就加了一行字，"本品不能整丸吞服"。员工们对中成药的功能、作用、服用方法和注意事项均会向顾客做尽可能详细的解释，并将需要特别注意的问题直接写在药盒上面。对于汤剂，同仁堂还特制了介绍如何服用汤剂的印刷品并配以图片说明，以免出现不必要的服用错误。在饮片的外包装纸上，也增加了煎汤药的程序及详细的图文指示。他们还为不懂中文的外籍中药调剂员设计了标有数字代码的药斗柜，提高了识别度和运营效率。

情感距离调适方面，同仁堂通过"量身定做"人性化诊疗服务增进患者对同仁堂的好感，拉近与他们的情感距离。同仁堂海外店铺内，每天都保证有2~4名医生坐堂，为海外消费者提供专业的服药指导和医疗服务。中医通过望闻问切、全面调理的方法行医，不仅可以让海外顾客直接感受和体验医疗过程，还增进了与患者的情感交流。同仁堂迪拜药店的一名来自南非的多发性硬化症患者大卫下肢无力、久治不愈,在同仁堂药店做针灸推拿一段时间后,能扶着轮椅勉强站立。他表示想要坐堂的梁医生给他开中药处方,并想进一步了解中药产生的功效,梁医生答应用邮件发给他。经过一段时间治疗,大卫已经重拾他的专业工作——广告设计。有一天,梁医生和同事们的邮箱里同时收到一封以"北京同仁堂"为题的广告宣传画的邮件,末尾署名:大卫设计师创作,如图8-5所示。当陈女士一家人再次陪同大卫复诊时,巨幅的彩色宣传画已经树立在同仁堂迪拜店的大门口。大家高兴地在画前合影留念。

图8-5 大卫为同仁堂设计的宣传画

通过这个故事我们可以看到,海外患者在与同仁堂医师接触和接受诊疗过程中,不断体验并加深对中医药的认知,还增进了友谊,产生情感共鸣。大卫为同仁堂设计的宣传画如同国内患者为医生送的"锦旗",可以说是一种"口碑传播",是海外患者心目中的同仁堂的图像化表达,比同仁堂"自说自话"的传播更具有说服力。

态度距离的调适方面,中医药品牌的国际化经营至少需要得到两类公众的态度认可,第一是患者,第二是涉及中医药注册和认证的政府管制部门。

海外非华裔患者往往是经朋友介绍、怀着将信将疑的态度接近中医的。在新加坡的心理诊疗诊所，有一个深受失眠困扰的病人莫妮卡，坐堂吴大夫经过望闻问切，认为她的症状与情绪紧张、操劳过度而导致的脏腑失和、自律功能失调有关。吴大夫为她定的调理方案包括中草药方和针灸治疗。莫妮卡一开始将信将疑，但在一周后的第二次会诊中，她兴奋地告诉医师，第一次针灸治疗后，她"就像刚刚充电了一样，重新找到了活力"。于是，她按照医嘱服完7天的中药，结果不但睡眠质量明显改善，情绪平稳了下来，连食欲也大有改善。"太神奇啦，你能告诉我其中的奥秘吗？"吴大夫向她介绍中医经络穴位的奥秘、阴阳平衡协调等。自此之后，每次复诊和治疗成了莫妮卡了解中医药文化的"小讲堂"。她听得很投入，提出了许多问题。1个多月的调理下来，莫妮卡对疗效很满意。她还参加太极拳学习班，学习中文，了解中国文化，还成了同仁堂的"义务宣传员"，并推荐朋友尝试用中药或者针灸进行调理治疗。通过这个事例我们可以看出，良好的疗效可以使海外患者产生对中药的信心和信任，以及对中医药文化进一步的探究愿望，在拉近认知距离的基础上拉近了态度距离。

中医药的国际化不仅存在文化差异和认知问题，还面临着严苛的政策壁垒。中医药的国际化拓展受到许多管制，为了获得市场的准入和持续经营，同仁堂需要开展大量的政府公关工作。比如，中药的入境许可审查、登记手续和相关准入问题，中医药和从业人员的合法身份问题等。我们从第一节澳大利亚"红花事件"的处理中也可以发现，认知距离的调适对拉近态度距离的作用。

（四）适度心理距离策略的应用

同仁堂在海外传播的过程中，采取适度心理距离策略。其一，同仁堂在海外传播过程中，采取了渐进、缓慢的传播方式，不仅是一种时间距离策略，也是一种适度心理距离的把握，给公众充分的体验、认知与感受的时间。其二，同仁堂在不同时期提出的战略理念，总是能从"共同性"中找到切入点来开展品牌传播和市场开拓。例如，"有华人的地方就有同仁堂"这一理念，把握了华人的共同需求；"有健康需求的地方就有同仁堂"把握了全球消费者的共同需求，用"健康需求"来凝聚并拉近全球消费者的心理距离。其三，从接受难度较小的事项入手开展传播，如保健品、按摩，这些项目风险较小，接受难度低，以免"弯子转得过大"。其四，不是一味地贴近心理距离，有时也保持必要的心理距离，例如，北京同仁堂的产品配方、包装和剂型在海外市场不同程度地进行本土化改良，店铺的装修、药品的命名等基本保持了中医药文化和老字号自身特色和品牌个性。

六、研究结论及建议

（一）研究发现

1. 传播心理距离的作用机制在同仁堂跨文化传播中得到体现

在同仁堂跨文化传播中，空间距离、社会距离和时间距离与心理距离的关系得到验证，在心理距离的三个主要维度——认知距离、情感距离和态度距离中均有体现，适度心理距离策略也得到验证。空间距离、社会距离和时间距离与心理距离的关系影响既有积极的正面作用,也可能产生负面效应。本书中发现,在出现负面作用的情形下,同仁堂设法通过各种方式去调适,可以有效化解。

2. 文化差异和心理距离的调适和转化

在跨文化传播中,中医药企业像"陌生人"进入到陌生的社会和人群中,一方面在进行文化适应,另一方面也试图进行说服性传播,以得到海外公众的认同、理解与接受。由于面临更多的中医药文化理念的冲突、政治隔膜与成见,同仁堂在跨文化传播的过程中通过"文化"与"心理"的调适与转化来解决这一问题。一方面,从心理距离入手化解文化差异。通过调节制约心理距离的因素——空间距离、时间距离和社会距离来调节心理距离进而化解文化差异。另一方面,从文化适应和文化认知角度入手开展品牌跨文化传播,起到对心理距离的调适作用。同仁堂以传播中国文化和中医药文化为先导开展品牌跨文化传播,增进国际公众对同仁堂品牌及其服务的认知和了解。我们从患者莫妮卡一例中可以看到,患者首先是面临一个问题情境,对同仁堂的中医药治疗效果产生质疑,她在初步接受治疗和体验过程中,通过了解中国文化和中医药文化,不断增进对同仁堂的认知和信任,进而拉近与同仁堂的心理距离。

3. 通过调节心理距离,化解中医药政策壁垒

同仁堂在跨文化传播过程中,不仅通过心理距离调适来化解文化差异,还有效化解了一些政策规制,逐步得到主流市场的认可。同仁堂化解政府规制主要是运用"身份转化"调适社会距离,进而拉近认知距离和态度距离。一是通过与海外合作伙伴建立合资公司,借助他们的身份开展本土化融入;二是利用各种"第三方"身份,通过社会距离的调整开展沟通,赢得政府相关部门的认知、理解与认可,这从"红花事件"的处理及其后续行为中可以得到证实。

(二)中医药品牌跨文化传播心理距离策略总体模型

对于西方国家与中国医药文化的差异,同仁堂从传播中国文化和中医药文化入手,通过心理距离的调适来化解文化差异和政策规制,以获得国际公众的认同。基于上述发现,本书提炼了中医药品牌跨文化传播心理距离策略总体模型(见图8-6)。

(三)对中国中医药老字号跨文化传播的建议

1. 在弘扬中医药文化的基础上传播中医药品牌

中医药老字号品牌在"走出去"的过程中,可以从传播中医药文化入手,使海外受众在接受中医治疗理念的基础上,了解中医药老字号品牌。第一,贴近公众的认知习惯,在中医药的疗法以及说明书的翻译方面开展必要的本土化创新,让海外公众正确理解并使用中医药;第二,通过卡通设计、影视和游戏等方式,将品牌故事转化为外国公众喜闻乐见的内容,进而开展客观、有趣的传播;第三,善于利用社交媒体,借助名人和热点事件开展传播。

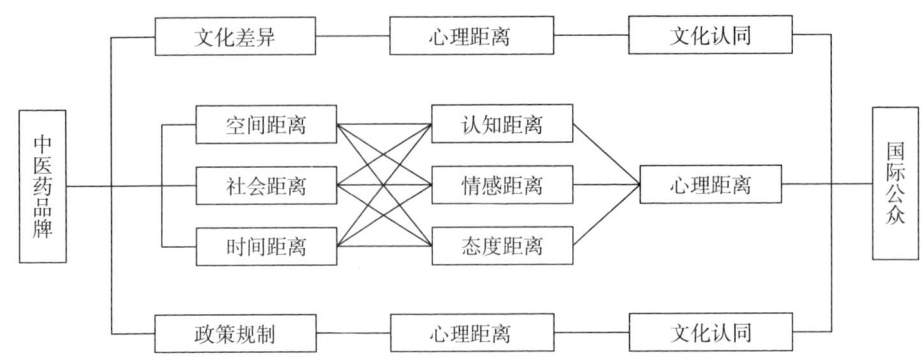

图 8-6 中医药品牌跨文化传播心理距离策略总体模型①

2. 把握全球消费者共性，求同存异

在中医药品牌跨文化传播过程中，须尊重文明的多样性，客观看待不同国家文化之间的差异性。其一，实行本土化战略，充分尊重、遵守当地的生活习惯、宗教习俗与法律法规，根据东道国消费者的特殊需要调整服务策略；其二，向国际标准靠拢，在中医药标准方面，做标准的制定者和适应者；其三，迎合国际受众的共同需要，把握全球消费者的共同需求开展品牌传播。与治病相比，健康、保健和养生已成为全人类共同关注的话题。中医药老字号品牌可以从推拿、按摩、针灸等风险较小的、让国际公众容易认知和接受的角度出发，向国际公众渗透中医健康保健和养生的功效。

3. 充分利用各种渠道资源开展传播

中医药老字号品牌不但要善于利用各种媒体、国际重要活动、旅游、学术会议、教育等渠道开展传播，还要重视各种"桥梁人群"的作用，充分利用实体门店资源开展传播。中医药品牌传播效果与治疗效果紧密关联。在中医药跨文化传播过程中，门店诊所的医患人际互动在赢得海外公众对中医药认知方面发挥着重要作用。就诊患者还可以转化为中医药文化和老字号中医药品牌的传播者，帮助开展口碑传播。

4. 在品牌命名方式及品牌理念的传播方面进行创新

在品牌命名方式上，可以借助公众熟悉的、具体的、容易理解进而可能产生品牌联想的符号，增进品牌的认知和传播。由于中医药老字号品牌名称比较抽象，很难让国外公众产生清晰品牌认知和联想。因此，在品牌传播中，需从品牌元素的释义中让公众理解品牌的个性，讲明商标的由来、标识的含义；比如将"仁"解释为西方人容易理解的"慈爱""爱心"的意思，使国际公众正确理解同仁堂的品牌命名和品牌理念。

为了让消费者方便识别和理解，一些广谱类中成药可以在命名方式上适当创新。比如同仁堂的"乌鸡白凤丸"在马来西亚改良后重新命名为"北京特制白凤丸"，在药品名上加了西方人熟悉的"北京"字眼，与其他品牌的同类药品有所区分，同时也体现出该产品的原产地。正如"penicillin"传到中国后，中国人把"盘尼西林"改为"青霉素"一

---

① 该图由笔者自绘。

样，我们也可以给东道国公众一些"创造"的余地，以他们耳熟能详的方式命名。

5. 开展有效的政府公关化解政策壁垒

Philip Kotler（1986）提出的"大市场营销"理论，旨在帮助国际化企业突破各种壁垒进入国际市场，主要强调了权利（Power）和公共关系（Public Relations）这两种策略。在同仁堂的国际化经营中，通过积极有效的沟通，在赢得西方主流公众认可的同时，也赢得了政府相关部门的认可，其做法值得中医药企业借鉴。

第二节 我国老字号公司外交渠道及其利用研究
——全聚德和同仁堂的比较研究[①]

老字号是我国民族品牌的重要组成部分，"中国元素"和区域文化元素都比较浓。全聚德和同仁堂具有代表性。由于这两个老字号分别属于餐饮和医药两个行业，它们在使用公司外交渠道方面既存在差异，也有一些共性。本书采用比较研究的方法，对全聚德和同仁堂这两个老字号利用公司外交渠道（主要包括借助媒体、大型活动、旅游、教育、政府及非政府组织、门店和产品等）进行双案例研究，旨在为其他老字号有效利用公司外交渠道提供借鉴。

一、理论基础和相关研究

"公司外交"是与"公共外交"有密切联系又有区别的概念。"公共外交"这个词语早在1856年就已经出现在《泰晤士报》（The Times）上，此后被《纽约时报》《华盛顿邮报》和《基督教科学箴言报》相继引用（Michael H. Kater，1997）。Edmund Gullion 1965年首次使用"公共外交"（Public Diplomacy，欧美国家理解为"公众外交"）一词时，将其定义为："公共外交旨在处理公众态度对政府外交政策的形成和实施所产生的影响，它包括超越传统外交的国际关系领域、政府对其他国家舆论的开发、一国私人集团与他国的互动、外交使者与国外记者的联络等。公共外交的中心是信息和观点的流通。"[②] 美国国务院编的《国际关系词典》中认为，公共外交是指"由一国政府支持的，通过出版物、电影、文化交流、广播和电视等形式，影响他国的公众"的一种外交方式。[③] Wang（2006）对公共外交的概念和实践进行深入审视，首先解释了国家声誉的重要性及其与公

[①] 本节由张景云、程瑜、张颖璐和李开欣完成。前期研究成果参见张景云等著《中国品牌全球化：理论建构与案例研究》（经济管理出版社，2019年1月）第八章案例七。本书出版时对相关观点进行了补充完善，并更新了最新数据和材料。

[②] 参见：G R Berridge, Alan James. A Dictionary of Diplomacy [M]. London：Palgrave, 2001.

[③] 资料来源：Definition of Public Diplomacy [EB/OL]. www.public diplomacy.org.

共外交的联系,并将公共外交归结为三个基本话语:公共外交作为政策驱动而不是基于关系,民族国家政府在公共外交的结构和过程中的首要地位,强调大众媒体传播的公共外交作用。布赖恩·霍金等(2012)将"整合外交"(Integrative Diplomacy)作为未来外交的分析框架,提出传统外交机构须与国际上多元行为体合作,共同应对不断增加的议程,强调软实力和充分利用公共外交战略的重要性。张清敏(2015)借用"整合外交"的框架,以全球卫生外交为案例,揭示了外交转型的特点和未来外交发展的趋势。赵可金(2015)以较为宽泛的视域,勾勒了中国外交在非传统领域的发展。来丰(2015)认为,在全球化时代,以国家为主体的传统公共外交过渡到由城市、媒体、跨国公司、非政府组织等多个主体参与的新公共外交,软实力正逐渐取代军事、经济硬实力的作用。

Pedersen(2006)对"公共外交""公司外交"和"公共关系"等术语进行界定,侧重于确定每个术语的普遍含义,以及讨论他对这些术语的个人解释。作者建议亚洲公司,特别是日本和中国的公司正确使用"公司外交"一词,主要涉及企业内部的社会责任、危机管理和问题监测的水平。可见,"公司外交"并不以公司开展跨国经营为前提。Ordeix – Rigo 和 Duarte(2009)将"公司外交"与跨国经营结合在一起讨论。他们认为,各国政府日益关注公共外交,特别是在致力于达成其对外政策在当地接受方面。然而,公司在这方面一直扮演着次要角色。如果公司期望与其关键的利益相关者拥有共生关系,必须真正地使公司价值观与当地的社会价值观相适应。Gilberto Sarfati(2012)探讨了企业外交和企业外交政策的概念。他认为全球化使得跨国公司是庞大而复杂的,它们不能只关注与市场相关的传统属性,还需要关注与其相关社会组织的目标相协调。为了应对新的挑战,跨国公司需要一种被称为"企业外交官"的新型员工,去处理公司的市场、政府和社会目标。White 和 Kolesnicov(2015)通过对罗马尼亚 ROM 糖果品牌重塑的案例研究,使用国家品牌、国家认同和公共外交的概念审视这一案例,特别关注私营部门组织在公共外交进程(公司外交)中的作用。

我国学者在研究公共外交时,将"公司外交"归结为"企业公共外交"。赵启正、梁婷婷(2014)对13个"走出去"的中国企业开展公共外交进行了研究,提出善于讲述"中国故事"开展企业传播,适当运用企业家公共外交渠道等观点。赵可金、尚文琦(2014)认为,公司外交是公司为了维护国家利益和国家形象、增强公司合法性,在遵守各国法律、制度和文化规则的基础上,同各国政府、公司、非政府组织、非营利组织、公众和个人之间开展制度性跨国沟通和交流活动。公司外交形成了游说外交、商务外交、社会外交三种主要形态和运作机制。李志永(2012)指出了发展公共外交的实践路径:培育、强化企业公共外交意识,通过企业产品、品牌形象增进国家形象,通过承担企业社会责任塑造良好国家形象,通过企业文化传播母国的核心价值观。

从国家外交的视角看,作为一种民间力量,企业开展跨国经营,是国家公共外交的组成部分。在图 8 – 7 中,左下角的"公众"是区别于"政府"的一个概念,既可以是组织,也可以是个人或非组织的群体。公共外交的主体多种多样,当这个主体是企业的时候,就可以称之为"公司外交"。这里主要讨论跨国交往视角下的公司外交状况。

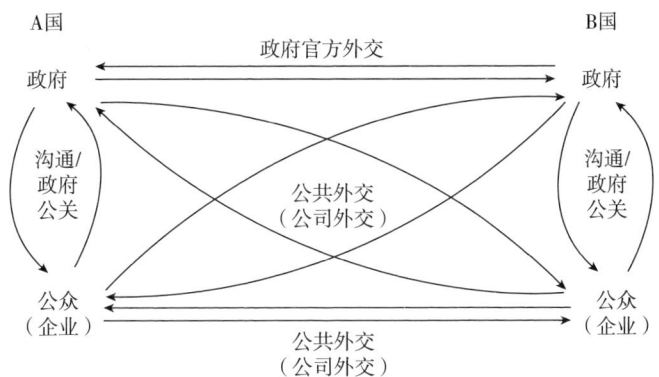

图8-7 政府外交、公共外交与公司外交①

二、研究方法与资料来源

(一)研究方法和样本选择依据

本书采用了双案例研究方法;在涉及全聚德和同仁堂外媒报道的比较时,采用了内容分析方法;在涉及海外新媒体报道的比较研究中,采用了网络日志方法。

选择全聚德和同仁堂作为案例样本的主要原因是:

第一,全聚德和同仁堂开展公司外交的实践历史悠久,所利用的公司外交渠道(如媒体、大型活动、旅游、非政府组织、门店和产品等)比较全面,积累经验丰富,资料可获性强,可以支撑本书的开展。

第二,全聚德和同仁堂都是北京老字号,不仅具有深厚的文化底蕴和民族特色,而且具有北京这一地域文化特色。对它们的公司外交渠道利用方式进行研究,不仅对北京老字号开展公司外交具有借鉴价值,而且对其他地域老字号结合所在地域文化开展公司外交具有借鉴价值。

第三,作为中国老字号,由于这两个老字号分别在中国餐饮和中医药老字号中具有独特性,它们使用公司外交渠道的方式既有共同之处,又各有侧重,选取这两个老字号为样本开展研究,对于所在行业的企业开展公司外交具有借鉴价值。

(二)资料获得

案例材料的获得主要由第一手资料和第二手资料组成。第一手资料来源于笔者对同仁堂与全聚德集团高层管理者的访谈与部分海外门店的实地考察。2013年12月和2014年3月,课题组成员两次赴同仁堂博物馆研讨交流,参与研讨的有时任同仁堂集团副总经理、同仁堂文化传承中心负责人、宣传部负责人及对外经济工作办公室主任等人员。2014年6

---

① 本图根据以下资料绘制:赵启正图解公共外交[EB/OL]. http://news.sohu.com/20110306/n279672266.shtml.

月和2015年6月，课题组成员两次赴全聚德集团研讨交流，参加讨论的有全聚德集团总经理、产业配送部部长及办公室负责人。在后续的研究过程中，课题组持续通过电子邮件、电话、微信就有关问题与这两家企业的高层管理者和专业人员讨论。第二手资料除了查阅数据库文献外，还利用了新华网、网易、《北京日报》、《京华时报》等媒体资源、官方网站、公共微信和企业内部报刊等资源；还在海外浏览Facebook、Twitter，获得新媒体资料；全聚德和同仁堂还提供了部分书籍和内部资料。

研究成果基本完成后，2017年底至2020年初，本课题组再次与北京同仁堂集团宣传部和全聚德集团联系，对接相关部门负责人，就本书的细节进行进一步核实。

三、全聚德和同仁堂国际化概况

1949年，毛泽东会见斯大林特使米高扬，请客人吃红烧鱼，席间，他风趣地说："我相信，一个中药，一个中国菜，这将是中国对世界的两大贡献。"中国菜在公共外交中常扮演"国宴"角色。北京老字号全聚德因其独特的地理位置、浓厚的中华文化底蕴，多次成为国宴之选，其和平门店的兴建，主要原因之一就是便于国宴接待。同仁堂曾长期为皇家提供御用医药，经过350余年的积淀，成为中国中医药文化的代表。同仁堂借助多种公司外交渠道，在传播中医药文化的同时，将同仁堂的医药、医术和理念传播到世界各地。

（一）全聚德国际化概况

中华人民共和国成立初期，全聚德烤鸭就成为国家领导人宴请国外友人的重要菜品。随后，全聚德又随着国家外交事业发展走出了国门：例如，1953年随周恩来总理参展了莫斯科中国工农业展览会，1955年随中国代表团参加了德国莱比锡国际博览会。迄今为止，全聚德接待过200多位外国元首。

中国全聚德集团的成立与全聚德国际化经营有着密切的关系。随着肯德基、麦当劳等西方快餐打入中国市场，全聚德承载了中国餐饮品牌开拓国际市场的使命。拓展海外市场，首先需要一个明确的品牌管理者。1993年，全聚德结束了三家单店独立经营、分散管理的状况，成立了中国北京全聚德烤鸭集团，统一了经营主体。1994年北京全聚德烤鸭股份有限公司成立后，提出了"中国第一餐饮，世界一流美食，国际知名品牌"的愿景。迄今为止，全聚德在38个国家注册了商标（关于全聚德的历史和近年来的创新经营详见第三章第一节）。

1998年，"全聚德"作为中华美食的第一张名片走出国门，通过特许经营方式开启了国际化发展之路。全聚德选择了位于东南亚华人文化基础比较好的缅甸仰光，与缅甸当地的威胜霸酒店合作，以特许经营的方式在唐人街开办了一家全聚德海外门店。

2001年，全聚德进入香港，同样以特许经营的方式，在香港九龙尖沙咀开设了第二家海外门店。

2004年和2005年，全聚德与留日的华人合作，分别在日本东京的银座和新宿这两个华人比较聚集的区域开设了两家全聚德门店。

2008年，全聚德正式进入澳大利亚，以特许经营的方式在墨尔本开设了分店。墨尔本的全聚德并没有选择华人比较集中的唐人街，而是选择了墨尔本市中心的皇后大街，定位中高端的消费人群。

2017年，全聚德正式进入加拿大，在多伦多和温哥华两个华人比较多的城市各新开一家特许加盟店。多伦多店是全聚德在北美的第一家门店，位于多伦多万锦地区（Markham）万豪国际酒店首层，面积约为700平方米。同年，全聚德进入新加坡，在当地最繁华的313@somerset购物中心开设门店。

2018年，全聚德入驻法国，该门店位于波尔多市中心金三角地带图尔尼广场，是波尔多当地地标性的建筑。同年，全聚德在悉尼市开设了在澳大利亚的第二家门店。

在20余年的国际化历程中，全聚德以特许经营方式开过多家门店，有的门店合同到期继续签合同经营，有的门店则已关闭。截止到2019年12月底，全聚德已经在缅甸、日本、澳大利亚、加拿大、法国、新加坡等地开设过10余家海外门店。近年来，为了让更多的外国消费者认识和了解全聚德，了解中国的传统饮食文化，全聚德借助中国外交事业、重大体育赛事和文化交流，开展了一系列公司外交活动，提升了认知度和影响力。

（二）同仁堂及其国际化概况

同仁堂不仅是中医药老字号，也是我国中医药行业的领军企业，在中医药国际化方面开展了多年实践。截止到2019年12月底，北京同仁堂产品已远销海外40多个国家和地区，并在近30个国家和地区设立分店140多家，是"中国企业国际化50强"中仅有的两家医药企业之一。"2018中国品牌价值百强榜"发布，同仁堂排名第72位；2019年，同仁堂以110亿元品牌价值位列《汇桔网·2019胡润品牌榜》第114位，上榜2019医疗健康品牌价值全国排名第三。作为中国第一个驰名商标，同仁堂在世界100多个国家和地区办理了商标注册手续，是第一个在台湾地区注册的大陆商标。同仁堂还参加了马德里商标国际注册，2015年获得中国商标金奖——马德里商标国际注册特别奖（关于同仁堂及其国际化历程，详见本章第一节相关内容）。

四、全聚德和同仁堂公司外交路径比较分析

全聚德和同仁堂的国际化与它们开展的公司外交联系密切。下面，着重从海外媒体传播、大型国际活动、旅游、海外教育机构、政府与非政府组织以及门店与产品/服务等方面，对这两个老字号开展公司外交的渠道进行比较研究。

（一）全聚德的公司外交渠道

1. 海外媒体报道

笔者于外文文献库EBSCO – Academic Search Complete（ASC）—综合学科参考类全文数据库中，2007年1月至2019年12月期间，搜索关键词"Quanjude"，共得到相关文献36篇。过滤掉学术论文、行业报告等非新闻报道体裁文章以及国内英文报纸杂志的报道，得到期间关于全聚德的相关英文报道16篇。海外英文媒体对全聚德的报道如表8-1所示：

表8-1 海外英文媒体关于全聚德的报道

序号	新闻标题（英）	新闻标题（中）	新闻来源	发表日期
1	The Oven That Roasted 115m Peking Ducks Has Gone, but Fire Burns on	烤鸭炉灶消失但烤鸭的火苗仍在燃烧	The New York Times《纽约时报》	2007.4.26
2	Keeping the Duck Fires Burning	烤鸭之火生生不息	Daily Chinese Herald《澳洲日报》	2007.4.27
3	Chinese Food Chains Set IPOs	中国食品连锁店上市	Wall Street Journal《华尔街日报》	2007.10.17
4	Beijing Olympics FUN & GAMES	北京奥运会的趣事和比赛	Townsville Bulletin《汤斯维尔日报》	2008.8.12
5	Chinese Sponsors Ignore Politics	中国赞助商忽视政治	USA Today《今日美国》	2008.8.21
6	Just Ducky	就是鸭子	Herald Sun《先驱太阳报》	2008.11.8
7	Giving Chicken a Run for Its Money	（鸭子）对鸡肉市场构成威胁	Hindustan Times《印度斯坦时报》	2009.1.25
8	More Best Bites	更多美食	Quarterly Review of Wines《葡萄酒季刊》	2011.2
9	Want to Get Saucy? Go to Hong Kong	领略花样美食？去香港吧	The Times《泰晤士报》	2011.9.15
10	Beijing's Most Exquisite Peking Duck	北京最精美的烤鸭	Wall Street Journal《华尔街日报》	2012.9.29
11	Air China Serves Up Beijing Duck Onboard	国航在飞机上供应北京烤鸭	PR Newswire US 美通社	2013.12.31
12	Consumer Food Service in China	中国消费者食品服务	PR Newswire US 美通社	2014.1.4
13	Honored Chinese Restaurant Brand Quanjude Releasing "Internet Plus" Strategy	著名的中餐品牌全聚德推出"互联网+"战略	PR Newswire US 美通社	2016.4.13
14	The Times Daily Quiz	泰晤士报每日测验	The Times《泰晤士报》	2016.11.22
15	China Food Service Restaurant Market 2017-2022: Major Players Include McDonald's, Yum! Brands, Burger King, Starbucks & China Quanjude – Research and Markets	2017～2022年中国餐饮服务市场：主要参与者包括麦当劳、百胜品牌、汉堡王、星巴克和中国全聚德——研究和市场	Business Wire 业务线	2017.4.26
16	QUANJUDE OPENING	全聚德：开张进行时	Daily Chinese Herald《澳洲日报》	2018.4.1

从报道数量来看，2007～2019年以来，海外媒体对于全聚德的关注度较低。2007～2008年全聚德的海外报道出现了小高峰。如图8-8所示：

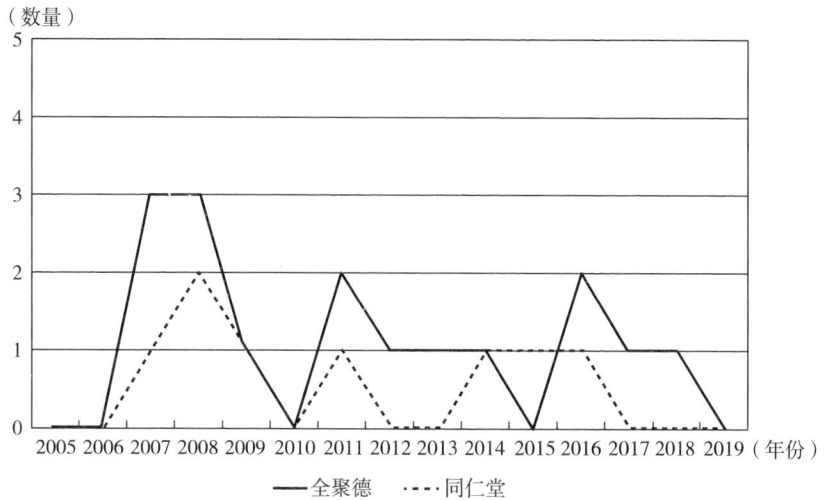

图8-8　2007～2019年海外英文媒体对全聚德和同仁堂的报道量①

从报道内容来看，基本可分为"店铺整修""集团布局与运营""奥运美食""制作工艺与味道"和"企业合作"五个议题。外媒最关注全聚德的集团布局与运营，共7篇，占全部报道的43.75%，主要关注了全聚德的上市、推出"互联网+"战略以及在海外开分店等事件。其次是全聚德的烤鸭制作以及其他名菜的工艺与味道，共5篇，占31.25%。关于全聚德的店铺整修共2篇整，占全部报道的12.5%。关于成为奥运美食以及奥运会合作伙伴的报道各1篇，各占6.25%。从不同媒体的关注点来看，美通社和《华尔街日报》更加关注全聚德集团上市、运营方面的转变及其产生的影响；其他媒体关注奥运美食、服务与菜品设计等。

关于全聚德报道的态度倾向，正面报道共9篇，占全部报道的56.25%，赞扬了全聚德烤鸭的制作工艺与味道，对于国航与全聚德之间的合作、全聚德上市以及利用互联网启动新的运营项目给予肯定。中立报道5篇，占31.25%，描述了全聚德与奥运会的企业合作、市场经营状况及餐饮服务市场研究。负面报道2篇，占12.5%，主要反映全聚德所在地区的拆迁及餐厅的整修情况，认为这是对历史文化破坏的一个缩影。

中宣部曾组织多家媒体报道中国品牌。其中，新华社采访并报道了全聚德的墨尔本店和日本东京店，从检测的数据看，这些报道并没有得到外媒的转载，依然是一种"对内传播"。

---

① 该图由笔者绘制。为了全面反映趋势变化，选取了2005年1月至2019年12月的数据。

2. 海外社交媒体

在 Facebook 上,全聚德有自己的账号 "Quanjude Peking Duck Restaurant",是澳大利亚墨尔本分店在运营、发布内容方面的开业动向、餐厅、雅间照片和菜品照片。海外店铺开业的信息得到关注和评论。从头像看,参与话题的华裔居多。全聚德在 Facebook 上更新频率大概两三天一次,虽然上传了很多照片,但互动不足。在国外一个生活点评网 YELP 上,全聚德多伦多店的评价为两星。

从总体评价上看,消费者对全聚德店铺环境很满意,对口味也比较认同,不过普遍认为价格偏高,性价比不足。

3. 大型国际活动

全聚德参加的活动主要以中华美食表演为主,并为一些全球性活动提供餐饮服务。成为 2008 年奥运会赞助商,是全聚德跨文化传播的重要里程碑。北京奥运会为全聚德在国内开展国际化经营和传播创造了便利条件,使来自世界各国的运动员、裁判员和观众有机会品尝这种独特的中国美食。2013 年 11 月,全聚德十多位中国厨师走进联合国。2014 年在亚太经济合作组织(APEC)领导人非正式会议期间,全聚德为国宴供应烤鸭并现场展示片鸭技艺(见图 8-9)。2015 年,国家级非物质文化遗产"全聚德挂炉烤鸭技艺"(局部)的泥塑艺术品在米兰参加世博会中国馆展出,上述大型活动提升了全聚德的品牌认知度和美誉度。

图 8-9　APEC 欢迎晚宴上全聚德烤鸭师展示盛世牡丹烤鸭①

全聚德高层管理者认为,美食文化"走出去"也是企业国际化的重要形式:

---

① 该图片由中国全聚德集团提供,李东摄。

米兰世博会，共开了184天。第一个团组3个人，两个烤鸭大师，都是顶梁柱，其中一个小伙子外语很好。（这组）5月1日正式在世博会亮相，中国馆馆长作为政府代表，片的第一刀（烤鸭），我觉得这也是中华技艺走出去。我们的鸭坯都是在当地自己解决，处理、烤制、搪色、吹气，厨师们靠着自己多年的技艺，做出来的烤鸭色香味与中国大陆门店极为相像，深受意大利人和世界游客喜爱，媒体反映也很激烈……电视台还做了专门的报道，弘扬了中华传统文化。在海外开店固然是走出去了，但是按照现在中国餐饮企业的水准还存在很大的差距。所以，文化交流、技艺表演也是走出去的一种方式。

全聚德负责米兰世博会的负责人回忆说：

米兰开世博会，选什么进入中国展馆？选北京这个城市，那么谁能够代表北京，北京的什么能在那里面展示？后来有关领导在全聚德展览馆里转了一圈，看到泥塑的时候眼前一亮，并说："它既代表了中国的传统文化，又代表了中国的传统美食，就选它了！"后来我们邀请专业的设计团队设计了全聚德烤鸭挂炉技艺非遗的文化展台，还请艺术家专门做了13个泥塑运到米兰。世博会中国展览馆成了"网红"，主办方每天都要限流，每天都有志愿者维持秩序。观众进馆参观，第一眼看到的就是全聚德的展台：有中国的传统美食文化、泥塑、非遗壁画、现场搭建的烤鸭炉……还有一个6分钟小宣传片，展示全聚德烤鸭的原材料和吃法。我们还派出了一个团队，专门在那里进行售卖，厨师也在那里待了半年。

有一套六张的明信片，我们随机送一张作为顾客就餐时的礼品。2015年开始，我们与国家体育总局训练局合作，烤鸭经过144次的检测，成了符合奥运赞助商条件的美食——因为成为奥运美食，要满足很多的条件，其中最重要的就是食品安全。我们2015年就获得了这个资质，所以，明信片上条形码的这个烤鸭身份证，印的就是"国家体育总局训练局保障产品"。现在我们换成了泥塑的图案，突出了非遗技艺。①

4. 旅游

美食旅游需要文化作支撑，文化能丰富美食旅游内涵。由于中华老字号美食的"地域性"特征，位于北京的全聚德门店，成为全聚德在国内开展跨文化传播的重要渠道。机场和火车站等国内外游客过往频率较高的场所，也是全聚德开展品牌跨文化传播的重要渠道。2013年，全聚德与国航开展联名合作，将全聚德烤鸭搬上国航头等舱。在北京地铁站，还曾经有"Welcome To Beijing"的广告牌，上面有北京的知名旅游景点和多种美食，左下角"聚在北京"和盘中的烤鸭让人联想到全聚德（见图8-10）。

5. 海外教育机构

全聚德在海外与教育机构的合作比较少，主要是应邀参加海外孔子学院的中国美食文化讲座。讲座让海外华人了解北京烤鸭、中国美食文化，并提升"全聚德"的认知度。当地时间2011年6月7日晚，奥地利维也纳MODUL餐饮管理学院贵客盈门，共同庆祝奥

---

① 以上采访记录为方便阅读有所编辑和删减。

图8-10 北京某地铁站的北京形象广告①

地利与中国建立外交关系40周年与维也纳大学孔子学院成立5周年。中国驻奥地利大使史明德、中国国家留学基金委秘书长刘京辉、奥地利国民议会议员施拉格、维也纳商会主席扬克、维也纳大学孔子学院中方院长王静和奥方院长李夏德等中奥各界人士480余人出席了庆祝活动。在庆祝活动中,全聚德的美食表演吸引了与会者的关注。娴熟而优雅的烤鸭、片鸭表演、惟妙惟肖的抻面技法和果蔬雕刻,为庆祝晚宴增色不少。2014年,北京大学学生国际交流协会(SICA)组织北京大学和瑞士圣加伦大学的30余名学生走进全聚德,参观全聚德展览馆,享用全聚德美食,感受中华餐饮文化的深厚底蕴。

6. 政府与非政府组织

全聚德"烤鸭外交"既是公司外交,也曾经是国家正式外交的一种形式。自新中国成立以来,全聚德已接待了200多个国家和地区的元首与政要。从这个意义上而言,全聚德烤鸭成为我国政府开展"政府公关"的润滑剂和载体。1949年10月1日,苏联与中国建立外交关系,10月16日,毛泽东主席在中南海举行仪式,接受新到任的苏联大使罗森提交的国书,并在仪式后举行了宴会,菜品的主角就是全聚德烤鸭。1971年7月10日,周恩来总理在人民大会堂福建厅与美国总统特使基辛格紧张会谈,到了中午,会谈还没有取得一致意见,双方分歧很大,周总理为了缓解气氛,提议午宴后再议。

在酝酿接下来的强硬言辞时,周恩来便打断了他:"依我看,您接下来肯定想说中南半岛的事情吧,这又得谈很久了。不如我们先休息一会儿吧。不然的话,您会太过紧张,而鸭肉也会变凉的。"

"再也没有比这更糟糕的事了。"基辛格回答道。

周恩来陪同美国人进入了隔壁的餐厅。宾客们在一张大大的圆形餐桌前就座,白衣服

---

① 该图由笔者拍摄。

的侍者开始分发餐盘。接下来,他们就将品尝到这场中国之行中最难忘的一次宴席了。"如果我在这世上只剩下一餐可吃的话,"洛德说道,"那我会选择吃北京烤鸭。"但这顿宴席并非只有一份鸭肉,而是一桌齐全的传统北京烤鸭宴,每道菜中都含有鸭子不同的部位,如脆皮、鸭掌、鸭胗和鸭头等,此外,鸭骨也做成了汤品。而主菜则是那饱满多油的鸭肉。将其蘸上咸甜交织的浓郁酱汁,再和着葱条或银色的小黄瓜,裹在薄薄的荷叶饼里吃,味道既鲜嫩又酥脆。成熟老练的东道主周恩来熟练地包好肉卷,以供这些贵客享用。人们吃着肥嫩的鸭肉,渐渐地,先前的紧张气氛开始缓和,随后便烟消云散……

午宴后,在周总理的强烈要求下,宾客们挤进小小的电梯,来到了楼上一间专门制作北京烤鸭的厨房。这时候,厨房内只有一名士兵在擦地板,房间被打扫得干干净净,纤尘不染。基辛格的助手约翰·霍尔德里奇写道:"看见他们的总理领着一群外国人走进厨房时,那名士兵震惊不已。光这副表情就让我们觉得,这次旅途值了。"接着,周恩来向这群美国人展示了烤鸭专用的炉灶,并解释了苹果木与樱桃木提升鸭肉风味的缘由,令他们印象十分深刻,恰如约翰·霍尔德里奇写道:"在整个过程中,周恩来总理热情好客,风度翩翩,还竭力让我们感到轻松自在,他是中国当代当之无愧的最伟大的领导人之一。"

中美两方回到了会议室。这时,基辛格又开始强硬地同周恩来辩驳。不过,他的心——或者说他的胃吧!——却全然不在这上面了。烤鸭的美味使得整个房间都弥漫着和谐的气氛,很快,两方的谈话就回到了尼克松总统访华的友好主题上来。事实上,这场宴会还成为了后来美国先遣小组数次访华时中方反复遵循的招待模式。每当争议趋于白热化,或者说,中方觉得美国人应当放松些许时,周恩来便会建议享用一桌烤鸭宴。1971年10月,在基辛格开始"波罗-Ⅱ"访华期间,中美两方曾就一份重要的中美公告的措辞进行了协商。当会谈陷入僵局时,周恩来便邀请美国人品尝烤鸭。而他指定的两位座上宾则为基辛格和在场最年轻的美国人——尼克松的助手德怀特·查宾。

"周总理还为我们包鸭肉卷,"查宾回忆道,"因为在中国,这体现的是一种礼貌和修养。不过我却完全没有料到他会这么做。鸭肉很好吃,我简直无法用语言来形容它的美味。宴席结束时,他们端来了重头菜——切成两半的鸭头。周恩来将其中一半递给基辛格,另一半分给我,让我们吃鸭脑。"

基辛格在这场烤鸭宴中吃得心满意足,随后,周总理便向他提出了编排公告的一种独特方式,即将中方和美方并排而列,而不是混于一体,综合论述。"这是一种史无前例的构思,"基辛格写道,"它表明了中国在一系列事件上不予妥协的坚定立场……思索再三后,我又发现,这种新颖的方式或许可以解决我们的难题。"就这样,全身心都被鸭肉所占据的基辛格同意了周恩来的提议(安德鲁·科伊,2009/2016)。

"烤鸭外交"与"乒乓外交""茅台外交"并称为周恩来总理的"三大外交技巧"。周恩来总理曾27次在全聚德宴请外宾或就餐。全聚德的品牌理念——"全而无缺,聚而不散,仁德至上"是20世纪60年代初周总理在宴请外宾时,向外宾解释"全聚德"三个字时提出的。全聚德和平门店建立的初衷就是便于接待外国政要。

服务人员也在政府公关中扮演着重要角色，全聚德有关人员回忆说：

有一年，老布什在美国要参加一个重要的高级别会议，会议之前需要宴请贵宾。中国方面知道了这件事之后，想从北京带给老布什一个惊喜，后来决定把曾经服务过老布什的那位烤鸭师带过去。这个厨师名叫郭顺利，他曾经给老布什服务过两三次，老布什对他的印象也很深。宴会中，当老布什看到北京烤鸭时，感到非常惊讶："在我的餐厅里，怎么出现了北京烤鸭？"老布什回头看到了郭顺利，一眼就认出他来了，非常高兴，当天吃了好几卷鸭子。宴会结束之后，老布什说："不能让远方的贵宾白来，让他参加我们明天的部长会吧！"于是，第二天的这个会议上，就有一个具有独特身份的人列席，那就是中国全聚德的厨师郭顺利。

2013年，全聚德王府井店烤鸭厨师长吴玉波、副厨师长贾国良等10多位中国厨师随"中国美食走进联合国"活动赴美。2013年11月12日，联合国秘书长潘基文、第68届联合国大会主席阿什等联合国工作人员及各国常驻联合国使节近400人，出席在美国纽约联合国总部举办的美食节开幕式，烤鸭大受欢迎。全聚德在中国外交美食领域实现了四大突破：第一，自恢复联合国常任理事国以来，首次在联合国平台上展示中国美食；第二，适逢中国担任联合国安理会轮值主席国，全聚德烤鸭为"中国月"添光彩；第三，联合国秘书长潘基文和15位安理会理事国大使首次共同品尝中国烤鸭；第四，借美食东风，中国外交"食"来运转，12日当天中国高票当选联合国人权理事会成员（吴颖，2014）。在2017年"一带一路"峰会期间，全聚德董事长邢颖作为世界中餐联合会常务副会长与秘鲁国家贸易和旅游部长爱德华多·费雷洛斯（Eduardo Ferreyros）进行会见后，邀请爱德华多·费雷洛斯部长一行在和平门店品尝烤鸭。通过国际政要品尝全聚德烤鸭，不仅借助名人效应提升了全聚德的知名度和美誉度，对于全聚德品牌以及中华美食在海外市场拓展奠定了基础。

非政府组织官方约束少，有利于开展更融洽的交流活动。全聚德常借助国内的社会团体走向国际舞台，比如世界中餐联合会、中国烹饪协会和中国焙烤食品糖制品工业协会等。每有大型国际性活动，中国烹饪协会常常邀请全聚德作为美食代表参加。

2017年9月26～27日，由欧美同学会、法国展望创新基金会联合主办的"一带一路"中法文化汇流和共享——2017"第二届中法文化论坛"在法国里昂市举行。作为代表团成员，世界中餐业联合会常务副会长、（时任）中国全聚德集团股份有限公司董事长邢颖应邀参加，并在"生活艺术与美食"分论坛做演讲和对话嘉宾。他先从中法两国的几个共同点入手，先对法国美食进入联合国非物质文化项目表示赞赏，引出"饮食文化多样性的保护"的话题。接下来从"美食有国度，交流鉴赏无国界"引出两国历史上的美食交流故事，从美食交流到城市文化的独特味觉记忆，拉近双方的心理距离。在谈到法国人熟悉的饭店马克西姆在北京的运营情况后，引出"全聚德也将继续有计划地在海外不断拓展"的话题。这样，借助双方文化交流传播了全聚德的品牌文化。

全聚德还通过国际间同行的交往来增进品牌认知。比如，全聚德和日本料理师协会达成了协议,派驻3位大师到日本巡回表演1个月。表演结束后,再由日本派驻4人到中国全聚德做展示。

有的活动是政府机构与非政府机构合作开展的项目。比如,2017年春节期间,由中华人民共和国原文化部举办、世界中餐业联合会承办的"行走的年夜饭"项目与Facebook合作,为硅谷的员工送上中餐,将中国春节"送"到世界各地,几天内网络遍布"Happy Chinese New Year",全球共庆中国春节。作为"行走的年夜饭"系列活动之一"2017泰国欢乐春节"中,全聚德代表团携"盛世牡丹烤鸭"和多款特色美食参与了"国宴版中国年夜饭"和"泰皇宫新春晚宴品鉴中华美食"两项活动,赢得到场嘉宾的好评。

7. 店铺与产品/服务

全聚德的海外门店分布在日本、新加坡、澳大利亚、法国和加拿大等国家和地区,对全聚德的品牌传播发挥了作用。海外门店起初基本上复制国内门店的样式,近年来,新开的门店在店铺风格上注重中国元素与当地文化的融合,体现出独特的艺术风格。

到京城品尝原汁原味的北京烤鸭,是不少来华国际友人的诉求。因此,全聚德品牌在跨文化传播中,采取"拉"的策略,充分利用国内的门店和菜品开展传播。目前,全聚德在北京直营加特许门店有24家,各门店有不同的特色。全聚德和平门店可以说是一个"外交"门店,成立的初衷就是接待外国元首和政要,目前也是举办国内外宴会的重要场所。前门店突出"老店文化"的特色;王府井店定位于"王府文化";奥运村店则体现了立足奥运"体育文化"主题。全聚德望京店(已于2019年初关闭)由于地处望京地区,周边有大量国际企业、机关及组织,所以消费者中有不少国际友人。针对这一区域消费者的特点,全聚德开发了"芝士虾球"这样具有国际化特点的菜品,在保留全聚德传统特点的基础上,将西餐手法融入其中,兼顾了国内外宾客的餐饮需求。

1956年12月7日,毛主席在同民建和工商联负责人谈话时明确指出:"全聚德要永远保存下去!北京烤鸭是中国特有的东西,应该国际化,可以出口。"全聚德的"鸭文化"既是物质文化也是精神文化。全聚德的菜品从早年的"鸭四吃",发展出"全鸭菜",又不断开发出新菜品,形成著名的"全鸭席"。

全聚德为海外消费者提供的菜品除了全聚德最传统的烤鸭,以及各种北京独特面点,如宫中点心、豌豆黄、鸭丁冬菜包、三鲜烧卖等以外,还囊括了鲁菜、川菜等菜系,以代表中国饮食文化。

为了更好地适应东道国消费者的饮食习惯,全聚德也在对自身的菜品进行本土化改良。例如,为了迎合日本消费者的清淡口味,全聚德东京店的烤鸭适当加长了微火烤制时间,进而降低了油腻,很受当地消费者欢迎。而在澳大利亚,为了迎合西方消费者分餐制的消费习惯,全聚德改变了传统的上菜方式,而采用一人一份的西餐式吃法。

在全聚德波尔多店,来自北京全聚德的烤鸭师和国外的米其林厨师共同工作,为顾客提供中西结合的美味菜品。"我们开了一个法国波尔多店,是一个北京人开的,它开在一个类似文物的庄园古堡里,请了两个米其林厨师,他们把全聚德的菜品做了艺术化处理。全聚德的鸭子一出品,光是摆盘就会让人眼前一亮;每一道菜都是高颜值。他们从店面的设计到全聚德Logo的展示方式,以及服装、器皿,还有菜的出品等,颠覆了人们对全聚德的想象。"全聚德相关工作人员说。

考虑到欧美等国家有不吃动物内脏的习惯,加拿大店铺不卖"火燎鸭心"等传统经典菜;为适应当地客户的习惯,还会推出"中餐西吃",在摆盘时注意分餐,尽可能增加一些当地受欢迎的菜品。

全聚德烤鸭是全聚德与国际消费者交流的媒介。在1999年全聚德建店135周年之际,全聚德策划了"第一亿只烤鸭"隆重出炉仪式,他们将这只烤鸭送给了当时正在前门店用餐而事先毫不知情的一个法国客人享用,同时还授予他"终身荣誉顾客"的称号。在这里,烤鸭成为全聚德针对民间公众的公司外交形式。

在官方外交中,烤鸭作为亲和的美食外交载体,充当"润滑剂"角色,使得沟通环境更加融洽;在各种交流和展会中,烤鸭(技艺)作为传播中华文化的"使者",在国家和城市形象塑造中发挥着重要作用。

(二)同仁堂的公司外交渠道

1. 海外媒体报道

笔者于外文文献库EBSCO - Academic Search Complete(ASC)—综合学科参考类全文数据库中,2007年1月至2019年12月,搜索关键词"Tongrentang",共得到相关文献70篇。过滤掉学术论文、行业报告等非新闻报道体裁文章以及国内英文报纸杂志的报道,得到期间关于同仁堂的相关英文报道8篇。同仁堂在海外(英文)媒体报道情况如表8-2所示:

表8-2 海外英文媒体对同仁堂的报道

序号	新闻标题(英)	新闻标题(中)	新闻来源	报道时间
1	In 2003 the Sales Value in China's OTC Drug Market Achieved as High as USD 36 Billion	2003年中国非处方药市场销售额高达360亿美元	M2PressWire M2新闻专线	2007.10.5
2	Why Traditional Medicine Could be a Remedy for Failure at Olympics	为什么传统医学可以成为奥运会失误的补救方法	*The Times* 《泰晤士报》	2008.7.1
3	OTC Healthcare in Hong Kong to 2011	到2011年香港的OTC医疗保健报告	M2PressWire M2新闻专线	2008.10.28
4	SUWN, XOHO, INMG	SUWN、XOHO和INMG公司的合作	M2PressWire M2新闻专线	2009.3.11

续表

序号	新闻标题（英）	新闻标题（中）	新闻来源	报道时间
5	Princess Haya Inaugurates Beijing Tong RenTang Clinic at Dubai Healthcare City	哈雅公主在迪拜卫生保健城为北京同仁堂诊所揭幕	*Arab 2000*《阿拉伯2000》	2011.10
6	Un-gated and Integrated Work Unit Communities in Post-socialist Urban China: A Case Study from Beijing	后社会主义城市中国的一体化工作单元社区：以北京为例	*Habitat International*《国际城乡居住杂志》	2014.7
7	Global Health Brands Rush into China through Fast Growing Cross-border E-commerce	全球健康品牌通过快速增长的跨境电子商务涌入中国	*Business Wire*《美国商业资讯》	2015.10.13
8	Global Acne Medication Market Professional Survey Report	全球痤疮药物市场专业调查报告	M2PressWire《M2新闻专线》	2016.6.1

从报道数量来看，2007~2019年，海外媒体对同仁堂的报道数量较少，媒体关注度较低。2008年出现了对同仁堂报道的小高峰，关注了同仁堂等传统医药对奥运会的影响。2011年媒体关注了同仁堂在国际范围内新业务的开展，2015年关注了健康品牌在全球范围内的电商化趋势。

从报道内容来看，基本上可分为"企业市场报告""药物疗效""企业合作""集团布局与运营"和"店铺整修"五个议题。其中，"企业市场报告"3篇，占全部报道的37.5%，主要报道了同仁堂药物市场的销售额和调查报告；"企业合作"2篇，占25%，主要报道了同仁堂与美国实验室和外国企业的合作；"药物疗效""集团布局与运营"和"店铺整修"各1篇，各占全部报道的12.5%，分别报道了同仁堂在北京奥运会期间对受伤运动员的药物治疗以及阿联酋成立了迪拜医疗中心和北京城市化背景下同仁堂店铺的整修情况。从不同媒体的关注点来看，M2新闻专线主要研究药物市场的状况，其他媒体对同仁堂的企业合作、运营方面和药物疗效及其产生的影响较为关注。

从报道的态度倾向来看，中立报道5篇，占全部报道的62.5%，报道了同仁堂的医药销售状况、企业合作、香港医疗使用同仁堂的保健报告以及同仁堂的店铺整修情况；正面报道2篇，占25%，认为同仁堂的国际化拓展是改善全球健康、促进全世界人民福祉的创新举措，并看好同仁堂与其他企业之间的合作；负面报道1篇，关注了中药中可能含有兴奋剂成分对运动员的职业生涯发展的影响。

以上主要分析了海外媒体英文报道的情况，其他语言的媒体报道尚未检索和统计。同仁堂充分利用当地大众传播媒介传播中医养生保健知识，开设同仁堂中医药知识栏目，连载以同仁堂历史故事为背景的文艺作品如小说、电视连续剧等。在海外，还有不少华文媒体,对同仁堂也做了不少报道。比如,菲律宾的一家中文报纸就曾设置了健康专栏,并向同仁堂约了大量稿件,连载了中医药文化及养生保健知识。

电视传播也是同仁堂海外传播的渠道。2012年同仁堂集团和中国航天亚太卫视合作,共同投资建立了北京同仁堂传媒(香港)有限公司,共享资源,并将《大宅门》《大清药王》等一批有关中医养生知识和中医药发展历程的连续剧及其他电视文化节目"上星"播放(配有英文字幕),并在海内外1600多家门店安装的接收装置播放,顾客在买药或候诊时随时可以收看。

2. 海外新媒体传播

同仁堂在海外还没有由总部集中运营的官方新媒体账号。在社交网站 Facebook 和 Twitter 上可以看到相关评论。比如在这两个社交网站上,会看到同仁堂在海外新开店铺的推送,大部分是从 China Daily 转发,有一定数量的点赞,且评论不多。还有一些是中医的理念、店铺提供商品和服务的相关宣传。也有在同仁堂工作的当地员工推送的状态,互动相对活跃,更多的评论是恭喜他找到了好的工作,很少有人直接对中医药表态。

在 Twitter 上,同仁堂有自己的主页,可以看得出是迪拜店在运行,大概一周转一次相关的新闻和评价,互动很少。

3. 国际性活动

同仁堂广泛参加大型国际活动,例如,同仁堂通过参加京交会,不断拓宽海外市场的业务;在参加博鳌亚洲论坛时,代表中医药企业在该论坛上发声;参与当地机构组织的义诊活动;赞助马拉松比赛;等等。

每一家同仁堂海外药店根据自身条件来传播中医药知识和中国传统文化,条件好的设有专门的中医药博物馆或展览室,面积小的有中医药文化角或是文化墙。店内的工作人员会向周围的居民传授太极拳、八段锦、五禽戏和新兴的健身操,并开办中医药文化讲座,并通过对海外当地经销商的产品培训、学术交流等活动,促进中医药文化在当地主流社会的传播和融入。例如,迪拜同仁堂曾组织向当地人教授太极拳等中华养生之道,开办中医文化知识讲座和论坛等。

4. 旅游

同仁堂在国内最大限度地将其独特的中医药文化系统化、普及化,利用博物馆、仿古经营等各种形式营造在国内的良好口碑,吸引海外游客,间接推动了同仁堂文化走向海外。同仁堂博物馆每年接待中医药游客超50万人,成为中医养生文化旅游线路的重要景点。同仁堂的发源地大栅栏药店至今仍保留了中医坐堂、戥子称药等经营特点,续演中药铺文化。该店独具创意地把药店西侧一条不足50米长的小夹道改造成中药文化走廊,夹道西侧的三个橱窗是其点睛之笔,一个橱窗里正演"小电影"——这是清朝时同仁堂"前店"的场景:坐堂的老中医认真地为妇人号脉;穿长袍的药铺伙计麻利地抓药、称药……

5. 海外教育机构

同仁堂与海外开展中医药学术交流很早就开始了。清乾隆四十九年（1784年），日本琉球医药学家吴继志在写作《质问本草》一书时，采集了琉球及其附近岛屿的160种药材。他把这些药材绘制成图或制成标本，请专人到北京、江苏、浙江等地医药学家对这些药材进行分类鉴定。在受邀请的46位专家中，有3名专家（周之良、邓履仁和吴美山）就来自北京同仁堂。这是有记载的同仁堂最早参加海外学术交流的记录（边东子，2010）。

同仁堂的后代乐崇熙1981年赴日参加日中生药天然药物化学会议。赴美参加了两个学术会议，用英语做了"同仁堂简介"和"简介中医药"两个学术报告；1987年再次赴美哈佛大学交流。期间，乐崇熙与美国学者Steven Foster合作编写了一本书：*Herbal Emissaries—Bringing Chinese Herbal to the West*［《草药的使者——把中草药带给西方》，见图8-11（a）］。后来他们又合作翻译了乐崇熙所著的带到美国的小册子——《中药的故事》，该书把人参、当归、金银花等52种名贵中草药材人性化，通过民间传说小故事的方式呈现。该书英文名为：*Herbal Pearls—Traditional Chinese Folk Wisdom*［《草药珍珠——中国传统民间智慧》，见图8-11（b）］，直到2008年该书才得以出版（乐崇熙，2013）。

（a）*Herbal Emissaries—Bringing Chinese Herbal to the West*

（b）*Herbal Pearls—Traditional Chinese Folk Wisdom*

图8-11　乐崇熙与Steven Foster合作编译的英文版著作①

近年来，同仁堂也在不遗余力地与海外教育机构合作进行品牌运作和推广，比如邀请

---

① 乐崇熙. 北京同仁堂创始人乐家轶事［M］. 北京：东方出版社，2013：325，337.

当地中学生参观同仁堂店面,向他们介绍同仁堂的品牌和历史。同仁堂还成立了海外医师进修工作室,为海外门店输送人才。同仁堂还借助孔子学院,深入到西方国家华人比较少的地方,通过传播中国文化,推广中医药文化,以获得西方主流社会的认同。同仁堂还与海外大学合作开展深度研发。目前,同仁堂正在和美国加州 Western 药学院开展灵芝孢子粉抗癌机理研究。2014年,北京同仁堂澳大利亚公司和西悉尼大学国家中药研究院签订了合作备忘录。

6. 政府与非政府组织

同仁堂的国际化经营在争取西方主流公众认可的同时,也需要赢得政府的认可。中医药的国际化拓展受到许多管制,为了获得市场的准入和持续经营,同仁堂需要开展大量的政府公关工作。其一,海外门店开业时,邀请当地政府官员和驻外中国大使馆人员参加庆典,并获得中外政府的支持;其二,中药的入境许可审查、登记手续和相关准入等方面需要大量的政府公关与协调;其三,中医药和从业人员在主流市场和人群中的合法身份获取,需要与当地相关监管部门开展大量的公关沟通说服工作。

同仁堂积极组织并参与海外中医药联合会的工作,从行业角度推动中药的国际化。这一点也可以在2009年澳大利亚"红花事件"中集中反映出来。在保卫红花行动中,同仁堂在教育机构、非政府机构和政府机构三类公众中均开展了公共关系工作。首先,作为一个中医药企业的海外管理者,北京同仁堂澳大利亚有限公司执行董事长兼总经理马安阳淡化自身企业身份,以"澳大利亚全国中药行业联合会会长"名义将当地中医药进口商联合起来组成"说客团",从保护中医药行业及患者利益角度进行游说并获得初步进展;接下来,联合当地高校专家会同中药行业协会起草《红花立场书》,利用专家的权威性与公正性,说服政府当局将之前的"意见"退回重新评估;随后,变被动为主动,提议让懂中医中药的业内人士进入"辅助药评估委员会"。其次,借助中国作为"国际标准组织中医药标准化技术委员"(ISO/TC 249)秘书长国的身份,参与了"澳洲对应委员会"中医药标准的制定,从被动的标准适应者转化为主动的标准制定者。这些努力不仅保障了红花作为辅助药的合法性,还对相关活血化瘀药物起到了保护作用。

政府与非政府组织的公共关系工作往往结合在一起。比如,同仁堂新加坡公司首次申请中医师准证就收到拒绝信。他们曾给新加坡教育部长上书,陈述同仁堂合理合法之诉求,又联系中华总商会从中周旋,新加坡总商会破例召开专题会议,力促给予中医师合法注册;中国驻新加坡大使还特派专人与新加坡政府相关部门予以协调,同仁堂国药高层管理者也亲笔致函新加坡卫生部……经过各方共同努力,同仁堂合资公司最终获得了中医师准证。

2014年北京同仁堂与世界针灸学会联合会达成国际中医针灸人才培养战略,共同培养海外中医针灸高级人才。近几年来,同仁堂参加一些澳大利亚当地专业团体的展销会、交流会和各类讲座,积极地融入本地中医药行业,与本地大学和中医药团体保持密切联系。

7. 门店与产品/服务

同仁堂海外的门店既是经济实体，又是文化载体。同仁堂实施"以医带药，医药结合"，"名医、名店、名药、名厂、名院"五位一体的策略，形成了同仁堂特有的海外经营模式。初到海外市场，在可借助的资源都极其有限的情况下，同仁堂首先在当地唐人街或曝光率高的地方开设门店，先吸引当地华人光顾，再由他们向外国朋友推荐。店堂里挂有"炮制虽繁必不敢省人工，品味虽贵必不敢减物力""同修仁德""济世养生"等古训匾额，店面风格与国内一致。每一个海外门店都是一个中医药文化博物馆，店堂内的各种媒介和符号都是传播中医药文化和同仁堂品牌理念的载体。在开拓欧美市场时，中药的入境许可审查和登记手续历时较长，在门店可以先开展按摩和推拿等医疗服务，举办各种讲座，介绍中医药文化以及茶叶、绘画、瓷器、书法等与中国文化密切相关的一些知识。不过，同仁堂海外店铺风格也日益本土化，并与周边建筑风格相协调。我们从同仁堂在新加坡的诊所看到，诊所的外装修与国内同仁堂店铺的风格差异比较大，更多体现了本土化元素。

优质药品是同仁堂与海外消费者沟通并建立联系的又一实体媒介。在确保质量的前提下，同仁堂根据东道国消费者的特殊需要调整产品策略，并进行本土化经营。同仁堂还积极适应海外消费者的服用习惯，在剂型上下功夫，将大蜜丸替换为西药常使用的胶囊、片剂、小水丸等，方便消费者服用。

同仁堂海外店铺内，每天都保证有2~4名医生坐堂，为海外消费者提供专业的服药指导和医疗服务，用医疗效果创造良好口碑。中医通过望闻问切、全面调理的方法行医，让海外顾客直接感受和体验医疗过程。

同仁堂派送海外的中医主要是由经验丰富的退休老中医组成的。2014年8月，同仁堂还建立"海外医师进修工作室"，通过招聘、选拔、培养和储备符合同仁堂海外需求的中医师人才，发挥中医名师在学术思想、临床经验和人才培养方面的优势，开展口传心授的师承教育，提升中医临床综合能力，从而提升同仁堂在海外的声誉和影响力。同仁堂还尝试在世界范围内广收徒弟，积极推进本土化人才战略，支持同仁堂海外事业的人力资源需要。

同仁堂产品命名和包装设计方面也注重其传播特性和体验感。在马来西亚，北京同仁堂的"乌鸡白凤丸"经过重新包装，命名为"北京特制白凤丸"，"北京"这一区域元素的应用，提升了该产品的辨识度。2019年，同仁堂集团旗下"总统"品牌获得国际包装设计领域Pentawards奢侈品类大奖。该品牌产品——美国西洋参在包装设计中，将中国文化元素融入其中，深红色的瓶盖上使用金色刻有同仁堂Logo；使用"手印"的流线型设计，体现诚信理念。包装瓶不是标准的圆形，而是模拟了手掌张开时的形状，通过增进产品与消费者触感的契合度，提升了产品的体验感。

除了门店和产品，厂房和研发基地也是展示中医药文化的重要窗口。坐落于香港的大埔生产研发基地在建厂时就规划有一个文化展厅和一条参观走廊，接待了一批又一批参观者，成为同仁堂中医药文化的展示窗口。

（三）比较分析

综上所述，全聚德和同仁堂在对外传播中，都以媒体、各种活动、教育机构、旅游、非政府组织和政府、门店和服务等渠道开展公司外交，由于其行业和产品特点不同，侧重点又有所不同。

全聚德与同仁堂在海外媒介方面有共同点，也有差异。在海外报纸报道方面，报道数量都很少，企业的国际化战略和国际大型活动带动海外媒体关注居多。在海外新媒体方面，都没有开展集团的统一运营，互动不足。在海外书籍传播方面，伴随中医药国际学术交流，同仁堂在海外有英文版本，全聚德尚没有英文版本的图书。在电视媒介方面，同仁堂有可控的电视频道，可以开展持续的海内外传播；全聚德没有可控制的电视频道。

在国际大型活动方面，全聚德参加活动较多，主要是赞助体育赛事和在各种国际会议和展览中提供美食服务，注重展示性与体验性；而同仁堂参加的国际性活动以学术交流为主，还会在东道国当地开展关于中医药文化的活动，体现服务性、体验性和说服性，有的还具有公益性质。

全聚德与海外教育机构的合作主要是通过孔子学院，借助中国文化传播美食文化，短期浅层合作。同仁堂与海外教育机构的合作，主要在科研项目研发和培养人才方面长期深度合作。

全聚德和同仁堂的公司外交都离不开与海外政府与非政府组织的关系协调。全聚德在政府渠道方面，体现为外交"国宴"、随政府政要出访；非政府组织的联系主要体现为沟通联络，帮助全聚德涉外交往活动方面。而同仁堂则通过政府公关，获得西方医药体系对中医药的准入；通过非政府组织深入合作，培养中医药专门人才，获得国际公众对中医药理念的深度认可。

全聚德和同仁堂都借助门店开展中国文化传播或者是所属行业（餐饮或中医药）的文化传播。全聚德门店很少，通过特许经营方式经营；同仁堂门店数量比较大，大部分是直营门店和合资门店。同仁堂的产品和服务采用本土化的方式。在全聚德"烤鸭外交"中，"烤鸭"已经超越了普通菜品的概念，成为跨文化交流中的媒介；同仁堂的药品基本上是以民间服务身份出现的。同仁堂和全聚德公共外交渠道的比较如表8-3所示：

表8-3 同仁堂和全聚德公共外交渠道的比较

公司外交渠道	企业 全聚德	同仁堂
国外媒体传播	电视（不可控，间歇性传播）、报纸、网络、书籍（无英文）；社交媒体有互动，尚未集中运营	电视（部分可控，持续）、报纸、网络、书籍（有英文）；社交媒体有互动，尚未集中运营

续表

公司外交渠道 \ 企业	全聚德	同仁堂
大型活动	以参加美食表演、国际赛事和供应大型活动会议用餐为主,注重仪式性和体验性服务	以在国外举办或参加活动为主,具有服务性、体验性、说服性,部分具有公益性
旅游渠道	吸引大学生或国际友人进店参观,在一些旅游景点展卖	开发旅游路线、吸引国际友人进店参观
教育机构	很少与教育机构合作	注重与国外大学或研究机构的深度合作
政府与非政府组织	作为国宴宴请外宾;通过与国内非政府组织协调获得涉外交流机会	设法赢得当地政府的支持;成为非政府组织的成员,取得话语权
门店与产品/服务	10余家海外门店,特许加盟店。国内外门店较多融入民族元素,在菜品与服务方面进行本土化运营,少量的全球化元素	140余家海外门店,多为直营店。实施"名医、名店、名药、名厂、名院"五位一体的策略。药品采取本土化战略,东道国代理商重新包装后上市

五、对我国老字号开展公司外交的建议

(一)根据所属行业和品牌自身的特点选择和利用公司外交渠道

不同类型的老字号在国外拓展经营过程中遇到的问题不同。老字号品牌在开展公司外交时,可以根据所属行业的特点有效利用公司外交渠道。对于中医药类老字号而言,由于中西医药文化差异,中医药不容易得到西方社会认可,说服、协调就显得十分重要,侧重权威媒体的发布,并通过与关键的政府和非政府机构的协调和深度合作来增进理解与接纳;对于餐饮类老字号而言,主要是增加媒体信息显露度和市场活跃度,侧重借助各类活动和节假日开展传播,贴近人们的生活,满足多样化需求。

(二)注重对外媒体渠道开发,提升媒体活跃度

老字号的传承与发展与品牌传播息息相关,媒体是进行品牌传播的有效途径。老字号不但要善于使用国内媒体,还要善于使用海外媒体,尤其是海外主流媒体和专业类媒体进行传播,以此提升认知度和美誉度。在传播内容方面,不仅要赢得曝光度,还要获得深度报道机会。老字号要善于挖掘创新亮点和热点,将有特色的内容提供给媒体,更容易获得媒体的关注与报道。老字号还要提升在海外社交媒体上的活跃度,并加大对影视动漫的开发与利用,通过与影视动漫IP合作,借助文化品牌的海外传播以拓展国际市场。

(三)贴近海外受众的认知特点,创新叙事方式

在传播内容的设计中,贴近海外受众的认知特点,创新叙事方式。从媒体检索的海外报道内容可以看出,海外媒体对于我国老字号在战略上的新动态、为当地人做出的贡献以及文化遗产保护等议题比较感兴趣,需要把握这些特点开展叙事方式创新。在叙事方式上,适应国外公众的认知习惯,可以考虑从细节入手,通过富有人性化、人情味的故事,

使得品牌形象更加人性化，富有立体感，更易被接受。

（四）充分利用门店、产品和人物

企业公司外交渠道与国家公共外交渠道相比，具有独特的地方，就是有自己的产品、服务及场所——门店。我国老字号的独特文化和技艺往往凝练在传承人、产品和门店中，这些都是老字号开展公司外交的"富矿"。不同老字号的门店、产品（服务）和人物特点各异，又均具体、生动、可感，可以根据所属行业特性，将全球化、本土化和民族特色结合起来，开展品牌视觉形象设计、产品及包装设计和店铺设计，提升品牌体验的立体感。

（五）"推"与"拉"相结合，开发多种渠道

老字号应结合自身所处地域的实际情况，发掘多种渠道，"推"与"拉"相结合，内外并重开展传播。企业的公司外交可以与国家、城市的公共外交结合起来，作为一个系统共同发挥作用。借助国家开展战略传播和所在城市开展的城市品牌塑造活动，中国老字号有很多的传播机会。因为老字号往往具有独特的地域文化优势和旅游资源，可以通过打造特色与亮点，成为城市的"新地标"，吸引各地游客"打卡"。"一带一路"倡议的实施为企业开展公司外交增加了新的渠道和机遇，善于把握这些机遇才能在海外更好地发展。

第九章 消费升级背景下老字号品牌营销创新研究[①]

第一节 消费升级的现状、需求特征及政策建议

近年来,消费已超过投资和出口成为拉动经济增长的有力马车。党的十九大报告第一次明确将"促进消费的体制机制"作为中国社会主义市场经济体制的重要内容,提出要"完善促进消费的体制机制,增强消费对经济发展的基础性作用"。2018年,中共中央和国务院发布了《关于完善促进消费体制机制,进一步激发居民消费潜力的若干意见》,指出要顺应居民消费升级的趋势,努力增加高品质产品和服务供给。随后,国务院办公厅印发了《完善促进消费体制机制实施方案(2018~2020年)》,提出了促进消费结构升级的一系列具体政策和措施。可见,消费升级与供给侧结构性改革已经成为促进我国经济发展的重要抓手。

一、消费升级的内涵

一般意义上讲,消费升级指消费结构的升级,即随着社会经济发展,居民从较低生活质量标准的消费结构向较高生活质量标准的消费结构演变的过程,可以直接反映消费水平和发展趋势(杨大筠,2006)。随着互联网、云计算、大数据分析等新一代信息技术在经济社会各个领域的深入发展,加之智能手机移动端的普及,中国已经进入新一轮的消费升级。消费升级是一个多维度变化过程,发生在从消费开始到最终消费效用实现的整个过程之中,主要包括内容升级和品质升级,内容升级可以理解为普遍意义上的消费结构升级;品质升级主要表现为消费者对品质产品需求的提高(黄卫挺,2013)。在这个过程中,消费需求在结构、品质、方式、理念等方面都得以提升(李方正,2015)。反映我国居民消

[①] 本章由张景云、吕欣欣、夏晓雅完成。

费升级的指标体系包括消费结构升级、消费水平升级、消费环境升级、消费公平性升级、消费持续性升级、消费权益保护、消费质量改善等方面（张光明，2017；陈鹏，2018）。

基于上述研究，笔者将消费升级概括为以下四个层面：一是消费对象升级，包含消费结构升级与消费内容升级；二是消费方式换代，随着电子商务的发展、交通物流、信息技术等基础设施的完善，不仅满足了新的消费群体购买需求，还激发了三四线城市和农村地区人民的消费潜力；三是消费制度保障，表现为消费者地位受到充分尊重，消费者主权得到维护；四是消费观念更新，表现为消费者更加追求个性化、时尚化、文化品位以及绿色环保等消费。

二、新一轮消费升级的现状

新一轮的消费升级是一次全面升级，不仅体现在消费能力提升上，更在于消费观念、消费方式的转变上，是对生命和生活质量的更高需求。国家金融与发展实验室发布的《中国居民消费升级指数报告（2019）》显示，我国居民消费升级综合指数加速攀升，从2013年的0.341上升至2019年的0.378。具体体现在以下几个方面：

（一）消费意愿持续释放

尼尔森发布的2019年中国消费趋势指数报告显示，我国经济已进入增速放缓和动力转型的关键期，进入了从投资和出口主导转向消费主导增长的关键阶段，中国消费趋势指数高位趋稳，2016年，我国消费趋势指数在106点左右，2019年已经攀升到了115点，上升了近10个点，国民经济继续运行在合理区间，延续总体平稳、稳中有进的发展态势，消费者的个人经济情况和消费意愿持续提升。国家统计局数据显示，消费在2019年继续保持拉动经济增长第一驱动力作用，消费对经济的拉动作用凸显，中国消费者的消费意愿持续释放，今后一个时期，随着我国发展阶段的变化，还有经济发展方式的转变，消费的基础性作用越来越重要。

（二）消费结构不断优化

恩格尔系数是衡量居民消费支出结构变化的重要指标，恩格尔系数持续下降，显示我国消费结构持续优化。2019年，全国居民恩格尔系数为28.2%，比上年同期下降了0.2个百分点，其中城镇为27.6%，农村为30.0%。近年来，城乡居民消费结构中衣食消费的比例呈下降趋势，交通通信、教育文化娱乐、医疗服务等享受类消费上升，其中交通通信和医疗保健尤其突出（见表9-1）。

表9-1 2014~2019年全国居民各类消费支出增速　　　　　　　　　　单位：%

年份	食品	衣着	居住	交通通信	家庭设备用品及服务	医疗	教育	其他用品及服务
2014	8.9	7.0	6.7	9.9	10.3	14.9	14.5	10.3
2015	7.1	5.9	6.8	12.2	6.9	11.6	11.5	8.7

续表

年份	食品	衣着	居住	交通通信	家庭设备用品及服务	医疗	教育	其他用品及服务
2016	7.0	3.3	9.6	11.2	9.7	12.0	12.3	4.4
2017	4.3	2.9	9.6	8.9	7.4	6.9	11.0	10.0
2018	4.8	4.1	13.1	7.1	9.1	16.1	6.7	6.8
2019	8.0	3.8	8.8	7.0	4.8	12.9	12.9	9.7

资料来源：中国统计摘要（2019）、统计局网站。

从消费内容上来看，逐步由商品为主向服务为主、由实物消费向信息消费转变。特别是信息消费，叠加移动互联网的便利性，持续推动着影视、游戏、动漫、社交、视频直播、知识付费等线上信息消费的蓬勃发展。从产业结构上来看，第一、第二产业的服务性特征明显增强，第三产业融合程度加深。以服务消费为主导的消费升级促进了我国产业结构的优化转型，并驱动着以教育、娱乐文化和医疗保健等为代表的现代服务业快速发展（马俊炯，2019）。生态农业、生态旅游趋势明显，产业之间的界限也变得模糊，并且催生了许多服务消费新业态，出现了一些新的服务业种类，如信息资源咨询、交通工具租赁、人力资源管理等业务形态，而且女团、直播、电竞等这些以前不受重视的产业都在快速增长。

（三）消费逻辑逐渐转变

消费逻辑升级是消费者在消费决策时考虑的价值侧重点和价格评估方法，即"心智模式"（刘熠哲、郁祁，2019）。消费逻辑的升级首先体现为消费者诉求的改变，即消费者对产品的价值判断回归理性和品质，从单纯追求功能、外观等浅层产品诉求转变为更在意心理及情感等深层诉求。其次为消费者价格判断力的增强。消费升级的本质是把更好的东西卖得更"值"而不是更贵。对"物有所值"的要求是指与消费者的心理预期价位相比，价格更低或可以承受，以及比预期的价值更加多元而非单一。最后为消费内容的变化。消费者更愿意为数字娱乐与知识付费，例如各类出行、健身、电商、视频播放平台的会员等，以及倾向于透过微信、微博、抖音、直播等多种社交方式来建立社交关系，成为这些社交平台的用户或者玩家。

（四）消费品质加速提升

消费升级的另一个重要表现是，各种商品和服务的品质都表现出不同程度的升级，从而导致整体消费升级。我国消费者对于高品质生活的追求，已经不再是单纯地热衷于大品牌，而是追求个性化、小众品牌，舒服、适合成为他们选购商品的标准，这说明他们对于名牌所带来的外在的虚荣满足感已不如以往强烈，而是更在乎品质，甚至文化内涵。尼尔森数据研究显示，39%的消费者表示愿意购买品质更好但价格相对较贵的产品，15%的消费者表示愿意购买满足基础功效而价格相对便宜的产品，仅有1%的消费者愿意牺牲产品品质购买低价产品。随着更多关注品质的消费者出现，更多有品质保证但高性价比的产品类型不断涌现，表现在商品设计简约化、小品牌崛起等方面。例如，简单包装和适合自用的小瓶白酒在2018年有40%的高速增长（白酒整体增幅1.3%），而小品牌份额也从2017年的26.6%上升到2018年的27.1%。

三、消费升级态势下消费者需求的特征

消费者是消费行为的主体，他们从消费需求层面推动消费"升级"现象的发生和变化。然而在消费升级过程中，也存在着消费"降级"的情况。但在很多消费现象中，二者的特征往往是并存的——追求个性的同时也在意是否符合标准，在追求品质的同时也要求简约。因此，消费升级态势下消费者需求的特征主要表现为：

（一）个性化与标准化并存

随着信息技术进步和知识更新换代，消费者对商品的需求不再局限于功能方面，更注重透过商品体现自己的与众不同和独特性。新时代消费者越来越注重产品是否个性化、定制化、小众化、精准化，是否满足自己独特的个人需求（王茜，2016）。消费者在追求个性化的同时，也重视标准化为其带来的安心感。一些服务企业的连锁店虽由不同团队运营，但产品、服务、员工形象及店铺店貌等方面要达到总店的标准、要求。因此，对于国内品牌来说，个性化与标准化的并存使得企业既能满足多元化的消费需求，还能满足消费者的一般共性需求。

（二）智能化与尊重手工传统并存

从关注功能到注重体验，智能化成为消费升级的源动力。在消费需求升级的引导下，人工智能为消费升级提供了新产品和新服务，助推了消费升级的速度和频率。智能高清电视、智能音响、扫地机器人与无人机等具有强体验性的智能家居，通过人机交互、语音识别等人工智能技术充分体现了以用户为核心的智慧生活模式。在云计算、大数据等技术的基础支撑下，人工智能将在金融、新零售、移动医疗、自动驾驶、教育、全域旅游等领域广泛应用，并通过跨界融合来引领发展新阶段（陈晓红，2018）。当然，消费者一方面享受智能化生活带来的便利，另一方面又在积极寻求回归本源，尊重传统手工技艺。老字号的特色就是其独一无二的制作工艺，消费者非常看重其中蕴含的文化元素，如果老字号在传统技艺上能够推陈出新，就更能赢得消费者的青睐。

（三）网络化消费与场景化体验并存

由于网络不受时间地点限制，商品选择范围大、送货上门、价格优惠等独特优势以及移动支付功能使得"无现金"消费更加便捷，新零售也更加贴近消费者的生活需要。虽然网络化消费日益普遍，但场景化消费需求也在逐渐提升。场景不是被创造出来的，而是真实存在于工作和生活之中的。现如今，在以社交分享为内容体验的新消费时代，"功能+场景+体验"成为挖掘消费意识的主要路径之一，无论是产品还是服务，场景都已成为非常重要的展现要素。不断迭代的场景正在通过内容数字化、空间媒介化、体验品类化、技术普惠化、社群下沉化等方式引发社会文化的蜕变与消费观念的更新。

（四）品质化与简约化并存

新时期消费者的消费需求不再局限于以往的物质层面，而是转变为追求文化价值与高品质体验，主要体现在以下几个方面：数码、宠物、个护类的消费占比进一步提升，表明消费者越来越注重生活各方面的品质升级；高端产品在中国快速增长，表明消费者从满足于基础的物质消费向追求品质消费的转变；以阿里新零售、苏宁智慧零售为代表的新兴零售模式持续创新，也为消费者提供了全新的品质生活方式。我国消费者对于高品质生活的追求，已不再是单纯热衷于大品牌，而是追求个性化、小众品牌，他们更在乎品质和文化内涵，"舒服""适宜"成为他们选购商品的标准（刘星，2016）。品质化是一种全新生活方式，而简约化与品质化并不冲突，适应人的要求、不过分夸张、追求简约化是消费者生活的一种新态度。"简约主义"强调摒弃烦琐、崇尚简约，强调纯粹、重视功能。节能、环保及人文关怀的本质就是要回归传统、回归自然，回归"天人合一"的生活方式。因此，崇尚低碳安全的绿色消费开始引领生活潮流，空气净化器、净水器、新能源汽车、环保家居建材、无公害有机食品、原生态农副产品等日益受到消费者喜爱。

（五）品牌化与"去品牌化"并存

品牌为消费者带来理性需求和情感需求的双重满足，品牌的核心价值就在于满足消费者需求的程度。奢侈品由于质优价高、限量稀缺、文化传承、经典与创新并存等特点受到中国消费者的钟爱。消费者对奢侈品的追求不仅包含材料和工艺构成的产品功能本身，更重要的是它所代表的品牌理念、精神诉求和人文内涵。而在对待一般产品的态度上，消费者对于国产品牌的热爱程度不降反升，很多消费者认为只要在创新、品质方面做得到位，无论是国际知名品牌，还是本土小品牌，都值得去尝试。小品牌份额从2017年的26.6%上升到2018年的27.1%，体现了消费者越来越不愿意为品牌支付溢价，而是更多地关注产品本身所带给消费者的质感。去品牌化，即剔除品牌对价格的压力，在同等质量的条件下提供更为低廉的价格和优质的服务，是依据大众消费习惯与消费心理的变化而制定的新式品牌战略（李姝，2017）。去品牌化看似是在消费"降级"，但实际上却体现了年轻消费者的理性消费观，他们重视自己的话语权和对商品的主导权，只要产品在精、美、好、实等品质上与消费者的需求相匹配，消费者就能接受。这种关注产品本身、不再执着于品牌带来的身份附加值的观念的流行，正在形成"去品牌化"的趋势。

四、政策建议

（一）加强消费引导，促进消费转型升级

经济转型升级离不开国家的宏观调控和舆论引导。首先，应充分发挥国家宏观调控作用，以企业为主体，市场为导向，推动消费结构升级，引导经济转型实现新的突破；其次，国家要加大对高新技术产业、生态产业、新型服务领域的投入力度，培育新的消费热点，引导第一、二产业向服务化方向转型升级；最后，消费的教育和引导不只是企业的事情，而是全社会的事情。政府、行业协会、媒体和平台等各类社会组织，应该为消费者提

供充分便捷的消费信息和公共服务设施，倡导生态化绿色消费、智能化便利消费、品质化品牌消费，通过营造良好的舆论氛围，引导消费者树立积极、理性的消费观念，推动消费转型升级。

（二）扩展消费领域，发掘消费潜力

目前，90后、00后已经成为新生代消费主力军，引导和促进新兴群体的消费需求成为我国消费升级的重要方向。智能绿色耐用消费品和时尚品质消费品是消费者比较青睐的品类，培育发展中高端消费成为引领国内消费升级的重要方向（潘红虹，2019）。企业要迎合消费需求的变动趋势，增强对研发创新投入的力度，驱动品牌消费的不断成熟。此外，要推动消费升级，企业还应该紧随市场，进一步探索新零售、新业态、新模式，营造新消费场景，打造消费特色，培育和引领新的消费热点，加快发展服务消费，提升服务消费占比，促进我国服务消费市场的新发展，形成持续有效的消费新领域，进而带动相关产业的发展。

（三）发挥网络和实体空间优势，提升消费者全面体验

网络消费具有广阔的增长空间，是消费升级的重要渠道。从消费需求端来看，借助网络改变消费者的消费习惯，是从需求端施策打造多点支撑的消费格局。网络对于消费者最大的便利莫过于无论何时何地足不出户就可以满足消费需求，网络不仅给消费者带来了生活便利，更带来了独特的消费体验。所以，企业要不断创新，通过互联网改造消费体验，培育用户习惯，并让消费具有互动性，使消费者能接触更丰富的商品种类，激发其潜在消费需求，从供给端来讲，企业通过线上线下一体，打通网上获得信息和完善线下体验的渠道，不仅提高了线下资源的利用率，也给老百姓带来实惠和便利，为消费转型发展提供新路径、新思路、新模式。因此，企业要充分整合线上线下资源优势，使实体和网络间达到充分沟通和交流，积极引导网络零售企业与传统零售企业整合，在利用大数据资源和技术开展网络销售的同时，充分发挥线下实体店铺的空间价值和时间价值，提升消费的场景性、互动性和体验性。

（四）充分利用社群力量，增进消费者互动与联系

随着社交媒体应用的普及，普通人的社交媒体表达有了更大的社会影响力，企业与消费者的互动状况对企业市场活动的影响日益显著。产品与消费者之间不再是单纯功能上的连接，消费者更在意品牌的互动性、交流协作以及感染力，从而与品牌建立情感上的无缝连接与信任。因此，企业要充分利用微信、微博、抖音、直播等社交平台进行社群营销，通过社交媒体的交流，洞察消费者的消费动向、价值观，并通过建立产品与粉丝群体之间的情感信任与价值反哺，形成自运转、自循环的范围经济系统，适应消费升级下的新的营销环境的变革。

（五）加强品牌建设，促进品牌化消费

消费升级的一个重要表现是消费者品牌消费意识增强，更加追求品质化生活。因此，我国要特别注重品牌建设，提升消费者品牌消费意识和自主性。其一，优化自主品牌培育

的市场土壤，提升自主品牌的全球化水平，通过品牌的全球化增强品牌的文化自信。其二，支持原创特色"微"品牌营销，建立新品牌、新产品从设计、研发到上市销售的市场管控体系，在提升其市场适应性的同时，得以永续经营。其三，推动部分老字号向精品品牌继而向奢侈品牌转型。一些面向大众开展经营的老字号品牌，需要实现从"字号"向品牌经营的转型，为此，需要制定明确的品牌发展战略，坚持传承与创新双元驱动，深度挖掘老字号品牌文化内涵和竞争优势，从打造符合国情民需的精品品牌入手，不断推陈出新，才能与消费升级的需求态势相契合。

第二节 消费升级背景下老字号品牌化转型

随着消费升级，消费者的消费观念不断提升，对产品和服务提出更高层次的要求，时尚化、个性化、生态化、智能化、体验化和品质化成为消费者的日常追求。消费升级为品牌的培育与发展提供了充足的条件，从品牌进化的方向也可以洞悉消费升级的方向。然而，老字号虽然具备品牌的特质，却不等同于现代意义的品牌。为此，老字号需要结合消费升级，实现从"字号"向现代品牌经营的转型。

（一）通过时尚新潮转变品牌形象

老字号品牌似乎与时尚概念相去甚远，但为了改变消费者对老品牌的固有印象，迎合年轻消费者追求时尚、注重颜值、关注体验的新消费价值观，老字号企业开始走上时尚化道路，为老品牌树立新形象。首先，老字号开始对自身品牌标识进行重构以符合现代品牌经营的需要。瑞蚨祥（第四章第一节）和北京稻香村（第五章第一节）的做法可资借鉴。其次，老字号通过品牌延伸推出了一些副线品牌，拓展经营的同时活化品牌；内联升延伸出"大内联升"（第四章第二节），全聚德孵化出"聚德面舍"和"全聚德供销社"等（第三章第一节）。最后，老字号还通过不断参与时尚活动体现品牌的新调性。在以"跨界、融合、消费"为主题的2019北京时装周上，"雪莲"担任开幕大秀，并发布"迹往未来"2020/2021秋冬羊绒针织服装流行趋势，天坛服饰、雷蒙、伊里兰等老字号品牌也亮相时装周，传递了高品质与高品位基础上的时尚化品牌特性。

（二）将匠心精神转化为品牌资产

匠心精神是老字号核心竞争力的来源，如何将"匠心"转化为品牌资产是老字号亟待解决的问题。品牌和质量的背后凝聚的是数年匠心坚守，守住的是一门手艺、一种品质、一份专注，更是一种态度。

老字号具有真实性特点，要想在传承与创新中保持持久竞争力，就要对历史流传下来的最真实、最具特色的传统文化进行传承与发展。品牌真实性要求对品牌发展和经营过程中留下的史实、证据、故事和相关物件进行妥善保管，不仅要在企业内部陈列，更要以大众易于接受的方式向外传播（何佳讯，2019）。老字号不仅要重视在市场竞争中生存，还要重视匠心文化传承。老字号开展的创新举措和重要活动需要随时记载下来，保留原始资料，确保品牌真实性传承的连续性。

传统手工制作是很多老字号非遗的显著特点，这个特点使得产品的品质得以保证，然而仅仅依靠传统的工艺还不能满足消费者的现代需求，需要根据消费者变化的需求不断创新工艺方法，实现新的突破。例如内联升"妇好鸮飞行便鞋"的"贴片绣"的创新工艺（第四章第二节）是在传统工艺基础上的新突破。

（三）关注生态价值，开展绿色品牌营销

老字号不仅具备深厚的人文内涵，其本身还处于开放性的自然系统之中，其发展始终与外部环境保持密切联系，并与周边环境相互作用。我国老字号基于农耕发明发展而来，在原料、工艺等方面与生态绿色消费相契合。因此，老字号品牌需要深入挖掘品牌的生态属性，这在医药类老字号品牌中表现尤为突出，以同仁堂、胡庆余堂等为代表，药材讲究上乘，关注时令节气变化，研制出很多具有养生、凝神、聚气功效的产品，深得消费者信赖。此外，服装、餐饮、食品和工艺品等老字号也可以在绿色环保方面有很大的拓展空间。

（四）开展跨界营销，丰富品牌体验

在消费升级时代，消费者更加注重体验与情感消费。因此，老字号品牌可以通过跨界创意营销方式，吸引年轻人去尝试、去体验。当老字号和时下的新元素结合时，总会碰撞出新的火花。例如，2019年5月，上海冠生园推出一系列周边产品，让有着怀旧情结的80后、90后心动不已，"大白兔出香水了"成为网友热议话题。通过香氛系列在开售10分钟后销量便达到了14000余件，很多消费者表示奶糖和香氛可以给人带来快乐与愉悦的心情。微博话题#大白兔香水#的阅读量为3.3亿，讨论量为10.6万。老字号通过"跨界"带来流量，并与新的消费群体互动，可提升市场活跃度。

（五）充分利用智能化带来的提升机会

智能化与尊重传统手工似乎是一对矛盾的存在，人工智能讲求便捷、快速、高效，而手工制作注重慢工出细活，但二者通过相互融合可以实现共生。在数字经济时代，数据化、智能化是大势所趋，老字号虽然以传统手工见长，但仍需拥抱新科技，并尽可能实现智能化，为消费者提供便利，使老字号更贴近消费者的智慧生活。例如，五芳斋新开的24小时无人智慧餐厅，其简约大气的门头、明亮醒目的电子点餐屏、整齐排列的自助货柜等无疑彰显智能化，消费者进入餐厅即可扫码点餐，从扫码开始，口碑大数据开始记录，精准识别用户画像，及时优化餐厅菜品、预估销量，实现门店及供应链的精细化备货。同时，五芳斋还通过蚂蚁特工赋能智慧餐厅新玩法，AR技术结合五芳斋招牌美食，通过线上游戏转变为线下权益，用不同的产品抵用券，对商品的流量进行整合与互导。

（六）从打造精品入手，开展品牌系列化转型

尽管消费升级呈现出多级特征，但消费者对品质生活的追求没有改变。老字号在恪守

工匠精神、打造精品品牌方面有独特的优势，他们往往拥有独特的技艺，选用优质材料，并有深厚的文化内涵，具备成为精品品牌的天然潜质。精品品牌是老字号复兴的重要抓手。老字号可以通过唤醒品牌原力塑造品牌个性，采取品牌寄生与联合策略，开拓市场空间（薛海波，2019）。此外，老字号还要抓住假日经济、夜间经济等特殊时间节点，把握人们的居住空间、职场空间和空间流动的特点和动向，从空间布局上贴近消费者，并依托"互联网+"，借力电商平台打通品牌与消费者连接的脉络，提升老字号适应现代消费需求的能力，实现向现代品牌经营转型。

第三节　消费升级：老字号×京交会

一、2019年"京交会"概况

2019年5月28日至6月1日，2019年中国国际服务贸易交易会（简称"京交会""服贸会"）在北京国家会议中心举办。本届京交会由商务部和北京市人民政府共同主办，以"开放、创新、智慧、融合"为主题，紧密围绕科技、文化、健康、商务等服务贸易的十二大领域开展。

与往届相比，本届京交会特点更加鲜明：其一，由"中国（北京）国际服务贸易交易会"更名为"中国国际服务贸易交易会"，去掉"北京"二字，定位于"具有全球影响力的服务贸易展会"，参会对象涉及21个国际组织、130个国家和地区，凸显北京作为全球消费城市的功能价值，体现"全球服务、互惠共享"的理念；其二，频次提高，展览面积扩大，由两年一办调整为一年一办，展览面积从以往的5万平方米，增加到了15万平方米，规模进一步扩大；其三，展现形式立体化、多样化、智能化，首次采用"一主多辅"的方式，设置1个主会场与10个分会场，举办了一系列论坛会议和洽谈交易活动；其四，体现了消费升级下服务的国际化、时尚化、绿色化、智能化和便利化等新模式与新形态。

二、老字号参展概况

中华老字号品牌文化展作为重点展区，设在庆典广场，总面积扩大到2400平方米。作为"一主多辅"布局中"一主"的重要组成部分，本展区彰显了京交会对弘扬中华优秀传统文化的重视，凸显了老字号品牌在国际服务贸易中的重要作用。以"弘扬文化，传承经典"为主题，参展的老字号企业增超4倍，多达132家，分布地域从往届的北京扩展到上海、天津、浙江、辽宁、山东、湖南、四川等17个省市，展区采用了北京组馆、省市组团的形式呈现。除了国内老字号企业，京交会还邀请了松下、雀巢、沃尔玛等6个西方发达国家的"老品牌"参展。

三、老字号展区"新样式"

展区布局和内容更加多元,提升观展效率。中华老字号品牌文化展区采用了开放式布局和街景形式,选取的色调和风格都彰显着老字号品牌的历史厚重感与品牌稳重感。展区由序厅和省市展区两大板块组成。序厅主要包括前言,创新发展和"走出去"案例展示以及境外老字号的展示,将老字号做了整体介绍,并把品牌墙和照片墙上众多老照片汇集在一起,为匠心传承做了生动诠释,呈现了匠人、匠心、匠艺的老字号精神。省市展区的设计则是融入不同地域特有的文化符号,展现了各品牌独有的个性和特色。在老字号展区,展柜大多只有1米长,观众可以移步换景,每个展柜背后都蕴藏着悠久的品牌历史,132家老字号齐聚一堂,观众可以高效浏览不同的老字号展柜品牌,欣赏中华历史与人文的悠长画卷。

现场参展的"同升和"有关负责人说:"作为北京老字号代表企业,最大的感受是,老字号不能'啃老本',在这里好的企业产品技术比比皆是,虽然同升和带出都是手工皮鞋最顶级的产品、最新的款式设计、最前沿的颜色搭配,但是在这130多家企业面前,很难说出自己'好'这个字。一般的展会只有几家老字号,这次130多家老字号同时聚齐,可以看到中华老字号的庞大的群体力量,真的是非常震撼,一米的展台背后就有这么长的历史,一个产品背后就有这么多的讲究、学问。这些好产品就出自一双双不起眼的手,你可以想象到他们一针一线,反复挑选,你也可以想象到他们的一气呵成,丝毫不敢怠慢,为的就是传承手艺人的工匠精神,唯有这样才能不辜负一代又一代人的言传身教。"

用科技赋能老字号,增强体验感。中华老字号品牌文化展还用先进的技术手段与观众进行了深入互动。展区推出的老字号VR地图,将北京老字号企业代表性门店进行了360度全景采录,在展区通过手机扫码和VR设备就可以让观众仿佛身临其境地走进老字号门店,从虚拟现实中体验一把老字号的产品和服务氛围。VR地图还新增了中英文切换、视频等功能,服务对象面向全球观众,让老外也可以跨越语言障碍近距离体验。展区设计了"互联网+老字号"的宣传方式,为老字号实现线上线下的有机融合,参展观众可以在现场了解各个老字号品牌的产品,并且随时可以从网上下单,购买服务体验获得极大改善。现场设置的巨型LED墙轮回展示不同老字号品牌的动态视频,夺人眼球的画面吸引了在场人员的关注,为老字号展区带来许多客流。

高频率互动环节,强化融入感。除了给每个老字号设置一个展位,现场还设置了综合技艺展演区,选出15家老字号展示独门绝技。"同升和"展示了纯手工制鞋工艺;"北京稻香村"展示了传统的包粽子民俗;被誉为"中国美食名片"的全聚德派3名金牌面点师现场表演抻面绝活儿及小鸭酥、核桃酥的制作。经典的美食、精湛的技艺,为与会宾客带来味觉、视觉的双重享受……展示环节设计了观众互动项目,鼓励观众积极参与,从视觉、触觉和感官等不同角度体验老字号背后蕴含的品牌故事、独特技艺与工匠精神。在展演区后面设置了表演台,10:00和14:00都会进行一场主题日表演,表演内容丰富多样,从茶艺、制药到舞台剧等都有涉及。表演结束以后也同样设置了互动项目,通过"玩转老字号"进行摇奖,参与观众只需填写正确任意五个不同省市老字号的创始年份,就能获得摇奖资格,并且"每摇必中"的结果让参与观众情绪高涨,吸引了更多人的深度参与,观众在玩乐中了解老字号,加深了观众对老字号品牌的认知与理解。

结合主题日和论坛,拓展老字号视野。比如,在京交会上,内联升参加的是其中一个板块——"2019创意经济(北京)论坛"。该论坛由联合国贸发会议、世界贸易网点联盟和北京市商务局共同主办,来自欧盟、哥伦比亚、印度尼西亚驻华使馆大使,以及国内外商协会、企业代表等100余人出席论坛。论坛旨在探讨文化创意、时尚设计与传统文化、服装品牌的融合发展,用创意、科技激活传统文化潜在价值,用设计、时尚推动服装品牌创新与可持续发展。该论坛上,内联升副总经理程旭分享了传统老字号企业如何结合新时代环境开展品牌创新,在延续传统工艺的基础上,如何与市场重新连接,如何将"老"转化成"新"。会议最后依文集团的绣娘和内联升鞋业的潮流工匠进行传统技艺现场展示。这样就将老字号与行业前卫主题结合起来,与国内外同行交流与互动,拓展了老字号视野。

四、助力老字号品牌塑造与产品/服务的销售

历时5天的京交会,为老字号品牌塑造和业务拓展提供了机会,也成为老字号与各界沟通合作的平台,老字号之间聚集展示,也提供了相互借鉴切磋的机会。

凸显不同地域老字号品牌个性形象。在京交会上,老字号展区通过"北京组馆、省市组团"的形式,强调不同老字号品牌间的差异化,打造老品牌的个性化,努力展现不同品牌的特色,将老字号的历史感与设计感、工匠精神融合在一起,打造老字号的立体形象。

密切老字号品牌与消费者的关系。此届京交会上,老字号展区依靠科技赋能,通过VR和线上线下融合等技术,为老字号搭乘新媒体技术快车创造条件,在新技术支持下,品牌与消费者可以快速建立联系,给平时不会搜索老字号网店也不会踏入老字号门店的顾客创造了走近老字号的机会。同一场景线上线下的互动融合也为老字号打造了新型销售方式,线下亲身体验,线上快捷下单,促进了产品/服务的销售。综合展区不同项目的表演及各种互动活动,在科普老字号知识的同时,不仅展现了品牌技艺,创造了消费者与品牌的融入感,还消解了一些疏离感。

多维度、广范围的媒体曝光。在京交会上,众多媒体特别是主流媒体对老字号进行了采访与报道,使老字号提供的产品和服务以及背后蕴含的独特技艺得到国内外公众的关注。通过接受媒体采访,一些老字号也切实体会到在内容准备上的不足,老字号们对于自己"司空见惯"的技艺和故事,往往是记者关注的细节,如何借助京交会提供的平台讲好老字号品牌故事,还需要悉心准备,在提供适需优质内容和展现方式方面多下功夫。

参考文献

[1] 安德鲁·科伊. 来份杂碎：中餐在美国的文化史 [M]. 严华容译. 北京：北京时代华文书局，2016.

[2] 白玉苓，张景云. 调查研究："瑞蚨祥"店面布局与营销建议 [J]. 公关世界，2017（5）：101-105.

[3] 白志如，王喜艳. 老字号与城市文化旅游品牌建设的融合路径 [J]. 长江师范学院学报，2019，35（5）：54-61+122.

[4] 北京同仁堂国药（香港）公司编. 春华二十载——北京同仁堂海外创业纪事 [M]. 2012.（内部资料）

[5] 边东子. 国宝同仁堂——同仁堂340年记 [M]. 北京：人民出版社，2010.

[6] 伯特·施密特. 体验式营销 [M]. 张愉等译. 北京：中国三峡出版社，2001.

[7] 布尔迪厄. 区分：判断力的社会批判 [M]. 刘晖译，北京：商务印书馆，2019.

[8] 布赖恩·霍金，扬·梅利森，肖恩·赖尔登，保罗·夏普. 外交的未来 [J]. 国际政治研究，2012，33（4）：65-88+195-196.

[9] 布莱希特. 布莱希特论戏剧 [M]. 丁杨中译. 北京：中国戏剧出版社，1990.

[10] 常继生. 老字号品牌属性研究 [J]. 中国国情国力，2018（12）：41-42.

[11] 陈晨. 顾客等待时间——顾客满意概念模型及实证 [J]. 福建论坛（社科教育版），2008（10）：121-123.

[12] 陈力丹. "一带一路"下跨文化传播研究的几个面向 [J]. 江西师范大学学报（哲学社会科学版），2016（1）：69-73.

[13] 陈立彬，张晓莉，张景云. 消费者色彩偏好对品牌个性构建的影响 [J]. 企业经济，2016（7）：18-21.

[14] 陈鹏. 技术进步、产品创新对消费升级的影响 [J]. 商业经济研究，2018（14）：36-38.

[15] 陈晓红. 数字经济时代的技术融合与应用创新趋势分析 [J]. 中南大学学报（社会科学版），2018（5）：1-8.

[16] 陈幼红. 基于"互联网+"时代的中华老字号的发展策略研究 [J]. 中国商

论，2015 (20)：11-13.

[17] 程亚文，樊传果．场景营销：强化消费者品牌联想的利器 [J]．今传媒，2018，26 (4)：77-78.

[18] 董玥．民国北京城历史与怀旧 [M]．北京：生活·读书·新知三联书店，2018.

[19] 方敏，杨朝辉．文化经济下的中华老字号品牌传播 [J]．文艺研究，2010 (12)：169-170.

[20] 菲利普·科特勒．营销管理——分析、计划、执行和控制 [M]．梅汝和，梅清豪，张桁译．上海：上海人民出版社，1997.

[21] 冯俊，黄玲莉．餐饮连锁企业营销要素标准化对顾客忠诚影响研究 [J]．北京工商大学学报（社会科学版），2014，29 (5)：96-102.

[22] 高松凡．民国北京城市场变迁与分布述略 [M]．北京：北京大学出版社，1992.

[23] 高源慧，高璐，罗宇轩等．"众里寻君千百步"——同升和2019品牌传播项目 [J]．公关世界，2019 (1)：57-62.

[24] 龚桂英．北京餐饮业老字号的现状与发展对策 [J]．中国食品，2004 (2)：18-21.

[25] 关冠军，祝合良，刘东亮，张素銮．北京老字号品牌创新发展的路径研究——以便宜坊成功投资台湾构建商业生态圈为例 [M]．北京：中国商务出版社，2016.

[26] 郭鑫，丁峰．探讨阿尔曼餐饮的标准化管理及发展 [C]．国家标准化管理委员会．市场践行标准化——第十一届中国标准化论坛论文集 [C]．国家标准化管理委员会，2014.

[27] 何佳讯．六大战略打造品牌真实性 [J]．中国名牌，2019 (8)：74-75.

[28] 何佳讯，李耀．品牌活化原理与决策方法探窥——兼谈我国老字号品牌的振兴 [J]．北京工商大学学报（社会科学版），2006 (6)：50-55.

[29] 何佳讯．品牌个性认知对品牌延伸评价影响的再研究——兼论上海冠生园的品牌延伸新策略 [J]．华东师范大学学报（哲学社会科学版），2011，43 (2)：74-83+154-155.

[30] 黄静，王锦堂，刘洪亮，王正荣．视觉营销与消费者行为 [J]．科学决策，2020 (4)：67-89.

[31] 黄素灵．中式快餐连锁经营标准化问题探析 [J]．商业经济，2010 (21)：43-44.

[32] 黄卫挺．居民消费升级的理论与现实研究 [J]．科学发展，2013 (3)：43-52.

[33] 胡敏，马学强．集权与裂变（明）：话说中国（1368年至1644年的中国故事）

[M]．上海：上海文艺出版社，2005．

[34] 江红艳，王宇，吉峰等．社会排斥对老字号品牌激活策略效果的影响——时间取向的中介作用［J］．管理评论，2016，28（11）：95-105．

[35] 蒋永华．新时期北京老字号的品牌传播与创新设计［J］．青年记者，2017（9）：89-90．

[36] 康庆．餐饮满意度对旅游体验质量影响的实证研究［D］．厦门大学硕士学位论文，2008．

[37] 孔烨，胡月等．"再来一瓶北冰洋！"——新新媒体环境下北冰洋（汽水）品牌活化与塑造年度公关策划案［J］．公关世界，2016（15）：96-103．

[38] 来丰．全球化时代的城市交往规律：公共外交的视角［J］．上海师范大学学报（哲学社会科学版），2015（3）：51-58．

[39] 蓝燕玲，黄合水．品牌个性的测量、塑造及作用［J］．广告大观（理论版），2012（4）：93-97．

[40] 老舍．老字号［M］//老舍文集．北京：人民文学出版社，1985．

[41] 冷志明．"中华老字号"品牌发展滞后原因及其对策研究［J］．北京工商大学学报（社会科学版），2004，19（1）：55-57，63．

[42] 厉春雷．中华老字号创新发展的机理与路径——基于文化资源与创意资源融合的视角［J］．学术交流，2011（4）：187-190．

[43] 李方正．消费升级视野的需求结构再平衡［J］．重庆社会科学，2015（9）：47-57．

[44] 李飞．中华老字号品牌的生命周期研究［J］．北京工商大学学报（社会科学版），2015，30（4）：28-34．

[45] 李杰．品牌审美与管理［M］．北京：机械工业出版社，2014．

[46] 李金良．中药产品国际营销战略中的文化传播［J］．现代经济探讨，2008（9）：22-25．

[47] 李庆满，李素英．连锁经营标准化的优势和策略［J］．商场现代化，2007（35）：73-74．

[48] 李天．标准化——连锁成功的前提［J］．中国连锁，2013（12）：88-89．

[49] 李姝．互联网时代下对"去品牌化"策略的思考［J］．中国市场，2017（25）：100-101．

[50] 李志永．企业公共外交的价值、路径与限度——有关中国进一步和平发展的战略思考［J］．世界经济与政治，2012（12）：98-114．

[51] 廖奔．中国古代剧场史［M］．北京：人民文学出版社，2012．

[52] 林峰．基于因子分析的老字号餐饮企业顾客满意度实证研究——一个个案研究的启示［J］．旅游学刊，2009（7）：53-58．

[53] 林雅军，朱敏，谭武斌．休眠品牌与企业品牌融合的作用机理研究［J］．管理评论，2014，26（12）：56-67．

[54] 刘海兵，冯文静，张文礼．中华老字号文化传统、创新与能力动态分析［J］．科学学研究，2019，37（1）：140-153．

[55] 刘熠哲，郁祁．改革开放以来我国消费升级的历程及动因分析［J］．现代商贸工业，2019（24）：87-88．

[56] 刘新鸥，申俊龙，沈永健．中医药文化传播现状及传播模式分析［J］．中医杂志，2016，57（10）：6-9．

[57] 刘星．透析消费升级的本质［J］．中国企业家，2016（22）：28．

[58] 罗钢，王中枕．消费文化读本［M］．北京：中国社会科学出版社，2003．

[59] 罗公利，彭珍珍，边伟军．市场契合度与品牌延伸绩效的关系研究——基于技术关联的调节作用［J］．济南大学学报（社会科学版），2020，30（1）：109-123+159．

[60] 卢泰宏，高辉．品牌老化与品牌激活研究述评［J］．外国经济与管理，2007，29（2）：17-23．

[61] 玛格丽特·马克，卡罗·S. 皮尔森．很久很久以前：以神话原型打造深植人心的品牌［M］．许晋福，戴至中，袁世珮译．汕头：汕头大学出版社，2003．

[62] 马琳，邹国力．当代戏剧的延续性发展探究——从剧场观演关系的历史演变谈起［J］．四川戏剧，2017（3）：32-35．

[63] 马俊炯．消费升级发展趋势及影响分析［J］．中国国情国力，2019（5）：18-22．

[64] 迈克·费瑟斯通．消费文化与后现代主义［M］．南京：译林出版社，2000．

[65] 孟牧青．高端餐饮企业战略转型与发展之路探究——以北京全聚德集团为例［J］．现代企业，2016（2）：19-20．

[66] 倪海郡．老字号品牌的复兴与突围［J］．中国广告，2019（4）：68-69．

[67] 潘红虹．消费升级的国际经验与我国消费升级路径分析［J］．企业经济，2019（3）：11-22．

[68] 庞朴．中国文化十一讲［M］．北京：中华书局，2008．

[69] 钱明辉，陈丹，郎玲玉等．中华老字号品牌评价研究：基于新闻文本的量化分析［J］．商业研究，2017，59（1）：1-12．

[70] 秦祐鹏，胡豪，王一涛．中药企业国际化策略案例比较［J］．中国医药工业杂志，2008（11）：79-81．

[71] 单波．跨文化传播研究的心理学路径［J］．湖北大学学报（哲学社会科学版），2008（3）：9-11．

[72] 邵培仁，沈珺．构建基于新世界主义的媒介尺度与传播张力［J］．现代传播，

2017, 39 (10): 70-74.

[73] 邵培仁, 夏源. 媒介尺度论: 对传播本土性与全球性的考察 [J]. 当代传播, 2010 (6): 11-14.

[74] 邵培仁, 杨丽萍. 媒介距离论: 距离作为传播资源的思考与分析 [J]. 新闻记者, 2012 (2): 3-9.

[75] 盛晶, 张景云, 宋佳. 中华老字号"同升和": 求新求变中的传承与创新 [J]. 公关世界, 2017 (13): 83-87.

[76] 舒瑜. 老字号的技艺传承——以北京"盛锡福"皮帽制作为例 [J]. 西北民族研究, 2013 (2): 113-123.

[77] 孙迪. 餐饮老字号后发优势研究——以东来顺为例 [J]. 现代商贸工业, 2009 (7): 122-124.

[78] 孙在国. 品牌联合营销探讨 [J]. 中国商贸, 2010 (14): 33-34.

[79] 王成荣, 王玉军. 老字号品牌价值评价模型 [J]. 管理评论, 2014, 26 (6): 98-106.

[80] 王福成. 让老字号的金字招牌更加金光闪闪 [J]. 北京商学院学报, 2000 (3): 1-4.

[81] 王海忠. 品牌管理 [M]. 北京: 清华大学出版社, 2014.

[82] 王辉, 何清湖, 唐婧等. "一带一路"背景下中医药国际化整合营销策略研究——基于伯克认同理论 [J]. 世界科学技术中医药现代化, 2017 (19): 1000-1005.

[83] 王骏旸, 王海忠, 梁剑平等. 品牌原产地联结的时空维度对负面信息的抑制作用 [J]. 中大管理研究, 2011, 6 (3): 1-14.

[84] 王兰. 曾经失落的北冰洋老品牌如何实现升级 [J]. 中国工业评论, 2017 (11): 80-84.

[85] 王茜. "互联网+"促进我国消费升级的效应与机制 [J]. 财经论丛, 2016 (12): 94-102.

[86] 王庆生, 贺子轩. 我国文化和旅游融合发展的思考与对策 [J]. 郑州航空工业管理学院学报, 2020, 38 (3): 107-112.

[87] 王唯一. 振兴中华老字号的实施策略 [J]. 中国外资, 2014 (2): 99+101.

[88] 王新刚, 唐兴华. 老字号品牌标识特征研究与分析——以商务部首批老字号品牌为例 [J]. 科技经济市场, 2014 (4): 60-63.

[89] 王永斌. 话说前门 [M]. 北京: 燕山出版社, 1994.

[90] 王永贵, 洪傲然. 营销战略研究: 现状、问题与未来展望 [J]. 外国经济与管理, 2019, 41 (12): 74-93.

[91] 卫海英, 王颖, 冉雅璇, 张逸石, 舒丽芳. 小事情、大幸福: 互动仪式链理论视角下服务仪式对品牌福祉的影响 [J]. 心理科学进展, 2018, 26 (7): 1141-1151.

[92] 武力. 北京市应率先启动支持海外中餐发展机制 [EB/OL]. http://www.cnfood.cn/n/2017/0120/100937.html.

[93] 吴歆悦, 李雪艳. 传统手工艺的文化价值 [J]. 美术教育研究, 2020 (5): 39-40+43.

[94] 吴水龙, 卢泰宏, 苏雯. "老字号"品牌命名研究——基于商务部首批老字号名单的分析 [J]. 管理学报, 2010, 7 (12): 1799-1804.

[95] 吴晓东. 地区性"中华老字号"企业发展的品牌战略——以辽宁省为例 [J]. 经济问题探索, 2014 (9): 57-64.

[96] 吴晓云, 刘侠. 全球服务营销理论演变轨迹、代表性观点及其理论精华 [J]. 营销科学学报, 2008 (1): 36-55.

[97] 吴晓云, 张峰, 陈怀超. 基于战略执行的营销标准化战略对服务性跨国公司绩效的影响 [J]. 管理世界, 2010 (6): 98-108+188.

[98] 吴晓云, 张峰. 营销标准化战略的影响因素模型及其实证研究——以中国制造型跨国企业为样本 [J]. 管理科学, 2007, 20 (3): 30-37.

[99] 吴颖. 全聚德烤鸭驰名中外美食外交的美谈 [N]. 北京商报, 2014-04-08.

[100] 吴怡. 中式快餐标准化评价体系的设计研究 [D]. 辽宁科技大学硕士学位论文, 2012.

[101] 肖一倩. 品牌形象与食品包装定位的研究 [J]. 包装世界, 2014 (3): 6-7+11.

[102] 新零售复兴老味道, 中华老字号上天猫焕发"新活力" [EB/OL]. https://www.sohu.com/a/166519593_123753.

[103] 熊彼特, 邹建平. 熊彼特: 经济发展理论 [M]. 北京: 中国画报出版社, 2012.

[104] 薛海波. 精品品牌, 老字号的下一站 [J]. 国际品牌观察, 2019 (7): 73-75.

[105] 薛建新, 李海龙. 王麻子剪刀警示老字号的没落 [EB/OL]. 中国营销传播网 http://www.emkt.com.cn/article/104/10423.html.

[106] 许晖, 张海军, 冯永春. 传承还是重塑? 本土老字号品牌活化模式与机制研究——基于品牌真实性与价值迁移视角 [J]. 管理世界, 2018 (4): 146-161.

[107] 徐伟, 王新新, 薛海波等. 老字号品牌个性、认同与忠诚: 个性量表开发与评价 [J]. 财经论丛 (浙江财经大学学报), 2013 (4): 95-100.

[108] 许敏玉, 王小蕊. 中华老字号品牌发展瓶颈及对策 [J]. 企业经济, 2012 (1): 60-62.

[109] 许衍凤, 杜恒波, 赵晓康. 餐饮老字号品牌延伸对品牌形象的影响机制研究——基于感知契合度的视角 [J]. 北京工商大学学报 (社会科学版), 2015, 30 (5):

99-107.

[110] 许衍凤, 赵晓康. 感知契合度对老字号品牌延伸态度的影响——消费者创新性的调节效应研究 [J]. 北京工商大学学报 (社会科学版), 2014, 29 (2): 112-119.

[111] 杨大筠. 商品为王——稳赢市场的商品管理 [M]. 北京: 中国纺织出版社, 2006: 31-33.

[112] 杨桂菊. 战略创业视角的老字号企业持续成长路径——基于恒源祥的探索性案例分析 [J]. 经济管理, 2013 (5): 52-62.

[113] 杨丽, 武晓蕾. 基于广告视角的百事可乐弄臣原型分析 [J]. 北京经济管理职业学院学报, 2018 (1): 38-44.

[114] 杨丽, 武晓蕾. 品牌原型: 香奈儿的情人原型塑造及推广 [J]. 品牌研究, 2019 (1): 7-8+16.

[115] 杨丽, 董婕, 赵妍等. 百雀羚的情人原型的塑造及推广分析 [J]. 湖南涉外经济学院学报, 2018 (4): 34-38.

[116] 杨路明, 巫宁. 客户关系管理理论与实务 [M]. 北京: 电子工业出版社, 2004.

[117] 杨奕辰. 我国老年消费市场规模化研究 [J]. 合作经济与科技, 2019 (7): 74-76.

[118] 姚曦, 王佳. 国际品牌跨文化传播的影响因素模型与提升路径——一项基于扎根理论的探索性研究 [J]. 新闻与传播研究, 2014 (3): 35-52+127-128.

[119] 尹鸿, 王旭东, 陈洪伟. IP转换兴起的原因、现状及未来发展趋势 [J]. 当代电影, 2015 (9): 22-29.

[120] 于干千, 张雪占. 论餐饮产品标准化管理 [J]. 云南财贸学院学报 (社会科学版), 2008 (1): 105-107.

[121] 袁家方. 论老字号的认定和分类标准 [J]. 北京财贸职业学院学报, 2015 (3): 5-11.

[122] 乐崇熙. 北京同仁堂创始人乐家轶事 [M]. 北京: 东方出版社, 2013.

[123] 曾方荣. 中华老字号离国际顶级品牌有多远 [J]. 老字号品牌营销, 2019 (4): 5.

[124] 张光明. 基于国际比较视域的中国居民消费升级评价研究 [D]. 浙江工商大学硕士学位论文, 2017.

[125] 张继焦, 柴玲, 黄莉等. 传承与发展: 老字号企业创新研究 [J]. 青海民族研究, 2016, 27 (4): 33-37.

[126] 张景云. 大众传播距离论——一种心理学视角 [M]. 北京: 新华出版社, 2009.

[127] 张景云等. 中国品牌全球化: 理论建构与案例研究 [M]. 北京: 经济管理出

版社,2019.

[128] 张景云,刘畅,杜新建.跨国并购沟通中的心理距离策略——中粮收购澳大利亚 Tully 糖业案例研究[J].管理案例研究与评论,2013(6):488-500.

[129] 张景云,庞毅.品牌跨文化传播中的空间关系处理:传播心理距离视角[J].国际新闻界,2013(9):92-101.

[130] 张景云,杨彬,何昕.基于传播心理距离理论的品牌跨文化传播策略[J].现代传播(中国传媒大学学报),2012,34(6):133-134.

[131] 张景云,张颖璐.北京同仁堂品牌的海外传播策略[J].青年记者,2016(6):94-95.

[132] 张景云,左一,孙永波.北京老字号"北冰洋":如何重新唤起消费者的热情?[J].公关世界,2016(15):92-95.

[133] 张清敏.外交转型与全球卫生外交[J].国际政治研究,2015(2):9-32.

[134] 张诗钰,黄建元,申俊龙等."一带一路"战略背景下中医药国际化区域合作的路径选择与策略优化[J].中国卫生事业管理,2017(3):172-176.

[135] 张伟,刘克恭.商业品牌标识设计研究[J].河北经贸大学学报,2010,31(6):55-56+77.

[136] 张颖璐.从稻香村看在京老字号的现代生存方式[J].公关世界,2015(10):88-89.

[137] 张颖璐,张景云."内联升"文创产品设计及其传播策略[J].国际品牌观察,2019(3):41-44.

[138] 张莹,孙明贵.中华老字号品牌资产增值——一个创新与怀旧契合的案例分析[J].当代经济管理,2010(4):21-25.

[139] 张永,张浩.中国老字号企业连锁经营模式研究——以全聚德为例[J].管理学报,2012,9(12):1752-1760.

[140] 张玉凤.北京"老字号"餐饮企业生存现状分析与成长机制研究[J].旅游学刊,2009(1):48-54.

[141] 章永俊.张一元茶庄沉与浮[J].清华管理评论,2016(4):96-99.

[142] 占小军.员工工作态度、情绪劳动与顾客满意度的实证研究[J].江西社会科学,2013(9):193-197.

[143] 赵海滨.中医药文化对外传播——软权力实现途径的视角[J].浙江中医药大学学报,2013(8):92-94+99.

[144] 赵可金.非传统外交导论[M].北京:北京大学出版社,2015.

[145] 赵可金,尚文琦.公司外交:对跨国公司外交职能的一项研究[J].国际政治研究,2014(5):21-38.

[146] 赵丽生.晋商风云[M].北京:高等教育出版社,2018.

［147］赵启正，梁婷婷．跨国经营公共外交十讲［M］．北京：新世界出版社，2014．

［148］赵园．北京：城与人［M］．上海：上海人民出版社，1991．

［149］赵云泽，滕沐颖，赵菡婷等．"桥梁人群"对中国品牌的跨文化传播的影响研究［J］．国际新闻界，2015（10）：67 – 80．

［150］郑兴东．受众心理与传媒引导（修订本）［M］．北京：新华出版社，2004．

［151］中共中央马克思恩格斯列宁斯大林著作编译局．马克思和恩格斯全集（第2卷）［M］．北京：人民出版社，2005．

［152］中共中央文献研究室．毛泽东文集（第2卷）［M］．北京：人民出版社，1999．

［153］周爱华，张远索等．北京城区餐饮老字号空间格局及其影响因素研究［J］．世界地理研究，2015（1）：150 – 158．

［154］周露阳．文化粘性与文化契合对老字号品牌延伸评价的影响研究［M］．北京：经济科学出版社，2012．

［155］周梦阳．视觉文化背景下中华老字号品牌传承与发展研究［D］．辽宁师范大学硕士学位论文，2016．

［156］周明星．商学困知录［M］．北京：中国商业出版社，1996．

［157］周南．要钱还是要命？道德经的启示录［M］．北京：北京大学出版社，2012．

［158］周懿瑾．当传统遇到现代：文化排斥效应对老字号现代化的影响［J］．中国社会心理学评论，2017（1）：110 – 130 + 173 – 174．

［159］周志民，陈瑞霞．品牌幸福感的构成与培育［J］．国际品牌观察，2019（3）：24 – 26．

［160］邹进文，赵玉勤．儒商法典［M］．武汉：湖北人民出版社，1999．

［161］朱毓松．福建茶叶连锁经营管理研究［D］．福建农林大学硕士学位论文，2013．

［162］Aldlaigan A H, Buttle F A. SYSTRA – SQ：A New Measure of Bank Service Quality［J］. *International Journal of Service Industry Management*，2002，13（4）：362 – 381．

［163］Balmer John M T, Chen Weifeng. Corporate Heritage Brands in China. Consumer Engagement with China's Most Celebrated Corporate Heritage Brand – Tong Ren Tang：同仁堂［J］. *Journal of Brand Management*，2015，22（3）：194 – 210．

［164］Beckerman W. Distance and the Pattern of Intra – European Trade［J］. *The Review of Economics and Statistics*，1956，38（1）：31 – 40．

［165］Benito G R G, Gripsrud G. The Expansion of Foreign Direct Investments：Discrete Rational Location Choices or a Cultural Learning Process？［J］. *Journal of International Business*

Studies, 1992, 23 (3): 461-476.

[166] Bitner M J, Booms B H. Deregulation and the Future of the U. S. Travel Agent Industry [J]. *Journal of Travel Research*, 1981, 20 (2): 2-7.

[167] Björkman I, Stahl Günter K, Vaara E. Cultural Differences and Capability Transfer in Cross – border Acquisitions: The Mediating Roles of Capability Complementarity, Absorptive Capacity, and Social Integration [J]. *Journal of International Business Studies*, 2007, 38 (4): 658-672.

[168] Bloemer J, Ruyter K D, Peeters P. Investigating Drivers of Bank Loyalty: the Complex Relationship between Image, Service Quality and Satisfaction [J]. *International Journal of Bank Marketing*, 1998, 16 (7): 276-286.

[169] Burt R S. The Social Capital of Opinion Leaders [J]. *Annals of the American Academy of Political & Social Science*, 1999, 566 (1): 37-54.

[170] Choi W J, Winterich K P. Can Brands Move in from the Outside? How Moral Identity Enhances Out – Group Brand Attitudes [J]. *Journal of International Business Studies*, 2013, 77 (2): 96-111.

[171] Definition of Public Diplomacy [EB/OL]. www. public diplomacy. org.

[172] Desislava Dikova. Performance of Foreign Subsidiaries: Does Psychic Distance Matter? [J]. *International Business Review*, 2009, 18 (1): 38-49.

[173] Dimitrova B. Standardization Versus Adaptation in Global Markets: Is Channel Strategy Different? [J]. *Journal of Marketing Channels*, 2010, 17 (2): 157-176.

[174] Donna, B. Breathe New Life into Your Old Brand [J]. *Management Review*, 1992, 81 (8): 10-14.

[175] E. Bullough. Psychical Distance as a Factor in Art and an Aesthetic Principle [J]. *British Journal of Psychology*, 1912, 5 (2): 87-118.

[176] Ewing Michael T, C P Jevons, E L Khalil. Brand Death: A Developmental Model of Senescence [J]. *Journal of Business Research*, 2009, 62 (3): 332-338.

[177] Fornell C. A National Customer Satisfaction Barometer: The Swedish Experience [J]. *Chinese Journal of Management*, 1992, 56 (1): 6-21.

[178] Fornell C, Johnson M D, Anderson E W, et al. The American Customer Satisfaction Index: Nature, Purpose, and Findings [J]. *Journal of Marketing*, 1996, 60 (4): 7-18.

[179] Gerrard P, Cunningham B. Bank Service Quality: A Comparison between a Publicly Quoted Bank and a Government Bank in Singapore [J]. *Journal of Financial Services Marketing*, 2001, 6 (1): 50-66.

[180] Gilberto Sarfati. Corporate Diplomats: Global Managers of 21st Century [J]. *Revista de*

Economia & Relações Internacionais, 2012, 11 (21): 137 – 148.

[181] G R Berridge, Alan James. A Dictionary of Diplomacy [M]. London: Palgrave, 2001.

[182] Gronroos C. An Applied Service Marketing Theory [J]. *European Journal of Marketing*, 1982, 16 (7): 30 – 41.

[183] Johanson J, Vahlne J E. The Internationalization Process of the Firm—A Model of Knowledge Development and Increasing Foreign Market Commitments [J]. *Journal of International Business Studies*, 1977, 8 (1): 23 – 32.

[184] Kapferer J N. Strategic Brand Management: New Approaches to Creating and Evaluating Brand Equity [M]. London: The Free Press, 1992.

[185] Keller K L. Managing Brands for the Long Run: Brand Reinforcement and Revitalization Strategies [J]. *California Management Review*, 1999, 41 (3): 102 – 124.

[186] Kim H, John D R. Consumer Response to Brand Extensions: Construal Level as A Moderator of the Importance of Perceived Fit [J]. *Journal of Consumer Psychology*, 2008, 18 (2): 116 – 126.

[187] Kogut B, Singh H. The Effect of National Culture on the Choice of Entry Mode [J]. *Journal of International Business Studies*, 1988, 19 (3): 411 – 432.

[188] Krishna A. Sensory Marketing: Research on the Sensuality of Products [M]. New York: Taylor and Francis, 2011.

[189] Kumar S, Rajiah K, Veettil S K, et al. A Cross – sectional Study on Knowledge and Attitude toward Traditional Chinese Medicine (TCM) among Adults in Selected Regions of Malaysia [J]. *Journal of Complementary and Integrative Medicine*, 2015, 12 (4): 317 – 323.

[190] Kundu S, Datta S K, Vyas V. E – banking Process Standardization – An Evaluation of Customer Perception and Satisfaction [J]. *Wseas Transactions on Business & Economics*, 2012, 9 (4): 171 – 187.

[191] Lars Håkanson, Björn Ambos. The Antecedents of Psychic Distance [J]. *Journal of International Management*, 2010, 16 (3): 195 – 210.

[192] Lee K H. Issues for International Franchising: Lessons from the Case of a Poland – based Restaurant Operator [J]. *Cornell Hospitality Quarterly*, 2008, 49 (4): 454 – 457.

[193] Michael H. Kater. The Twisted Muse: Musicians and Their Music in the Third Reich [M]. Oxford: Oxford University Press, 1997.

[194] Michael P. The Competitive Advantage of Nations [J]. *Harvard Business Review*, 1990, 68 (2): 73 – 93.

[195] Müller Brigitte, B Kocher, A Crettaz. The Effects of Visual Rejuvenation Through Brand Logos [J]. *Journal of Business Research*, 2013, 66 (1): 82 – 88.

[196] Nebus J, Chai K H. Putting the "Psychic" Back in Psychic Distance: Awareness, Perceptions, and Understanding as Dimensions of Psychic Distance [J]. *Journal of International Management*, 2014, 20 (1): 8-24.

[197] Nigel Wiseman. Concerning the Use of Western Medical Terms to Represent Traditional Chinese Medical Concepts—Answer to Prof. XIE and His Colleagues [J]. *Chinese Journal of Integrative Medicine*, 2006, 12 (3): 225-228.

[198] Ordeix – Rigo E, Duarte J. From Public Diplomacy to Corporate Diplomacy: Increasing Corporation's Legitimacy and Influence [J]. *American Behavioral Scientist*, 2009, 53 (4): 549-564.

[199] Parasuraman A, Zeithaml Valarie A, Berry Leonard L. A Conceptual Model of Service Quality and Its Implications for Future Research [J]. *Journal of Marketing*, 1985, 49 (4): 41-50.

[200] Parasuraman A, Zeithaml Valarie A, Berry Leonard L. SERVQUAL: A Multiple – Item Scale for Measuring Consumer Perceptions of Service Quality [J]. *Journal of Retailing*, 1988, 64 (1): 12-40.

[201] Pardo – Del – Val M, Martínez – Fuentes C, López – Sánchez J I, et al. Franchising: the Dilemma between Standardization and Flexibility [J]. *Service Industries Journal*, 2014, 34 (9-10): 828-842.

[202] Pedersen W. Why "Corporate PR" When "Corporate Diplomacy" Flows More Trippingly on the Tongue—and is Much More Accurate? [J]. *Public Relations Quarterly*, 2006, 51 (3): 10-11.

[203] P. Kotler. Megamarketing [J]. *Harvard Business Review*, 1986, 64 (2): 117-124.

[204] Schnebelen S, Bruhn M. An Appraisal Framework of the Determinants and Consequences of Brand Happiness [J]. *Psychology & Marketing*, 2018, 35 (2): 101-119.

[205] Shahril A M, Abdul A Y, et al. Relationship between the Star and the Hotel Service Guarantees of Customer Satisfaction [J]. *International Journal of Economics and Finance*, 2015, 7 (4): 82-88.

[206] Thomas S, C Kohli. A Brand is Forever! A Framework for Revitalizing Declining and Dead Brands [J]. *Business Horizons*, 2009, 52 (4): 377-386.

[207] Trope Y, Liberman N, Wakslak C. Construal Levels and Psychological Distance: Effects on Representation, Prediction, Evaluation, and Behavior [J]. *Journal of Consumer Psychology*, 2007, 17 (2): 83-95.

[208] Wang J. Managing National Reputation and International Relations in the Global Era: Public Diplomacy Revisited [J]. *Public Relations Review*, 2006, 32 (2): 91-96.

[209] White C, Kolesnicov I. Nation Branding in a Transitional Democracy: The Role of Corporate Diplomacy in Promoting National Identity [J]. *Place Branding and Public Diplomacy*, 2015, 11 (4): 324 –337.

[210] Zeithaml V A. Service Quality, Profitability, and the Economic Worth of Customers: What We Know and What We Need to Learn [J]. *Journal of the Academy of Marketing Science*, 2000, 28 (1): 67 –85.